ESV

STEUERBERATUNG – UNTERNEHMENSBESTEUERUNG –
INTERNATIONALISIERUNG

Schriften zur Betriebswirtschaftlichen Steuerlehre

Herausgegeben von Prof. Dr. Wilhelm H. Wacker und
Prof. Dr. Guido Förster

Band 52

Betriebswirtschaftliche Steuerforschung in den USA

Eine wissenschaftstheoretische Analyse

Von

Dr. Volker Klinkhammer

ERICH SCHMIDT VERLAG

Bibliografische Information der Deutschen Bibliothek
Die Deutsche Bibliothek verzeichnet diese Publikation in der
Deutschen Nationalbibliografie; detaillierte bibliografische Daten
sind im Internet über dnb.ddb.de abrufbar.

Weitere Informationen zu diesem Titel finden Sie im Internet unter
ESV.info/978 3 503 15440 1

Zugl.: Universität Duisburg-Essen –
Mercator School of Management, Diss., 2013

ISBN 978 3 503 15440 1

Alle Rechte vorbehalten
© Erich Schmidt Verlag GmbH & Co. KG, Berlin 2013
www.ESV.info

Dieses Papier erfüllt die Frankfurter Forderungen
der Deutschen Bibliothek und der Gesellschaft für das Buch
bezüglich der Alterungsbeständigkeit
und entspricht sowohl den strengen Bestimmungen der US Norm
Ansi/Niso Z 39.48-1992 als auch der ISO-Norm 9706.

Druck und Bindung: Difo-Druck, Bamberg

Geleitwort

Ein eigenständiges Teilgebiet der Allgemeinen Betriebswirtschaftslehre stellt seit vielen Jahrzehnten die Betriebswirtschaftliche Steuerlehre dar. Diese offenkundige Selbständigkeit, dieses Selbstverständnis des Faches gibt es allerdings nahezu ausschließlich im deutschen Sprachraum, beinahe fokussiert auf Deutschland. Ein Spiegelbild der „Deutschsprachigkeit" von Fragestellungen zur Betriebswirtschaftlichen Steuerlehre stellt die Chance für sich mit deutschen Steuerfragen beschäftigenden Forschern dar, angesehene Publikationsorgane für Forschungsarbeiten in Betriebswirtschaftlicher Steuerlehre zu finden. Das Spektrum deutschsprachiger Zeitschriften mit reinem Steuerbezug ist äußerst schmal. Es verbleiben deutsche Zeitschriften mit dem Fokus in allgemeiner BWL oder internationale Zeitschriften, hier speziell hoch gerankte amerikanische Publikationsorgane. Damit stellt sich für Forscher in der Betriebswirtschaftlichen Steuerlehre die Frage, wie, mit welchen Zielen und Methoden betriebswirtschaftliche Steuerforschung in den USA betrieben wird? Dieser Aufgabe, die aus dem Blickwinkel und im Vergleich zur Betriebswirtschaftlichen Steuerlehre in dieser vertieften Form noch nicht angestellt wurde, widmet sich Volker Klinkhammer in seiner vorliegenden, lesenswerten, an der Mercator School of Management der Universität Duisburg-Essen angenommenen, Dissertation.

Da eine eigenständige Disziplin der Betriebswirtschaftlichen Steuerlehre in den USA nicht existiert, finden sich Anhaltspunkte zum tax research in den Bereichen economics, law und accounting. Insoweit bestehen Nähen zu Deutschland, da auch hier im Bereich der Finanzwissenschaft, dem Steuerrecht in juristischen Fakultäten und – zumindest in Bezug auf latente Steuern – in der Rechnungslegung steuerliche Fragen behandelt werden. Die umfangreichsten Überschneidungen zur Betriebswirtschaftlichen Steuerlehre finden sich in den USA im tax research in accounting, die damit als „vergleichbare Wissenschaftsdisziplin" angesehen werden kann. Inhaltlich beschäftigt sich das tax research in accounting mit der Existenz und dem Ausmaß des Einflusses von Steuern auf Entscheidungen. Volker Klinkhammer analysiert das tax research in accounting unter ausführlichster Verwendung internationaler Literatur in allen seinen Facetten.

Ist das tax research in accounting nun die wahre Betriebswirtschaftliche Steuerforschung? Ist der Blick in die USA letztlich das alleinige Heilmittel für eine tradierte deutsche Betriebswirtschaftliche Steuerlehre? Oder kann die Betriebswirtschaftliche Steuerlehre als Teilgebiet der Allgemeinen BWL und damit als angewandte Wissenschaft im Gegenzug sinnvolle Ergänzungen oder Erweiterungen des tax research in accounting liefern? Hierzu stellt Volker Klinkhammer fest, dass das tax research in accounting ein sehr eng gefasster Forschungsansatz ist, der sich nur mit dem befasst, „was ist". Gestaltungsüberlegungen spielen in der amerikanischen Forschung keine Rolle. Damit besteht eine gewisse Deckungsgleichheit zur Steuerwirkungslehre der Betriebswirtschaftlichen Steuerlehre – oder umgekehrt gesprochen reicht die Betriebswirtschaftliche Steuerlehre mit ihrer Steuerplanungs- und Steuergestaltungslehre

Geleitwort

weiter. Das tax research in accounting ist zudem empirische Forschung. Man findet eine hohe Spezialisierung, insbesondere in den Forschungsmethoden. Hier ist eine deutsche Entwicklung sowohl der Doktorandenausbildung als auch der Forschungsbeiträge in Richtung internationaler Forschung wünschenswert. Die empirische Forschung ist hingegen nur eine Aufgabe der Betriebswirtschaftlichen Steuerlehre. Alleine in diesem Bereich kann das tax research in accounting seinen Beitrag zur Fortentwicklung der Betriebswirtschaftlichen Steuerlehre leisten. In Bezug auf die anderen Aufgaben der Betriebswirtschaftlichen Steuerlehre „schweigt" das tax research in accounting, so dass hier die deutsche Steuerforschung weiter ist als die amerikanische.

Mit dieser Arbeit gelingt es Volker Klinkhammer, das Selbstverständnis der Betriebswirtschaftlichen Steuerlehre als ältere und weitreichendere Disziplin im Vergleich zum amerikanischen tax research in accounting zu untermauern. Ich wünsche den Erkenntnissen dieser Arbeit eine weite Verbreitung!

Duisburg, im Juni 2013   Volker Breithecker

Vorwort

Die Forschung innerhalb der Betriebswirtschaftlichen Steuerlehre in Deutschland unterscheidet sich von der Betriebswirtschaftlichen Steuerforschung in den USA. Dies hat zu Forderungen einer Annäherung der Betriebswirtschaftlichen Steuerlehre an die international anerkannte Forschung in den USA geführt. Allerdings wurde die Betriebswirtschaftliche Steuerforschung in den USA bislang keiner systematischen Betrachtung unterzogen, sodass offen bleibt, mit welchen Zielen und Methoden diese in den USA betrieben wird und inwieweit diese erstrebenswert sind. Vor diesem Hintergrund ist es das Ziel dieser Arbeit, einen systematischen Überblick über die Betriebswirtschaftliche Steuerforschung in den USA zu geben sowie eine wissenschaftstheoretische Analyse dieser Forschung durchzuführen.

Diese Arbeit entstand während meiner Zeit als wissenschaftlicher Mitarbeiter am Lehrstuhl für Betriebswirtschaftslehre und Betriebswirtschaftliche Steuerlehre an der Mercator School of Management, Fakultät für Betriebswirtschaftslehre der Universität Duisburg-Essen. Besonders danken möchte ich meinem Doktorvater Herrn Steuerberater Prof. Dr. Volker Breithecker für seine Unterstützung. Er gab die Anregung zum Thema dieser Arbeit, verfolgte die Entstehung mit Interesse und gab mir gleichzeitig alle Freiräume für die Vorgehensweise sowie für die Erstellung der Arbeit. Mein Dank gilt auch Frau Professor Dr. Annette G. Köhler für die freundliche Bereitschaft zur Erstellung des Zweitgutachtens sowie den weiteren Mitgliedern meiner Prüfungskommission, Herrn Prof. Dr. Peter Chamoni und Herrn Prof. Dr. Werner Pascha.

Herzlich danken möchte ich zudem allen, die mich bei der Erstellung dieser Arbeit begleitet haben. Dies gilt insbesondere für Herrn Wirtschaftsprüfer Dr. Philipp Ohmen und Herrn Wirtschaftsprüfer/Steuerberater Dr. Holger Wirtz für ihre ständige Diskussionbereitschaft und ihre hilfreichen Anregungen. Für die formale Durchsicht der Arbeit danke ich Herrn Philipp Schild, B.Sc. Herzlicher Dank gebührt nicht zuletzt meinen Eltern für ihre Unterstützung während meiner gesamten Ausbildung sowie meiner Ehefrau Stefanie für ihre unaufhörliche und verständnisvolle Unterstützung bei der Erstellung dieser Arbeit.

Bedburg-Hau, im Juni 2013   Volker Klinkhammer

Inhaltsübersicht

Geleitwort V
Vorwort VII
Inhaltsübersicht IX
Inhaltsverzeichnis XI
Darstellungsverzeichnis XV
Abkürzungs- und Symbolverzeichnis XVII

1 Einleitung 1

2 Anforderungen an die Forschung in der Betriebswirtschaftslehre 5
  2.1 Methodologische Vorüberlegungen 5
      2.1.1 Methodologie als „Richtschnur" 5
      2.1.2 Zielsetzungen der Wissenschaft im Allgemeinen 6
      2.1.3 Methodologische Regeln des kritischen Rationalismus 9
  2.2 Betriebswirtschaftslehre als empirische Wissenschaft 13
      2.2.1 Zielsetzungen der Betriebswirtschaftslehre 13
      2.2.2 Anforderungen an empirische Forschung 16
  2.3 Bedeutung empirischer Forschung in der Betriebswirtschaftlichen Steuerlehre 30
  2.4 Zwischenergebnis 32

3 Grundlagen der betriebswirtschaftlichen Steuerforschung in den USA ... 35
  3.1 Steuern in der Wissenschaft 35
  3.2 Accounting research als Disziplin der Steuerforschung 38
      3.2.1 Begriffsbestimmung 38
      3.2.2 Dimensionen des accounting research 41
  3.3 Tax research in accounting: Betriebswirtschaftliche Steuerforschung ... 51
      3.3.1 Entstehungsgeschichte 51
      3.3.2 Aufgaben des tax research in accounting 53
  3.4 Zwischenergebnis 58

4 Tax planning research 61
  4.1 Theoretische Basis: Scholes/Wolfson-Framework 61
  4.2 Themenschwerpunkte 64
      4.2.1 Allgemeiner Überblick 64
      4.2.2 Shackelford/Shevlin (2001) 66

Inhaltsübersicht

4.2.3 Hanlon/Heitzman (2010) 92
4.3 Forschungsmethoden 113
4.4 Zwischenergebnis 115
5 Tax compliance research 119
5.1 Theoretische Basis: Standard economic model of tax compliance 119
5.2 Themenschwerpunkte 124
5.2.1 Allgemeiner Überblick 124
5.2.2 Teilbereiche des tax compliance research 127
5.3 Forschungsmethoden 138
5.4 Zwischenergebnis 140
6 Kritische Würdigung der Forschung und Implikationen 143
6.1 Anforderungen an das tax planning research 143
6.1.1 Beschaffenheit von Theorien: Theoretische Basis 143
6.1.2 Anwendung von Theorien: Forschungsmethoden 145
6.2 Anforderungen an das tax compliance research 150
6.2.1 Beschaffenheit von Theorien: Theoretische Basis 150
6.2.2 Anwendung von Theorien: Forschungsmethoden 152
6.3 Abschließender Überblick über das tax research in accounting 155
6.4 Ergebnis 162
7 Schlussbetrachtung 167
Quellenverzeichnis 169

Inhaltsverzeichnis

Geleitwort	V
Vorwort	VII
Inhaltsübersicht	IX
Inhaltsverzeichnis	XI
Darstellungsverzeichnis	XV
Abkürzungs- und Symbolverzeichnis	XVII
1 Einleitung	1
2 Anforderungen an die Forschung in der Betriebswirtschaftslehre	5
2.1 Methodologische Vorüberlegungen	5
2.1.1 Methodologie als „Richtschnur"	5
2.1.2 Zielsetzungen der Wissenschaft im Allgemeinen	6
2.1.3 Methodologische Regeln des kritischen Rationalismus	9
2.1.3.1 Beschaffenheit von Theorien	9
2.1.3.2 Anwendung von Theorien	10
2.2 Betriebswirtschaftslehre als empirische Wissenschaft	13
2.2.1 Zielsetzungen der Betriebswirtschaftslehre	13
2.2.2 Anforderungen an empirische Forschung	16
2.2.2.1 Beschaffenheit von Theorien: Informationsgehalt	16
2.2.2.2 Anwendung von Theorien: Prüfung	29
2.3 Bedeutung empirischer Forschung in der Betriebswirtschaftlichen Steuerlehre	30
2.4 Zwischenergebnis	32
3 Grundlagen der betriebswirtschaftlichen Steuerforschung in den USA	35
3.1 Steuern in der Wissenschaft	35
3.2 Accounting research als Disziplin der Steuerforschung	38
3.2.1 Begriffsbestimmung	38
3.2.2 Dimensionen des accounting research	41
3.2.2.1 Theoretische Basis	41
3.2.2.2 Themenschwerpunkte	46
3.2.2.3 Forschungsmethoden	47
3.3 Tax research in accounting: Betriebswirtschaftliche Steuerforschung	51
3.3.1 Entstehungsgeschichte	51

Inhaltsverzeichnis

3.3.2 Aufgaben des tax research in accounting 53
3.4 Zwischenergebnis 58

4 Tax planning research 61
4.1 Theoretische Basis: Scholes/Wolfson-Framework 61
4.2 Themenschwerpunkte 64
    4.2.1 Allgemeiner Überblick 64
    4.2.2 Shackelford/Shevlin (2001) 66
        4.2.2.1 Überblick 66
        4.2.2.2 Tax and non-tax tradeoffs 67
        4.2.2.3 Taxes and asset prices 75
        4.2.2.4 Multijurisdictional research 87
        4.2.2.5 Themenübergreifende Aspekte 88
    4.2.3 Hanlon/Heitzman (2010) 92
        4.2.3.1 Überblick 92
        4.2.3.2 Informational role of accounting for income taxes 93
        4.2.3.3 Corporate tax avoidance 99
        4.2.3.4 Effect of taxes and the book-tax tradeoff on real corporate decisions 106
        4.2.3.5 Taxes and asset prices 112
4.3 Forschungsmethoden 113
4.4 Zwischenergebnis 115

5 Tax compliance research 119
5.1 Theoretische Basis: Standard economic model of tax compliance 119
5.2 Themenschwerpunkte 124
    5.2.1 Allgemeiner Überblick 124
    5.2.2 Teilbereiche des tax compliance research 127
        5.2.2.1 Taxpayers decision making 127
        5.2.2.2 Tax professionals decision making 134
5.3 Forschungsmethoden 138
5.4 Zwischenergebnis 140

6 Kritische Würdigung der Forschung und Implikationen 143
6.1 Anforderungen an das tax planning research 143
    6.1.1 Beschaffenheit von Theorien: Theoretische Basis 143

Inhaltsverzeichnis

    6.1.2   Anwendung von Theorien: Forschungsmethoden 145
  6.2 Anforderungen an das tax compliance research 150
    6.2.1   Beschaffenheit von Theorien: Theoretische Basis.............................. 150
    6.2.2   Anwendung von Theorien: Forschungsmethoden 152
  6.3 Abschließender Überblick über das tax research in accounting 155
  6.4 Ergebnis 162

7   **Schlussbetrachtung** 167

Quellenverzeichnis 169

Darstellungsverzeichnis

Darstellung 1:	Überblick über den Gang der Untersuchung	4
Darstellung 2:	Kernannahmen des standardökonomischen Verhaltensmodells	20
Darstellung 3:	Wertfunktion der Prospekt-Theorie	27
Darstellung 4:	Anomalien und Alternativen zum standardökonomischen Verhaltensmodell	28
Darstellung 5:	Aufgaben der Betriebswirtschaftlichen Steuerlehre	30
Darstellung 6:	Disziplinen des tax research	35
Darstellung 7:	Dimensionen des accounting research	41
Darstellung 8:	Klassifizierung des accounting research	45
Darstellung 9:	Themenschwerpunkte des accounting research als traditional business research	46
Darstellung 10:	Forschungsmethoden im accounting research	49
Darstellung 11:	Behavioral responses to taxation	55
Darstellung 12:	Aufgaben des tax research in accounting	58
Darstellung 13:	Übersichtsartikel zum tax planning research	65
Darstellung 14:	Forschungsbereiche in Shackelford/Shevlin (2001)	67
Darstellung 15:	Überblick non-tax costs	68
Darstellung 16:	Weitere untersuchte Bereiche zu financial reporting costs	71
Darstellung 17:	Teilbereiche taxes and asset prices	76
Darstellung 18:	Überblick über mögliche Übernahmestrukturen	77
Darstellung 19:	Teilbereiche equity prices and investor taxes	83
Darstellung 20:	Zusammenfassung Shackelford/Shevlin (2001)	91
Darstellung 21:	Forschungsbereiche nach Hanlon/Heitzman (2010)	93
Darstellung 22:	Teilbereiche informational role of income taxes	96
Darstellung 23:	Begriffsinhalt tax avoidance	100
Darstellung 24:	Teilbereiche tax avoidance	102
Darstellung 25:	Strukturierung des tax and non-tax tradeoffs research	107
Darstellung 26:	Teilbereiche effect of taxes and the book-tax tradeoff on real corporate decisions	109
Darstellung 27:	Entwicklung des tax planning research	117

Darstellungsverzeichnis

Darstellung 28: Überblick über die Forschungsbereiche des tax planning research 118

Darstellung 29: Wirkungsrichtung der exogenen Parameter auf das Ausmaß der Steuervermeidung 121

Darstellung 30: Übersichtsartikel zum tax compliance research 125

Darstellung 31: Teilbereiche des tax compliance research 127

Darstellung 32: Steuerehrlichkeit in Gewinn- und Verlustsituationen 133

Darstellung 33: Aggressivität von Empfehlungen in Gewinn- und Verlustsituationen 138

Darstellung 34: Überblick über die Forschungsbereiche des tax compliance research 141

Darstellung 35: Unterschiede zwischen ökonomischen und psychologischen Experimenten 154

Darstellung 36: Unterschiede zwischen tax planning und tax compliance research 157

Darstellung 37: Theoretische Basis und Forschungsmethoden des tax research in accounting 159

Darstellung 38: Dimensionen des tax research in accounting 161

Darstellung 39: Aufgaben der Betriebswirtschaftlichen Steuerlehre im Vergleich zum tax research in accounting 163

Abkürzungs- und Symbolverzeichnis

AAA	American Accounting Association
a. A.	anderer Auffassung
Abs.	Absatz
AO	Abgabenordnung
ASC	Accounting Standards Codification
ATA	American Taxation Association
Aufl.	Auflage
bzw.	beziehungsweise
c. p.	ceteris paribus
CRSP	Center for Research in Security Prices
CPA	Certified Public Accountant
d. h.	das heißt
€	Euro
E	Erwartungsoperator
EAA	European Accounting Association
e. g.	for example
EStG	Einkommensteuergesetz
et al.	et alii
etc.	et cetera
f	Strafrate
f.	folgende
FASB	Financial Accounting Standards Board
Fn.	Fußnote
Hrsg.	Herausgeber
I	Einkommenshöhe
I_C	Einkommenshöhe bei Entdeckung
I_N	Einkommenshöhe bei Nicht-Entdeckung
IASB	International Accounting Standards Board
i. e.	that is
i. e. S.	im engeren Sinne
i. H.	in Höhe
IRC	Internal Revenue Code

Abkürzungs- und Symbolverzeichnis

i. V. m.	in Verbindung mit
LIFO	last in, first out
m. w. N.	mit weiteren Nachweisen
o. g.	oben genannt
p	Entdeckungs- und Bestrafungswahrscheinlichkeit
Ph.D.	Doctor of Philosophy
R	deklariertes Einkommen
Reg.	Regulation
Rz.	Randziffer
S.	Seite
Sec.	Section
sog.	sogenannt
Sp.	Spalte
t	Steuersatz
t_n	Zeitindex
U	Nutzenfunktion
u. a.	unter anderem
US	United States
USA	United States of America
USD/$	United States Dollar
US-GAAP	United States Generally Accepted Accounting Principles
VHB	Verband der Hochschullehrer für Betriebswirtschaft
vgl.	vergleiche
vs.	versus
z. B.	zum Beispiel

1 Einleitung

In der deutschsprachigen Wissenschaftstradition ist die Betriebswirtschaftliche Steuerlehre eine eigenständige Teildisziplin der Betriebswirtschaftslehre. Als solche handelt es sich bei der Betriebswirtschaftlichen Steuerlehre um eine Betriebswirtschaftslehre unter besonderer Berücksichtigung von Steuern, d. h. der Einbeziehung von Steuern in betriebswirtschaftliche Aussagen.[1]

Die Sonderstellung der Betriebswirtschaftlichen Steuerlehre als eigenständige wissenschaftliche Teildisziplin resultiert allerdings weder aus einem eigenen Erkenntnisobjekt – wie bei den Institutionenlehren – noch aus einer speziellen betrieblichen Funktion – wie bei den Funktionslehren.[2] Nach herrschender Meinung ist die Betriebswirtschaftliche Steuerlehre Bestandteil der Allgemeinen Betriebswirtschaftslehre und keine spezielle Betriebswirtschaftslehre.[3] Begründet wird die Existenz der Betriebswirtschaftlichen Steuerlehre vielmehr mit forschungs-, lehr- und prüfungsökonomischen Gesichtspunkten.[4] Es wird als zweckmäßig angesehen, steuerliche Probleme in einer eigenen Disziplin zu behandeln, da verschiedene betriebswirtschaftliche Entscheidungen von den gleichen Steuern betroffen sind, die auf Grund ihrer Komplexität Fachwissen erfordern.[5]

Zwingend ist die Existenz einer eigenständigen Teildisziplin indes nicht. Dies zeigt bereits ein Blick auf die Organisation der Behandlung der Besteuerung in anderen Ländern. Dort werden betriebswirtschaftliche Fragestellungen zur Besteuerung teilweise in andere betriebswirtschaftliche Teildisziplinen, wie Finanzen, integriert oder an volkswirtschaftlichen und juristischen Fakultäten behandelt.[6] Umso wichtiger ist es, die Akzeptanz der Betriebswirtschaftlichen Steuerlehre innerhalb der wissenschaftlichen Gemeinschaft durch die Übernahme international anerkannter Forschungsstandards zu gewährleisten. „Anschluss an die internationalen Entwicklungen zu finden, ist eine wichtige Aufgabe der betriebswirtschaftlichen Steuerforschung."[7]

---

[1] Vgl. *Wagner* (2005), S. 410; *Schneider* (1995), S. 151; *Wöhe* (1983), S. 5.

[2] Vgl. dazu insbesondere *Wöhe* (1988), S. 30–44. Vgl. auch *Rose* (1992), S. 21.

[3] Vgl. z. B. *Kußmaul* (1995), S. 10; *Schneider* (1995), S. 151; *Rose* (1992), S. 21; *Wöhe* (1988), S. 44–46; *Fischer/Schneeloch/Sigloch* (1980), S. 699.

[4] Vgl. *Schmidt* (2008), S. 234; *Wagner* (2005), S. 410; *Rose* (1992), S. 21; *Wöhe* (1983), S. 5.

[5] Vgl. *Wagner* (2004), S. 237; *Kußmaul* (1995), S. 10; *Schneider* (1994b), S. 73. *Haberstock/Breithecker* (2010), S. 111 f., sprechen von einer zusätzlichen „problemorientierten" Dimension der Betriebswirtschaftslehre, da die Betriebswirtschaftliche Steuerlehre alle funktionalen und institutionalen Teilbereiche erfasst.

[6] Vgl. *Jacobs* (2004), S. 252; *Seibold* (2002), S. 78–80; *Wacker/Pahnke* (2000).

[7] *Jacobs* (2004), S. 254. Ähnlich *Hundsdoerfer/Kiesewetter/Sureth* (2008), S. 108; *Wagner* (2004), S. 238.

1 Einleitung

Ein in diesem Zusammenhang häufig genannter Kritikpunkt ist die Vernachlässigung der in der internationalen betriebswirtschaftlichen Steuerforschung üblichen empirischen Forschung. Bislang wurden in der Betriebswirtschaftlichen Steuerlehre nur wenige empirische Untersuchungen durchgeführt.[8] *Hundsdoerfer/Kiesewetter/Sureth* resümieren in Bezug auf die empirische Forschung in der Betriebswirtschaftlichen Steuerlehre: „Hier liegt eine große Forschungslücke vor" und fordern gleichzeitig „eine stärker auf das internationale Wissenschaftsforum ausgerichtete Publikationstätigkeit und – damit verbunden – eine tiefere (...) empirische Fundierung".[9]

In Anbetracht dieser Forderung erscheint es lohnenswert, sich mit dem Gegenstand und den Methoden der betriebswirtschaftlichen Steuerforschung in anderen Ländern intensiver zu befassen. Hieraus könnten wichtige Anregungen für die Fortentwicklung der Betriebswirtschaftlichen Steuerlehre gewonnen werden, mit dem Ziel, die internationale Wettbewerbsfähigkeit und Akzeptanz der Betriebswirtschaftlichen Steuerlehre zu verbessern.

Als Betrachtungsobjekt für die internationale betriebswirtschaftliche Steuerforschung bieten sich insbesondere die USA an. Zum einen ist die Akzeptanz US-amerikanischer Forschung in der Betriebswirtschaftslehre international sehr hoch.[10] Zum anderen drängt sich eine Beschäftigung mit der US-amerikanischen Forschung auf, da den USA in Bezug auf fachliche Entwicklungen oftmals eine Vorreiterrolle zukommt. Entwicklungen in der US-amerikanischen Forschung üben einen starken Einfluss auf die Forschung in anderen Ländern – so auch in Deutschland – aus.[11]

Für eine solche Betrachtung der Forschung in den USA ist zunächst einmal zu klären, warum eine Vernachlässigung der international üblichen empirischen Forschung in der Betriebswirtschaftlichen Steuerlehre als Forschungsdefizit anzusehen ist. Damit verbunden ist die grundsätzliche Frage, welche Ziele und Anforderungen an die Forschung zu stellen sind. Ist die Forschung in den USA „besser" als in Deutschland und sollte diese von den deutschen Vertretern der Betriebswirtschaftlichen Steuerlehre im Ganzen oder in Teilen übernommen werden? Aber wie lässt sich Forschung bewerten? Welche Kriterien hat diese zu erfüllen? Dies zu klären, ist Aufgabe der Methodologie

---

[8] Vgl. *Hundsdoerfer/Kiesewetter/Sureth* (2008), S. 64, 78–80; *Schneeloch* (2005), S. 262; *Wagner* (2004), S. 243–245; *Jacobs* (2004), S. 254; *Wagner/Schwenk* (2003), S. 374. Einen Überblick über die empirische Forschung in der Betriebswirtschaftlichen Steuerlehre gibt *Schmiel* (2009a).

[9] *Hundsdoerfer/Kiesewetter/Sureth* (2008), S. 107 [erstes Zitat], 108 [zweites Zitat].

[10] Vgl. dazu *Schmidt* (2008), S. 235; *Schneeloch* (2005), S. 266; *Homburg* (1999), S. 203. So auch *Wagner* (2004), S. 238, mit Verweis auf das im Rahmen des Verbands der Hochschullehrer für Betriebswirtschaft (VHB) durchgeführte Zeitschriftenranking, in dem US-amerikanischen Zeitschriften der höchste Stellenwert beigemessen wurde.

[11] Vgl. hierzu *Fülbier/Weller* (2011), S. 18, 22; *Wagner* (2004), S. 238; *Schmid* (2003); *Brunke* (2002), S. 55; *Hopwood* (2002), S. 780; *Homburg* (1999), S. 196.

1 Einleitung

bzw. Wissenschaftstheorie.[12] Der Forschungsanalyse sind daher methodologische Ausführungen vorzuschalten. Ein methodologischer Maßstab ist notwendig, um eine fundierte Bewertung der Forschung vornehmen zu können.

Vor diesem Hintergrund ist es das Ziel der vorliegenden Arbeit, die Steuerforschung in den USA, insbesondere die betriebswirtschaftliche Steuerforschung, einer inhaltlichen Betrachtung zu unterziehen und im Hinblick auf die Anforderungen an die Forschung (methodologischer Maßstab) zu analysieren. Bislang liegen keine umfassenden Arbeiten zu einer der Betriebswirtschaftlichen Steuerlehre vergleichbaren Disziplin in den USA vor.[13] Diese Lücke gilt es durch eine ausführliche und wissenschaftstheoretisch fundierte Analyse der betriebswirtschaftlichen Steuerforschung in den USA zu füllen.

Der Gang der Untersuchung gestaltet sich wie folgt: In *Kapitel 2* steht die Konturierung des methodologischen Maßstabs im Vordergrund. Dazu ist zunächst zu klären, was allgemein von einer empirischen Wissenschaft, wie der Betriebswirtschaftslehre, zu erwarten ist und welche Regeln sich daraus generell für die wissenschaftliche Forschung ableiten lassen. Diese allgemeinen Ausführungen werden in Bezug auf die Betriebswirtschaftslehre konkretisiert, um spezifische Anforderungen an die betriebswirtschaftliche Forschung abzuleiten. Welche Rolle diese Anforderungen in der Betriebswirtschaftlichen Steuerlehre spielen, wird anhand der Aufgaben der Betriebswirtschaftlichen Steuerlehre näher erläutert. Die in diesem Kapitel abgeleiteten Anforderungen an die Forschung dienen als Ausgangspunkt einer Analyse der betriebswirtschaftlichen Steuerforschung in den USA.

Die folgenden drei Kapitel dienen der Systematisierung und Charakterisierung der betriebswirtschaftlichen Steuerforschung in den USA. *Kapitel 3* beschäftigt sich mit den Grundlagen der betriebswirtschaftlichen Steuerforschung in den USA. Das Ziel dieser Ausführungen ist es, einen generellen Überblick über die Steuerforschung in den USA zu geben, um im Anschluss daran die betriebswirtschaftliche Steuerforschung in den USA als tax research in accounting zu identifizieren. Zur Einordnung des tax research in accounting in die betriebswirtschaftliche Forschung in den USA wird zunächst die Forschung in der „Mutterdisziplin" accounting einer ausführlichen Betrachtung unterzogen. Dem folgen Ausführungen zur Entstehung und den Aufgaben des tax research in accounting als betriebswirtschaftliche Steuerforschung in den USA.

---

[12] Vgl. *Frank* (2007), Sp. 2010; *Blaug* (1992), S. 247 f.; *Radnitzky* (1989), S. 465; *Radnitzky/Andersson* (1980), S. 3.

[13] Das gilt sowohl für Deutschland als auch international. Einen ersten deutschsprachigen Überblick über die betriebswirtschaftliche Steuerforschung in den USA gibt *Wagner* (2004). Vgl. daneben noch *Wacker* (1986); *Wacker* (1977). Auch international liegen keine umfassenden Darstellungen der betriebswirtschaftlichen Steuerforschung in den USA vor. Es existieren lediglich einzelne Darstellungen zu spezifischen Bereichen der betriebswirtschaftlichen Steuerforschung. Vgl. aber den kurzen Überblick bei *Shevlin* (1999).

1 Einleitung

In den beiden folgenden Kapiteln erfolgt eine detaillierte Betrachtung der Aufgaben des tax research in accounting, d. h. des tax planning research (*Kapitel 4*) und des tax compliance research (*Kapitel 5*). Dazu werden die theoretische Basis, die Themenschwerpunkte und die Forschungsmethoden in beiden Bereichen einer ausführlichen und systematischen Betrachtung unterzogen. Das Ziel ist die systematische Charakterisierung der betriebswirtschaftlichen Steuerforschung in den USA.

Darauf aufbauend beschäftigt sich *Kapitel 6* mit der kritischen Würdigung des tax research in accounting. Ausgangspunkt dieser Überlegungen sind die im Rahmen dieser Arbeit abgeleiteten Anforderungen an die Forschung. Im Anschluss werden die wesentlichen Merkmale und Kritikpunkte des tax planning research und des tax compliance research gegenübergestellt. Dem folgen Ausführungen zu den Forschungsimplikationen für die Betriebswirtschaftliche Steuerlehre. Die Arbeit endet mit einer Schlussbetrachtung in *Kapitel 7*. Einen Überblick über den Gang der Untersuchung gibt die folgende Darstellung.

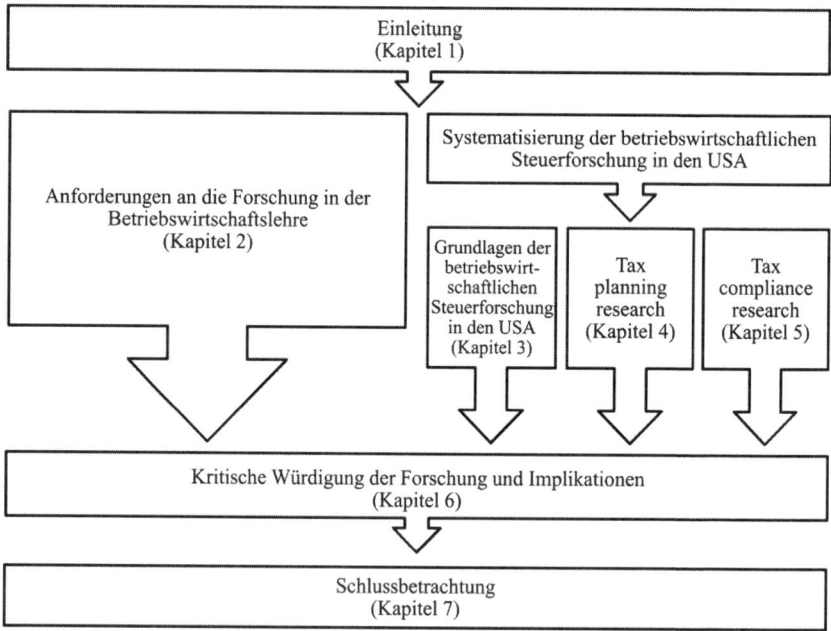

Darstellung 1: *Überblick über den Gang der Untersuchung*

2 Anforderungen an die Forschung in der Betriebswirtschaftslehre

2.1 Methodologische Vorüberlegungen

2.1.1 Methodologie als „Richtschnur"

Dieser Arbeit liegt eine technologische Orientierung der Methodologie in Anlehnung an *Albert* zugrunde. Aufgabe der Methodologie ist demnach das Vorschlagen von Regeln oder Verfahrensweisen, die zur Erreichung eines Wissenschaftsziels geeignet erscheinen.[14] Methodologische Regeln werden jedoch nicht als starre Vorgaben, sondern als heuristische Prinzipien aufgefasst. Sie geben lediglich eine Richtung vor und dienen als Empfehlung, ohne den Anspruch, den Weg im Detail festlegen zu wollen. Exakte Regeln, die eine Zielerreichung garantieren, können nach dieser Auffassung von der Methodologie nicht erwartet werden.[15]

Methodologie in diesem Sinne versucht zweckrationale Empfehlungen zu geben.[16] Zunächst ist es daher erforderlich, die Zielsetzung der wissenschaftlichen Erkenntnistätigkeit zu explizieren.[17] Steht die Zielsetzung nicht fest, lassen sich keine sinnvollen Aussagen zu den Anforderungen an wissenschaftliche Arbeiten aufstellen.[18] Es bedarf daher der Klärung des hier vertretenen Ziels der Wissenschaft im Allgemeinen und der Betriebswirtschaftslehre im Besonderen. Damit sind – zumindest implizit – verschiedene Annahmen verbunden, inwieweit die Zielsetzung der Wissenschaft überhaupt erreichbar ist. Daher sollen im Folgenden neben der Zielsetzung der Wissenschaft auch damit zusammenhängende wissenschaftstheoretische Annahmen betrachtet werden. Da in der Betriebswirtschaftslehre die Grundgedanken der Methodologie des kritischen Rationalismus eine besondere Rolle spielen,[19] bilden diese die Basis für die

---

[14] Vgl. *Albert* (2005), S. 168 f.; *Albert* (1991), S. 49; *Albert* (1987), S. 70–74; *Albert* (1982), S. 26, 52–56; *Albert* (1978a), S. 45–47.

[15] Vgl. *Gadenne* (2006), S. 45; *Gadenne* (2005), S. 32 f.; *Gadenne* (2002), S. 62; *Radnitzky* (1989), S. 467; *Gadenne* (1984), S. 7–16; *Radnitzky* (1981), S. 66 f.

[16] Eine methodologische Regel hätte demnach folgende Form: Unter der Voraussetzung, dass die Wissenschaft das Ziel Z hat, verwende in Situation S die Vorgehensweise V. Vgl. zu dieser Form etwa *Gadenne* (2006), S. 45; *Radnitzky* (1989), S. 467.

[17] Vgl. *Popper* (2002), S. 152; *Raffée* (1993), S. 3; *Albert* (1982), S. 26; *Albert* (1976a), Sp. 4675; *Bunge* (1967), S. 25 f.

[18] So auch *Popper* (2005), S. 13 f.; *Hausmann* (1988), S. 72; *Albert* (1987), S. 85; *Radnitzky* (1980), S. 318; *Radnitzky* (1979a), S. 121; *Kraft* (1960), S. 367. Dieser Kritik musste sich beispielsweise Popper mit seiner ursprünglichen Position in seinem Buch Logik der Forschung stellen. Erst später machte Popper Vorschläge für die Ziele der Wissenschaft, die mit seiner Methodologie erreicht werden sollen. Vgl. *Hands* (2001), S. 281–283 m. w. N.; *Schanz* (1973), S. 135.

[19] Vgl. *Haase* (2008), S. 921; *Frank* (2007), Sp. 2012; *Schwaiger* (2007), Sp. 339 f.; *Töpfer* (2007), S. 2; *Fülbier* (2004), S. 266; *Meyer* (2002), S. 20; *Schneider* (2001), S. 383; *Söllner* (2001),

folgende Argumentation. Das Ziel der Ausführungen ist die Festlegung von Beurteilungskriterien wissenschaftlicher Forschung.

2.1.2 Zielsetzungen der Wissenschaft im Allgemeinen

Es gibt nicht „die Zielsetzung" der Wissenschaft.[20] Es gibt vielmehr unterschiedliche Antworten auf die Frage, was mit Wissenschaft erreicht werden soll.[21] Idealerweise sollten die Realwissenschaften bzw. empirischen Wissenschaften *wahre* Antworten bzw. Erklärungen über interessante Fragen der *Wirklichkeit bzw. tatsächlichen Welt* geben.[22] Kennzeichnend für dieses klassische Wissenschaftsideal ist die Suche nach einer absoluten Begründung und damit Rechtfertigung des Wissens. Sie sollen absolut sichere Erkenntnis garantieren.[23] Von besonderer Bedeutung im Rahmen dieses Begründungs- bzw. Rechtfertigungsmodells ist zum einen die Frage, welche Auffassungen von bzw. Annahmen über die „Wirklichkeit bzw. tatsächliche Welt" bestehen und zum anderen die Frage, was unter „wahr" zu verstehen ist. Daher werden beide Begriffe im folgenden Abschnitt einer genaueren Betrachtung unterzogen.

Realwissenschaften sollen Aussagen über die *„Wirklichkeit"* treffen. Dies setzt die Existenz einer unabhängig vom erkennenden Subjekt (objektiv) bestehenden Wirk-

---

S. 276; *Schneider* (1994a), S. 178; *Kretschmann* (1990); *Kirchgässner* (1982), S. 64. Der kritische Rationalismus basiert im Wesentlichen auf den Arbeiten Poppers und wird im deutschsprachigen Raum vor allem durch Albert vertreten. Vgl. auch *Kretschmann* (1990), S. 24 f. Dabei darf nicht übersehen werden, dass der kritische Rationalismus keineswegs unumstritten ist. Vgl. beispielsweise *Hands* (2001), S. 276–286 m. w. N. Neben dem kritischen Rationalismus werden in der Betriebswirtschaftslehre u. a. der Konstruktivismus der Erlanger Schule und der Instrumentalismus von Milton Friedman als wissenschaftstheoretische Grundkonzeptionen vertreten. Vgl. *Frank* (2007), Sp. 2012–2014; *Fülbier* (2004), S. 268 f.; *Schröder* (2004), S. 169; *Caldwell* (1994), S. 173; *Schor* (1991), S. 136–140; *Arni* (1989), S. 9; *Raffée/Abel* (1979), S. 3. Vgl. zum Konstruktivismus der Erlanger Schule z. B. *Janich/Kambartel/Mittelstraß* (1974); *Lorenzen* (1974) und zu Milton Friedmans Instrumentalismus *Friedman* (1953), S. 3–43, sowie *Arni* (1989).

[20] Vgl. beispielsweise *Haase* (2006), S. 54; *Popper* (2002), S. 152.

[21] Vgl. zu verschiedenen Auffassungen des Wissenschaftsziels *Torrance* (1991), S. 25 f.; *Albert* (1976a), Sp. 4675 f.

[22] Vgl. zu diesem klassischen Wissenschaftsverständnis u. a. *Weingartner* (2006), S. 57; *Schröder* (2004), S. 171; *Schmid* (2002), S. 173 f.; *Röd* (1989), S. 56 f.; *Radnitzky/Andersson* (1980), S. 6; *Watkins* (1980), S. 28–30; *Lakatos* (1974), S. 90; *Albert* (1971), S. 19 f.; *Wöhe* (1959), S. 23. Von den Aussagen der Realwissenschaften bzw. empirischen Wissenschaften (z. B. Biologie und Soziologie) sind die Aussagen der Formalwissenschaften (Logik und Mathematik) abzugrenzen. Letztere beziehen sich nicht auf reale Erscheinungen. Vgl. *Ulrich/Hill* (1979), S. 163 f.; *Raffée* (1974), S. 21–23; *Bunge* (1967), S. 21–24. Synonym zu „Realwissenschaften" werden auch die Begriffe „Erfahrungswissenschaft" und „Wirklichkeitswissenschaft" verwendet. Vgl. *Thiel* (2004); *Schanz* (1988), S. 10.

[23] Vgl. *Albert* (2000), S. 9 f.; *Musgrave* (1993), S. 2–4; *Kern* (1979), S. 16 f.; *Albert* (1976b), S. 69; *Spinner* (1974), S. 24 f., 29. *Albert* (1975), S. 13, spricht von der Suche nach einem „archimedischen Punkt" der Erkenntnis, d. h. der Suche nach einem sicheren Fundament mit Wahrheitsgarantie.

2 Anforderungen an die Forschung in der Betriebswirtschaftslehre

lichkeit voraus (realistisches Wirklichkeitsverständnis). Gleichzeitig ergibt sich daraus die Notwendigkeit, Aussagen anhand der Wirklichkeit zu überprüfen.[24] Fraglich ist, inwieweit die *Erkennbarkeit* der objektiven Wirklichkeit durch den Forscher überhaupt möglich ist.[25] Die hier vertretene Position des kritischen Rationalismus kann in diesem Zusammenhang als kritisch-realistisch bezeichnet werden:[26] Der Zugang zur Wirklichkeit ist möglich, d. h. sie ist prinzipiell erkennbar. Allerdings nicht direkt oder unmittelbar. Der Zugang zur Wirklichkeit gleicht vielmehr einem Entschlüsselungs- oder Deutungsprozess, wobei von der prinzipiellen Fehlbarkeit dieses menschlichen Wahrnehmungsprozesses ausgegangen wird. Eine „reine" Beobachtung der Wirklichkeit ist daher nicht möglich. Die Beobachtung selbst ist fehlbar.[27]

Eng verbunden mit diesem Wirklichkeitsverständnis ist die vertretene Wahrheitsidee, d. h. wann etwas *„wahr"* ist. Für Vertreter einer kritisch-rationalistischen Methodologie ist eine Aussage „wahr", wenn sie mit der prinzipiell erkennbaren Wirklichkeit übereinstimmt (sog. Korrespondenztheorie der Wahrheit).[28] „Wahr" wird hierbei als eine objektive Eigenschaft von Aussagen aufgefasst, d. h. sie kann unabhängig von der subjektiven Meinung von Individuen oder ganzer Gruppen vorliegen.[29] Zu unterscheiden von dieser Wahrheits*definition* ist die Frage der Wahrheits*feststellung*, dem sog. Wahrheitskriterium.[30]

Nun hat sich gezeigt, dass die Feststellung der Wahrheit von Aussagen bereits aus logischen Gründen nie mit objektiver Gewissheit erreicht werden kann.[31] Denn jede Er-

---

[24] Vgl. *Popper* (1994), S. 211 f.; *Albert* (1987), S. 43, sowie *Kromrey* (2009), S. 15, 20; *Schmiel* (2009a), S. 151.

[25] Die Existenz einer objektiven Wirklichkeit bzw. tatsächlichen Welt (ontologische Annahme) wird von verschiedenen wissenschaftstheoretischen Schulen nicht bestritten. Sie unterscheiden sich hingegen bei den Annahmen über die Erkennbarkeit der objektiven Wirklichkeit (erkenntnistheoretische Annahme). Vgl. *Kromrey* (2009), S. 15 f.; *Behrens* (1998), S. 136; *Meinefeld* (1995), S. 259–261; *Abel* (1983), S. 28–30.

[26] Vgl. z. B. *Popper* (1994), S. 37–44, sowie *Albert* (2000), S. 16.

[27] Begründet wird die Fehlbarkeit der menschlichen Wahrnehmung mit der Theoriebeladenheit und der Subjektivität der Beobachtung. Vgl. *Popper* (1994), S. 64 f., 72–74; *Musgrave* (1993), S. 30–60, 280–286; *Albert* (1987), S. 43–62; *Albert* (1982), S. 19–23. Vgl. zum kritischen Realismus auch *Gethmann* (2004); *Benton* (2004); *Stegmüller* (1989), S. 77 f.

[28] Vgl. *Popper* (1972a), S. 223–228, sowie *Andersson* (1989), S. 369–372; *Albert* (1980), S. 230 f.; *Esser/Klenovits/Zehnpfennig* (1977), S. 167.

[29] Vgl. *Lorenz* (2004), S. 596; *Abel* (1983), S. 5.

[30] Vgl. *Andersson* (1989), S. 370; *Pähler* (1986), S. 42; *Weingartner* (1980), S. 680; *Albert* (1980), S. 231; *Kraft* (1960), S. 181 f.

[31] Vgl. beispielsweise *Popper* (2005), S. 3–6, 16 f., 269, und auch *Schmid* (2002), S. 174–176; *Albert* (1991), S. 13–18; *Albert* (1987), S. 12–18; *Watkins* (1980), S. 28–39; *Lakatos* (1974), S. 92 f.; *Spinner* (1974), S. 32–35, 43. Neben rein logischen Gründen ist auch unter Berücksichtigung der menschlichen Erkenntnisfähigkeit das Begründungsproblem nicht lösbar. Da es im kritischen Rea-

kenntnis, die man für eine solche Begründung verwenden möchte, bedarf wiederum einer eigenen Begründung.[32] Die Folge ist eine ausweglose Situation, die *Albert* als Münchhausen-Trilemma bezeichnet hat.[33] Es verbleiben drei gleichermaßen unbefriedigende Möglichkeiten: der unendliche Regress, der Begründungszirkel oder der Abbruch des Begründungsverfahrens an irgendeiner Stelle.

Somit fehlt ein Kriterium, um objektiv festzustellen, ob eine Aussage „wahr" ist. Dies bedeutet nach kritisch-rationalistischer Auffassung jedoch nicht, dass die Wahrheitsidee – als Übereinstimmung mit der Wirklichkeit – aufgegeben werden muss.[34] Es ist durchaus möglich, dass die Suche nach der Wahrheit erfolgreich ist, d. h. eine Aussage im o. g. Sinne „wahr" ist. Dies lässt sich jedoch niemals absolut sicher feststellen.[35] Die Wissenschaft ist nach *Popper* „kein System von gesicherten Sätzen, auch kein System, das in stetem Fortschritt einem Zustand der Endgültigkeit zustrebt."[36] Alle menschlichen Erkenntnisversuche sind fehlbar und demzufolge revidierbar (konsequenter Fallibilismus). *Popper* zieht daraus die Konsequenz, die Forderung nach (nicht erreichbarer) Gewissheit durch die *Idee der begründungsfreien Kritik* zu ersetzen. Es kommt nicht auf die Begründung des Wahren an, sondern auf die systematische Suche und Beseitigung des Falschen, um der Wahrheit näher zu kommen.[37] Erkenntnisfortschritt besteht bildlich gesprochen in einem Fortschreiten auf dem Pfad zum Wahrheitsziel, durch die Elimination vom Falschen.[38] Die Suche nach absoluter Wahrheit bleibt daher die Leitidee, d. h. das anzustrebende Ziel aller Bemühungen, auch wenn es vielleicht nie erreicht wird.[39]

---

[32] lismus keine „reine" Beobachtung gibt, kann es auch keine sichere empirische Basis geben, die die Wahrheit einer Aussage garantiert. Vgl. *Meyer* (2002), S. 49–52; *Radnitzky* (1979a), S. 122 f.
Vgl. *Popper* (1994), S. 203. Vgl. beispielsweise zur Kritik der Vernunft und Beobachtung als Quelle der Begründung in der klassischen Erkenntnislehre *Albert* (1991), S. 24–34; *Musgrave* (1989), S. 388–390; *Popper* (1972a), S. 3–30. Vgl. zu weiteren Varianten des Begründungsmodells *Spinner* (1974), S. 31.

[33] Vgl. dazu *Albert* (2000), S. 12 f.; *Albert* (1991), S. 15, und auch *Popper* (2005), S. 70–71; *Popper* (2002), S. 156 f.; *Popper* (1994), S. 203.

[34] Vgl. *Albert* (1978a), S. 9, 44; *Albert* (1975), S. 21.

[35] Vgl. *Popper* (1972a), S. 226, sowie *Kromrey* (2009), S. 31; *Opp* (2005), S. 190; *Radnitzky* (1980), S. 321.

[36] *Popper* (2005), S. 266.

[37] Vgl. *Popper* (2005), S. 16–19, 269; *Popper* (2002), S. 25–27; *Popper* (1972a), S. 50 f. Vgl. auch *Albert* (2000), S. 15 f.; *Albert* (1991), S. 42–44; *Abel* (1983), S. 11; *Raffée/Abel* (1979), S. 3 f.; *Albert* (1976b), S. 17; *Albert* (1975), S. 21 f.; *Spinner* (1974), S. 53.

[38] Vgl. auch *Schramm* (2002), S. 108 f.; *Radnitzky* (1979b), S. 68.

[39] Vgl. *Popper* (2002), S. 27 f.; *Popper* (1994), S. 30, 47; *Popper* (1972a), S. 226. Vgl. auch *Radnitzky* (1979b), S. 80; *Albert* (1978a), S. 44; *Spinner* (1974), S. 53. Nach *Popper* (2005), S. 89, bedeutet kritisch-rational: „Geleitet von der regulativen Idee der objektiven Wahrheit".

2 Anforderungen an die Forschung in der Betriebswirtschaftslehre

Welche Konsequenzen ergeben sich aus diesem Ziel für die Vorgehensweise in der Wissenschaft? D. h. welche methodologischen Regeln sollten eingehalten werden, um die Zielerreichung zu fördern? *Poppers* konsequenter Fallibilismus alleine ist zu unspezifisch, um als methodologische Regel gelten zu können.[40]

Eine besondere Bedeutung für das Erkenntnisziel haben Theorien: „Mehr oder weniger komplexe Systeme allgemeiner Aussagen kognitiven Charakters, die dazu verwendet werden können, Erscheinungen unserer realen Welt zu erklären."[41] Das Ziel ist es, „Theorien zu konstruieren, die Erklärungskraft besitzen und mit den tatsächlichen Zusammenhängen übereinstimmen."[42] Daher ist im Folgenden zu klären, welche Anforderungen Theorien erfüllen sollten. In diesem Zusammenhang kann grundsätzlich zwischen Anforderungen im Rahmen der *Beschaffenheit* und *Anwendung* von Theorien differenziert werden.[43]

2.1.3 Methodologische Regeln des kritischen Rationalismus

2.1.3.1 Beschaffenheit von Theorien

Die folgenden Ausführungen beschäftigen sich mit den Anforderungen an die *Beschaffenheit* einer Theorie. Theorien werden aufgestellt, um mit ihrer Hilfe reale Tatbestände erklären zu können. Demnach sollte nach Theorien mit möglichst großer Erklärungsleistung gesucht werden. Positiv beeinflusst wird die Erklärungsleistung einer Theorie von ihrem empirischen Gehalt bzw. Informationsgehalt.[44] Dies wird im Folgenden näher erläutert.

Hinter dem Konzept des Informationsgehalts steckt die Idee, dass durch jede Information das Auftreten bestimmter Sachverhalte ausgeschlossen oder verboten wird.[45] So verbietet die Aussage „mit wachsender Beschäftigung steigen die Kosten" u. a., dass die Kosten bei wachsender Beschäftigung sinken.[46] Wird diese Aussage um eine weitere Information erweitert, z. B. „mit wachsender Beschäftigung steigen die Kosten proportional", wird u. a. zusätzlich ausgeschlossen, dass die Kosten bei wachsender Beschäftigung überproportional steigen. Der Informationsgehalt und damit die Sachverhalte, die ausgeschlossen werden, steigen. Werden Aussagen hingegen so formu-

---

[40] Vgl. *Gadenne* (2002), S. 68.

[41] *Albert* (1964), S. 19. Vgl. auch *Kerlinger/Lee* (2000), S. 11 f.

[42] *Gadenne* (1984), S. 17.

[43] So *Albert* (1964), S. 19. Beide Bereiche sind allerdings nicht völlig losgelöst voneinander zu betrachten, da die Anwendung von Theorien gewisse Merkmale einer Theorie voraussetzt. Vgl. *Albert* (1964), S. 47.

[44] Vgl. *Popper* (2002), S. 155, 168 f., sowie *Albert* (1987), S. 106; *Albert* (1964), S. 22 f.

[45] Vgl. *Albert* (1964), S. 23 f.

[46] Das Grundbeispiel wurde entnommen aus *Chmielewicz* (1994), S. 124.

liert, dass sie mit allen denkbaren Sachverhalten vereinbar sind, können sie die Wirklichkeit nicht erklären.[47] Dazu würde die Aussage zählen „mit wachsender Beschäftigung steigen die Kosten oder auch nicht". Diese Aussage enthält keine Informationen über Zusammenhänge in der Wirklichkeit und ist alleine logisch wahr. Es gilt dementsprechend: Je mehr Sachverhalte eine Theorie verbietet, umso höher ist ihr informativer Gehalt und damit gleichzeitig auch ihre Widerlegbarkeit anhand der Tatsachen.[48]

Die Forderung nach einem möglichst hohen Informationsgehalt einer Theorie lässt sich durch die Forderung nach größerer Bestimmtheit und Allgemeinheit weiter präzisieren.[49] Da sich Theorien in eine Wenn/Dann-Form überführen lassen, lässt sich der Zusammenhang zwischen Informationsgehalt und Bestimmtheit bzw. Allgemeinheit anschaulich darstellen.[50] In dieser Form enthält die Wenn-Komponente die Randbedingungen und die Dann-Komponente die beschriebenen Sachverhalte. Der Informationsgehalt einer Theorie steigt mit präziser Dann-Komponente (wachsender Bestimmtheit) und mit weniger Einschränkungen in der Wenn-Komponente (wachsende Allgemeinheit).[51]

2.1.3.2 Anwendung von Theorien

Als wichtigste methodologische Regel des kritischen Rationalismus[52] gilt die bereits oben angesprochene *Idee der begründungsfreien Kritik*.[53] Sie ist eng verbunden mit

---

[47] Vgl. *Popper* (2005), S. 90 f., 102 f., sowie *Albert* (1967), S. 334.

[48] Vgl. *Popper* (2005), S. 90 f.; *Popper* (1972a), S. 217.

[49] Vgl. hierzu *Popper* (2005), S. 100–102, sowie *Chmielewicz* (1994), S. 124–126; *Albert* (1967), S. 335 f.

[50] Im obigen Beispiel lässt sich die Grundaussage in die folgende Form überführen: „Wenn die Beschäftigung wächst, dann steigen die Kosten."

[51] Das Streben nach hohem Informationsgehalt steht im Konflikt mit der Suche nach möglichst wahren bzw. bewährten Aussagen. Der Informationsgehalt darf nicht so hoch sein, dass die Aussage falsifiziert wird. Das Ziel ist es, den Informationsgehalt unter der Nebenbedingung wahrer bzw. bewährter Aussagen zu maximieren. Vgl. *Chmielewicz* (1994), S. 129–132 m. w. N.

[52] Es ist anzumerken, dass es nicht „den" kritischen Rationalismus gibt. „Inzwischen haben die Theoretiker, die sich selbst dem kritischen Rationalismus zurechnen", so *Albert* (2002), S. 3, „in vielen Punkten divergierende Anschauungen entwickelt und in diesem Zusammenhang auch verschiedene Deutungen des Popperschen Denkens hervorgebracht. Soweit ich sehe, ist keiner von ihnen bereit, die Popperschen Auffassungen toto coelo zu übernehmen, aber alle knüpfen wie er an die Tradition der Aufklärung an und sind bestrebt, die Methoden und Resultate der realwissenschaftlichen Forschung und der modernen Logik und Mathematik in ihren Untersuchungen zu berücksichtigen." Insoweit handelt es sich bei dem im Folgenden dargestellten kritischen Rationalismus nur um eine „Variante", die im Detail von anderen „Varianten" mehr oder weniger abweichen kann.

[53] Vgl. *Popper* (1972a), S. 256, sowie *Gadenne* (2006), S. 38; *Carrier* (2004), S. 388; *Meyer* (2002), S. 23; *Gadenne* (2002), S. 69; *Albert* (1987), S. 92. *Jarvie* (2001), S. 51–63, hat insgesamt 15 me-

der methodologischen Regel der *deduktiven Prüfung* von Aussagen im Rahmen des deduktiven Erklärungsmodells.[54] Daher geht es im Rahmen der *Anwendung* von Theorien insbesondere um die Prüfung ihrer eigenen Richtigkeit.[55]

Nach dem Modell der *deduktiven Prüfung* strebt man die „Erklärung von Zusammenhängen auf der Basis allgemeiner Gesetzmäßigkeiten" an „und sucht dazu möglichst umfassende Theorien von großer Erklärungskraft zu entwickeln".[56] D. h. es werden Theorien entwickelt, die verschiedene Einzelbefunde erklären können.[57] Demnach hat eine Erklärung folgende Struktur:[58] Der zu erklärende Tatbestand wird aus einer Theorie (Hypothesen über Gesetzmäßigkeiten in der Wirklichkeit) und mit Hilfe von Aussagen über die Rand- bzw. Anwendungsbedingungen logisch abgeleitet. Die Methode der deduktiven Prüfung erlaubt nach *Popper*, die „verschiedenen Annahmen rational und kritisch zu diskutieren, indem wir systematisch ihre Konsequenzen herausarbeiten. Die Deduktion (…) ist ein Instrument der rationalen Kritik."[59] Die Kritik bzw. kritische Prüfung besteht dabei – neben der Prüfung auf innere Konsistenz – im Wesentlichen aus der empirischen Prüfung von Aussagen.[60] Um Irrtümer zu entdecken, sind die verwendeten Aussagen „in jeder Weise einer Falsifikation"[61] auszusetzen.[62] Das Vorgehen zur Überprüfung einer Theorie gestaltet sich vereinfacht wie folgt:[62] Aus einer Theorie und bestimmten Randbedingungen werden Prüfaussagen abgeleitet, um sie dann mit der Wirklichkeit zu konfrontieren.[63]

---

thodologische Regeln Poppers identifiziert. Vgl. zu methodologischen Regeln des kritischen Rationalismus auch *Meyer* (2002), S. 22–29; *Hausman* (1988), S. 71 f.

[54] Vgl. dazu *Popper* (2005), S. 4–9; *Popper* (2002), S. 255; *Popper* (1972a), S. 221.

[55] Vgl. zu weiteren Anwendungsbereichen von Theorien *Albert* (1964), S. 47.

[56] *Albert* (1978b), S. 50 [beide wörtlichen Zitate].

[57] Vgl. *Gadenne* (1984), S. 18.

[58] Vgl. *Popper* (2005), S. 36 f.; *Popper* (2002), S. 153–155.

[59] *Popper* (2002), S. 255 [im Original teilweise kursiv].

[60] Vgl. *Popper* (2005), S. 8 f. Vgl. dazu auch *Spinner* (1974), S. 21; *Albert* (1964), S. 53–60.

[61] *Popper* (2005), S. 19. So auch *Albert* (1991), S. 52.

[62] Vgl. *Popper* (2005), S. 9 i. V. m. S. 37.

[63] Nach *Albert* (1978b), S. 50, ist die Anwendung von Theorien auf konkrete Situationen eine „komplexe Angelegenheit, die eine Fülle von Abstraktionen und Idealisierungen mit sich bringt. Man muß dazu im allgemeinen Modelle konstruieren, in denen die in Betracht kommenden Anwendungsbedingungen für die Gesetzesaussagen systematisch formuliert sind." Ein Modell ist daher nicht identisch mit der betreffenden Theorie. Ziel der Modellkonstruktion ist es, so *Albert* (1998), S. 62, „daß die für die Anwendung der Theorie wesentlichen Züge erhalten bleiben und das betreffende Modell die Situation in ausreichender Annäherung darstellt." Vgl. dazu auch *Albert* (1976a), Sp. 4681–4683; *Bunge* (1973), S. 91 f., 107. Nicht immer wird in der Literatur strikt zwischen Theorie und Modell unterschieden. Zudem werden den Begriffen unterschiedliche Bedeutungen zugeordnet. Vgl. *Morgan* (1998); *Bunge* (1996), S. 113 f.; *Schmidt/Schor* (1987), S. 12 (Fn. 5); *Abel* (1979), S. 145; *Eichhorn* (1979), S. 61, *Witte* (1975), S. 1 m. w. N. Im Folgenden wird nicht

2 Anforderungen an die Forschung in der Betriebswirtschaftslehre

Dies setzt zum einen voraus, dass die abgeleiteten Prüfaussagen prinzipiell falsifizierbar bzw. widerlegbar sind. Sie müssen „an der Erfahrung scheitern können."[64] Zum anderen müssen die Randbedingungen tatsächlich erfüllt sein. Ansonsten ist die Theorie auf die Situation in der Wirklichkeit nicht anwendbar und kann dementsprechend nicht überprüft werden.[65]

Sind beide Voraussetzungen erfüllt, kann die Theorie empirisch überprüft werden. Ist die Wirklichkeit mit den Prüfaussagen zu vereinbaren, gilt die Theorie als bewährt, ansonsten als falsifiziert.[66] Eine Falsifikation ist indessen nie endgültig. Dies scheitert an der Fehlerhaftigkeit der Wirklichkeitsbeobachtung.[67] Beobachtungsaussagen können – wie alle Aussagen – keine Gewissheit liefern; es handelt sich um Hypothesen. Im Falle eines Konflikts zwischen Prüf- und Beobachtungsaussage, kann man die Theorie, die Beobachtungsaussage oder beide verwerfen.[68] Dies bedeutet allerdings nicht, dass die Überprüfung anhand der Wirklichkeit keine Rolle mehr spielt und auftretende Widersprüche ignoriert werden können.[69] Die Beobachtungsaussagen gelten als relativ unproblematisch, solange sie sich auf intersubjektiv Beobachtbares beziehen und keine Hinweise auf ihre Fehlerhaftigkeit vorliegen. Sie werden dann durch Beschluss von der wissenschaftlichen Gemeinschaft vorläufig anerkannt.[70]

Nach *Gadenne* lässt sich *Poppers Idee der begründungsfreien Kritik* durch zwei Regeln präzisieren: Erstens sollten *ernsthafte* und zweitens *kritische* Prüfungen durchge-

---

strikt zwischen Theorie und Modell differenziert, da diese Unterscheidung für die hier relevanten Anforderungen an wissenschaftliche Aussagen eine untergeordnete Bedeutung besitzt.

[64] *Popper* (2005), S. 17 [im Original kursiv].

[65] Vgl. *Albert, M.* (1996), S. 458, 462; *Chmielewicz* (1994), S. 158; *Esser/Klenovits/Zehnpfennig* (1977), S. 104. Daher werden die Randbedingungen auch Anwendungs- oder Anfangsbedingungen genannt. *Popper* (2002), S. 153–155, fordert für „befriedigende Erklärungen" u. a., dass die Aussagen über die Randbedingungen wahr bzw. bewährt sind. Siehe zu weiteren Adäquatheitsbedingungen für Erklärungen *Hempel/Oppenheim* (1948).

[66] Vgl. zum Begriff der Bewährung, wonach Theorien nur vorläufig gestützt, nicht aber verifiziert werden, *Popper* (2005), S. 9; *Popper* (2002), S. 269–271.

[67] Vgl. dazu auch die oben gemachten Aussagen im Zusammenhang mit dem kritischen Realismus.

[68] Selbst wenn die Beobachtungsaussage als sicher angenommen wird, lässt sich nicht eindeutig feststellen, ob die Theorie, die Randbedingungen oder benötigte Hilfsannahmen (z. B. Annahmen über das Funktionieren von Messinstrumenten) betroffen sind. Die allgemeine Einsicht, dass bei der Überprüfung von Theorien fast niemals eine einzelne Hypothese, sondern nur das ganze Aussagensystem überprüft werden kann, geht zurück auf *Duhem* (1978), S. 238–249, und *Quine* (1979), S. 47–50, und wird als „Duhem-Quine-These" bezeichnet. Vgl. dazu *Popper* (2005), S. 53; *Popper* (1972a), S. 112, sowie *Gadenne* (1998), S. 117–124; *Chmielewicz* (1994), S. 159 f.; *Agassi* (1975), S. 158–162.

[69] Vgl. *Gadenne* (2002), S. 68; *Albert* (1987), S. 113 f.

[70] Vgl. *Popper* (2005), S. 83–89; *Popper* (1972a), S. 386. Vgl. dazu auch *Chalmers* (2007), S. 73 f.; *Meyer* (2002), S. 26 f.; *Gadenne* (1998), S. 122 f.; *Musgrave* (1993), S. 290–292; *Albert* (1987), S. 111–116; *Andersson* (1981); *Esser/Klenovits/Zehnpfennig* (1977), S. 149.

führt werden.⁷¹ Eine *ernsthafte* Prüfung liegt vor, wenn die Prüfaussage nicht schon auf Grund des Hintergrundwissens (bereits akzeptiertes Wissen) ableitbar ist. Nur wenn die Theorie zur Ableitung der Prüfaussage notwendig ist, wird die Theorie einem echten Risiko ausgesetzt. In der wissenschaftlichen Praxis werden ernsthafte Prüfungen durch die Berücksichtigung von sog. Störfaktoren umgesetzt. Durch deren Kontrolle soll ausgeschlossen werden, dass nicht durch die Theorie beschriebene Faktoren Einfluss auf die beobachteten Variablen haben. Dies würde eine Beurteilung der Theorie unmöglich machen.⁷²

Prüfungen sind *kritisch*, wenn sie nicht beliebige Folgerungen einer Theorie testen, sondern wenn sie gezielt nach Fehlern suchen. Dies wird erreicht, indem die riskantesten und daher unwahrscheinlichsten Folgerungen einer Theorie getestet werden; sie enthalten am wahrscheinlichsten Fehler.⁷³ Wenn möglich sollten daher insbesondere die Folgerungen einer Theorie gesucht werden, die aus bekannten, etablierten Theorien „nicht ableitbar sind bzw. mit ihnen in Widerspruch stehen."⁷⁴

Es bleibt festzuhalten, dass der kritische Rationalismus methodologische Regeln enthält, welche die Vorgehensweise der Wissenschaft anleiten können. Wer als Erkenntnisziel wahre Aussagen über die Wirklichkeit akzeptiert, sollte versuchen, Fehler aufzufinden und zu beseitigen. Zu nennen ist in diesem Zusammenhang die Methode der deduktiven Prüfung. Die Prüfung darf sich nicht auf die innere Konsistenz beschränken, sondern muss diese auch anhand der Wirklichkeit überprüfen; insbesondere durch ernsthafte und kritische Tests. Daneben sind bestimmte Anforderungen an die Beschaffenheit von Theorien zu stellen. Sie sollten Erklärungskraft und damit einen hohen Informationsgehalt aufweisen.

2.2 Betriebswirtschaftslehre als empirische Wissenschaft

2.2.1 Zielsetzungen der Betriebswirtschaftslehre

Wie lassen sich die Ausführungen zur Wissenschaft im Allgemeinen auf die Betriebswirtschaftslehre anwenden? Es dürfte unstrittig sein, dass die Betriebswirtschaftslehre den Realwissenschaften bzw. empirischen Wissenschaften zuzurechnen ist, da sie sich mit Erscheinungen in der Wirklichkeit befasst.⁷⁵ Sie beschäftigt sich mit dem wirt-

---

[71] Vgl. ausführlich zur Ableitung der beiden Regeln aus Poppers Methodologie *Gadenne* (2006), S. 38 f.; *Gadenne* (2002), S. 69–72.

[72] Vgl. zu dieser Problematik *Atteslander* (2010), S. 181; *Schnell/Hill/Esser* (2011), S. 205–216; *Gadenne* (1984), S. 134 f.

[73] Vgl. *Popper* (1972a), S. 240.

[74] *Popper* (2005), S. 9.

[75] Vgl. z. B. *Schweitzer* (2009), S. 26; *Köhler/Küpper/Pfingsten* (2007), Sp. 137 f.; *Töpfer* (2007), S. 2; *Raffée* (1974), S. 22; *Bunge* (1967), S. 24.

schaftlichen Handeln von Menschen in Einzelwirtschaften, wobei das wirtschaftliche Handeln durch das Treffen von Entscheidungen gekennzeichnet ist (entscheidungsorientierter Ansatz).[76] Dementsprechend lassen sich die obigen Ausführungen grundsätzlich auf die Betriebswirtschaftslehre als empirische Wissenschaft übertragen. Dies soll im Folgenden genauer erläutert werden.

Das Ziel, durch das Aufstellen von Theorien wahre Antworten über interessante Fragen der Wirklichkeit zu geben, wird in der Betriebswirtschaftslehre nicht mit dem menschlichen Bedürfnis nach reiner Erkenntnis (kognitives bzw. theoretisches Wissenschaftsziel) gleichgesetzt. Das Streben nach Erkenntnis ist kein Selbstzweck. Es dient vielmehr als Ausgangspunkt für die Wirklichkeitsgestaltung zur Verbesserung der Lebensbedingungen. Denn durch logische Transformation lässt sich ein solches Erklärungswissen (Ursache-Wirkungs-Beziehung) in eine Technologie (Ziel-Mittel-Beziehung) umwandeln: Verfügt man über Gesetzmäßigkeiten[77], die einen Tatbestand erklären, kennt man auch die Randbedingungen, die herbeigeführt werden müssen, um diesen Tatbestand auszulösen.[78] Daher tritt neben das reine *Erkenntnis-* ein *Gestaltungsinteresse* (pragmatisches bzw. praktisches Wissenschaftsziel).[79] Dort wird das theoretische Wissen zur Gestaltung und Beherrschung der Lebensbedingungen angewendet. Daher wird die Betriebswirtschaftslehre auch als angewandte Wissenschaft bezeichnet.[80]

---

[76] Vgl. *Haberstock/Breithecker* (2010), S. 107, 109; *Schweitzer* (2009), S. 52–54; *Fülbier* (2004), S. 266 f.; *Raffée* (1993), S. 4–11, 31–33. Die sog. entscheidungsorientierte Betriebswirtschaftslehre geht zurück auf *Heinen* (1969).

[77] Hierunter werden keine exakten Gesetze verstanden, sondern lediglich Regelmäßigkeiten bzw. Muster. Vgl. zur Problematik von Gesetzen innerhalb der Sozialwissenschaften *Diekmann* (2011), S. 151 f.; *Schmiel* (2005a), S. 139–142; *Meyer* (2002), S. 115–127; *Raffée* (1993), S. 20 f.

[78] Vgl. zu diesem klassischen Verständnis *Albert* (1976b), S. 22 f.; *Popper* (1972b), S. 52. Theorie und Praxis sind, so *Kubicek* (1975), S. 24, nicht als Gegensatz anzusehen, sondern es gibt nichts „Praktischeres (..) als eine informative und bewährte Theorie." Kritisch zur logischen Transformation von Erklärungswissen in Technologien äußern sich *Seidl/Kirsch/van Aaken* (2009); *Schneider* (2001), S. 504–506.

[79] Vgl. *Schanz* (2009), S. 84–88, 114 f.; *Töpfer* (2007), S. 2–7; *Raffé* (1993), S. 3 f.; *Schanz* (1988), S. 6 f. Das Gestaltungsinteresse beschränkt sich nach der hier vertretenen Auffassung allerdings nicht auf die logische Transformation von Erklärungswissen in Technologien. Die Entwicklung von Gestaltungsempfehlungen kann durchaus als eigenständige Aufgabe angesehen werden. Vgl. *Bretzke* (1980), S. 230, und die weiteren Ausführungen zum Verhältnis von Erkenntnis- und Gestaltungsinteresse im Rahmen der Steuerplanungslehre in Kapitel 2.3.

[80] Vgl. zu dieser Bezeichnung *Wöhe/Döring* (2010), S. 4 f.; *Schanz* (2009), S. 87; *Töpfer* (2007), S. 5 f.; *Heinen* (1985), S. 15. Kritisch zu dieser Bezeichnung *Schreyögg* (2007), S. 150 f.; *Schneider* (1995), S. 141 f. Dem Erkenntnis- und Gestaltungsziel der Betriebswirtschaftslehre wird in der Literatur noch ein deskriptives Ziel vorgeschaltet. Hier geht es um eine zweckmäßige Begriffsbildung, damit die Betrachtungsgegenstände präzise beschrieben werden können. Vgl. *Töpfer* (2007), S. 2 f.; *Chmielewicz* (1994), S. 10 f.; *Chmielewicz* (1978), S. 426–428; *Schweitzer* (1978), S. 3 f.

2 Anforderungen an die Forschung in der Betriebswirtschaftslehre

Fraglich ist, ob das Gestaltungsinteresse in der Betriebswirtschaftslehre mit dem hier vertretenen Ziel der Wissenschaft (Erklärung über Zusammenhänge in der Wirklichkeit) vereinbar ist. Diesem Ziel liegt eine *positive* Wissenschaftsauffassung zugrunde, die darauf abzielt, zu beschreiben und zu erklären „was ist" (wie verhalten sich Entscheidungsträger). Gestaltungsaussagen haben hingegen einen *normativen Charakter*, da sie anstreben, anzugeben „was sein soll" (wie sollten sich Entscheidungsträger verhalten).[81] Daher sind normative Aussagen über das „Seinsollen" (sog. Werturteile) nach dem *Postulat der Werturteilsfreiheit* grundsätzlich zu unterlassen.[82]

Eine Präzisierung der Werturteilsproblematik wurde von *Albert* durch die Unterscheidung von Werturteilen im Basis-, Objekt- und Aussagenbereich vorgenommen.[83] Werturteile im Basisbereich (z. B. Auswahl der Problemstellung) und Objektbereich (Werturteile anderer als Untersuchungsgegenstand, z. B. die Ziele der Entscheidungsträger) sind notwendige und zulässige Werturteile. Alleine Werturteile im Aussagenbereich widersprechen nach *Albert* dem Wertfreiheitspostulat.

Gestaltungsaussagen in der Form einer Technologie *informieren* über Handlungen zur Erreichung eines vorgegebenen oder hypothetischen Ziels. Die Auswahl eines Ziels stellt ein zulässiges Werturteil im Basisbereich dar.[84] Aussagen darüber, wie ein gegebenes Ziel mit bestimmten Mitteln erreicht werden kann, zeigen lediglich Handlungsmöglichkeiten auf. Sie widersprechen somit nicht dem Postulat der Werturteilsfreiheit und sind mit einer positiven Wissenschaftsauffassung vereinbar. Gestaltungsaussagen „erhalten durch das unterstellte Ziel lediglich *quasi-normativen* bzw. *praktisch-normativen* Charakter."[85] Die methodologischen Regeln des kritischen Rationalismus – insbesondere die oben abgeleiteten Anforderungen der Anwendung und Beschaffenheit von Theorien – lassen sich somit auf die Betriebswirtschaftslehre übertragen.

Da die Betriebswirtschaftslehre eine empirische Wissenschaft ist, ließen sich – rein definitorisch – nahezu alle Aussagen der Betriebswirtschaftslehre als empirische Aussagen und daher als empirische Forschung charakterisieren. Allerdings erfüllen nicht alle betriebswirtschaftlichen Aussagen, die an eine empirische Wissenschaft im o. g. Sinne gestellten Anforderungen.

---

[81] Diese Positiv-Normativ Klassifizierung geht zurück auf *Keynes* (1917), S. 34 f.

[82] Vgl. *Albert* (1975), S. 56; *Albert* (1967), S. 157; *Weber* (1964), S. 118. Das Postulat der Werturteilsfreiheit und sein Anwendungsbereich sind in den Wirtschaftswissenschaften umstritten. Vgl. z. B. *Fülbier/Weller* (2008); *Bareis* (2008); *Bareis* (2007); *Schmiel* (2008); *Schneider* (2001), S. 305–317.

[83] Vgl. hierzu *Albert* (1975), S. 51–60; *Albert* (1967), S. 151–156. Ähnlich *Weber* (1964), S. 113.

[84] Vgl. *Albert* (1967), S. 113 f., sowie *Schmiel* (2005b), S. 535 f.

[85] *Heinen* (1985), S. 28 [Hervorhebungen im Original]. Vgl. zum Verhältnis des Postulats der Werturteilsfreiheit und der Gestaltungsaufgabe insbesondere *Schmiel* (2005b); *Albert* (1967), S. 154–156.

2 Anforderungen an die Forschung in der Betriebswirtschaftslehre

Nach *Homburg* ist daher ein engeres Begriffsverständnis empirischer Forschung innerhalb der Betriebswirtschaftslehre (heute) üblich.[86] Unter ihr wird lediglich eine Methode der betriebswirtschaftlichen Forschung verstanden: Die „[s]ystematische, theoriegestützte Analyse realer Gegebenheiten im betriebswirtschaftlichen Kontext anhand externer Daten."[87] Nicht zur empirischen Forschung zählen somit insbesondere Schlussfolgerungen auf Grundlage logischer Überlegungen, da „weder Prämissen noch Schlussfolgerungen auf ihre Bewährung in der Realität überprüft"[88] werden. Sie besitzen keinen Informationsgehalt.

Wie bereits oben dargelegt, spielen Theorien im Rahmen der empirischen Forschung eine bedeutende Rolle.[89] Das Ziel ist es, „Theorien zu konstruieren, die Erklärungskraft besitzen und mit den tatsächlichen Zusammenhängen übereinstimmen."[90] Die Anforderungen an Theorien im Rahmen der *Beschaffenheit* und *Anwendung* werden im Folgenden für die Betriebswirtschaftslehre konkretisiert.

2.2.2 Anforderungen an empirische Forschung

2.2.2.1 Beschaffenheit von Theorien: Informationsgehalt

Eine Vernachlässigung von Aspekten der Beschaffenheit von Theorien in der Ökonomie wurde von *Albert* als Modellplatonismus bezeichnet.[91] Er versteht darunter die Immunisierung von Theorien gegenüber der Erfahrung, um sie so vor einem Scheitern zu bewahren.[92] *Albert* hat in der Ökonomie eine Reihe von sog. konventionalistischen

---

[86] Vgl. *Homburg* (2007), S. 27–29.

[87] *Homburg* (2007), S. 29. So auch *Atteslander* (2010), S. 4 f. *Homburg* (2007), S. 29, nennt als weitere dominante Forschungsmethoden – neben der empirischen Forschung – die Morphologie, das Modeling und die reine Theorie.

[88] *Homburg* (2007), S. 29. Ähnlich äußern sich *Kubicek* (1975), S. 34 f.; *Witte* (1974), Sp. 1264 f., und für die Betriebswirtschaftliche Steuerlehre *Schreiber* (2012), S. 879; *Fischer/Schneeloch/Sigloch* (1980), S. 700. So auch *Popper* (2005), S. 3, wonach die empirische Methode darin besteht, „Sätze oder Systeme von Sätzen aufzustellen und systematisch zu überprüfen; in den empirischen Wissenschaften sind es insbesondere Hypothesen, Theoriensysteme, die aufgestellt und an der Erfahrung durch Beobachtung und Experiment überprüft werden." Ein weiteres Verständnis von empirischer Forschung vertritt beispielsweise *Schmiel* (2009a), S. 149, 151–153. So gehören nach ihrer Auffassung auch Studien zur Anwendung von Handlungsempfehlungen in der Praxis zur empirischen Forschung. *Homburg* (2007), S. 29 f., schließt diese Studien explizit aus: „Zwar werden (...) auch empirische Daten verwendet, allerdings in der Regel nicht zur Überprüfung der Prämissen der verwendeten Modelle, sondern zur Demonstration der Leistungsfähigkeit des vorgestellten Verfahrens."

[89] Vgl. dazu nochmals Kapitel 2.1.

[90] *Gadenne* (1984), S. 17.

[91] Vgl. *Albert* (1967), S. 338.

[92] Vgl. *Albert* (1967), S. 338 f.; *Albert* (1964), S. 29 f.

Strategien identifiziert, die Theorien vor Kritik schützen.[93] Dazu gehört die Einschränkung des Anwendungsbereichs einer Theorie, indem ihr Geltungsbereich auf die Fälle eingeschränkt wird, in denen ihre Voraussetzungen zutreffen. Das können z. B. bestimmte in der Theorie vorausgesetzte rationale Verhaltensweisen sein, sodass eine Theorie rationalen Verhaltens auf den Bereich eingeschränkt wird, in dem sich Menschen tatsächlich den Voraussetzungen entsprechend verhalten.[94] Solche Verhaltensweisen werden als bloße Annahmen und nicht als Hypothesen betrachtet.[95] Nach *Albert* ist der Informationsgehalt solcher Theorien gleich null, da sie sich auf logische Zusammenhänge beschränken: „Wenn irgendwelche Verhaltensmaximen auftauchen, dann werden sie sehr oft nicht als Hypothesen formuliert und behandelt, sondern als Annahmen über mögliches Verhalten von Wirtschaftssubjekten, deren logische Implikationen zu untersuchen seien. Damit rücken alle möglichen Fragen in den Vordergrund, die mit dem Informationsgehalt, der Erklärungskraft, dem prognostischen Wert und dem Bewährungsgrad möglicher Hypothesen wenig zu tun haben, nämlich Fragen des Ableitungszusammenhanges, der Formalisierbarkeit und der Plausibilität."[96]

In der Wirtschaftstheorie lässt sich diese Kritik auf die Annahme des *homo oeconomicus* als idealtypisches Menschenbild im Rahmen des standardökonomischen Verhaltensmodells anwenden.[97] Dieses ist vor allem durch die Annahmen gekennzeichnet, dass Individuen in Entscheidungssituationen:[98]

---

[93] Vgl. *Albert* (1967), S. 340–355; *Albert* (1964), S. 27–35.

[94] Vgl. *Albert* (1967), S. 354; *Albert* (1964), S. 34 (Fn. 40). Dies bedeutet jedoch nicht, dass Modelle keine Idealisierungen oder Abstraktionen beinhalten sollten. Vgl. nochmals Fn. 63. Sie sind vielmehr Voraussetzung für die Erklärung komplexer Sachverhalte. Vgl. *Schröder* (2004), S. 175; *Krugman* (1995), S. 67–88; *Albert* (1987), S. 108; *Tietzel* (1985), S. 111–118; *Machlup* (1978), S. 78 f.

[95] Annahmen unterscheiden sich von Hypothesen dadurch, dass bei ihnen die Prüfung und Gültigkeit keine Rolle spielen und ihnen somit keine realwissenschaftliche Bedeutung zukommt. Die Verwendung des Begriffs „Annahme" ist in der Literatur nicht einheitlich. Vgl. z. B. *Arni* (1989), S. 23 f.; *Albert* (1967), S. 350 f. (Fn. 34), 354; *Albert* (1964), S. 32 f.

[96] *Albert* (1967), S. 352 f.

[97] Vgl. z. B. *Akerlof/Yellen* (1987), S. 137; *Stanley* (1986), S. 85 f.

[98] Vgl. *Kirchgässner* (2008), S. 13–26; *Camerer/Fehr* (2006), S. 47; *Rolle* (2005), S. 185–198; *Kahneman* (2003a), S. 162; *Rabin* (1998), S. 11; *Bunge* (1996), S. 363; *Ramb/Tietzel* (1993), S. V; *Frey* (1990), S. 4–8; *Hirshleifer* (1985), S. 54; *Tietzel* (1981), S. 118. In der Literatur wird zwischen den o. g. Kernannahmen und zusätzlichen Hilfsannahmen des ökonomischen Verhaltensmodells unterschieden. Während die Kernannahmen bei allen Formen des ökonomischen Verhaltensmodells gegeben sind, handelt es sich bei den Hilfsannahmen um Spezifikationen der Kernannahmen, die bei verschiedenen Verhaltensmodellen voneinander abweichen können. Zu den Hilfsannahmen zählt beispielsweise die Annahme der vollständigen Information. Vgl. *Angner/Loewenstein* (2012), S. 651; *Opp* (1999), S. 173–175; *Simon* (1987), S. 221. Dass Individuen nur ihre eigenen Ziele verfolgen (self-interest), ist keine zwingende Voraussetzung für das standardökonomische Verhaltensmodell. Grundsätzlich könnten auch die Ziele anderer Individuen einbezogen werden. Im Rahmen des standardökonomischen Verhaltensmodells wird jedoch fast

2 Anforderungen an die Forschung in der Betriebswirtschaftslehre

1. nur ihre eigenen Präferenzen (oder Ziele) verfolgen (Eigeninteresse als Motivation (self-interest as the sole motivation)) und
2. jene Handlungen vornehmen, die unter Berücksichtigung von Restriktionen ihre Präferenzen am besten befriedigen, d. h. ihren Nutzen maximieren (Rationalität (rationality)).

„Wer sich in bezug auf die[se] zentralen Verhaltensannahmen der Ökonomie nicht auf eine reine Entscheidungslogik beschränken will", so *Albert*, „der muß sich wohl mit der Idee anfreunden, daß man diese Annahmen als Hypothesen zu betrachten hat, die der psychologischen Kritik zugänglich sind."[99]

Bei einigen Vertretern in der Ökonomie setzt sich in jüngster Zeit diese Ansicht durch. Die Verhaltensannahmen werden als Hypothesen und nicht (mehr) als reine Annahmen angesehen.[100] Das Ziel ist es, die Erklärungskraft ökonomischer Theorien durch realistischere Verhaltenshypothesen zu erhöhen.[101] Dabei darf nicht übersehen werden, dass die Forderung nach realistischeren Verhaltenshypothesen nicht nur Vorteile hat, sondern auch Kosten in Form steigender Komplexität der Modelle verursacht.[102] Insbesondere durch Fortschritte bei der Anwendung von Experimenten konnten diese Kosten jedoch gesenkt werden, sodass die Suche nach realistischeren Verhaltensannahmen als lohnenswertes Unterfangen betrachtet wird.[103]

---

ausschließlich von der (Kern)Annahme des Eigeninteresses ausgegangen. Vgl. *Kirchgässner* (2008), S. 45; *Camerer/Fehr* (2006), S. 52 (Fn. 3).

[99] *Albert* (1984), S. 61.

[100] Vgl. z. B. *Alm* (2010); *Ariely* (2009); *Ruckriegel* (2009); *Osterloh* (2007); *Weber/Dawes* (2005), S. 90; *Camerer/Loewenstein* (2004), S. 4; *Frey/Benz* (2004); *Sent* (2004), S. 735–737; *Fehr* (2003), S. 11; *Kahneman* (2003a); *Akerlof* (2002); *Rabin* (2002), S. 657–658; *Mullainathan/Thaler* (2001).

[101] Diese Ansicht steht im Gegensatz zu Milton Friedmans Instrumentalismus, wonach unrealistische Annahmen kein kritikwürdiger Nachteil einer Theorie sind. Nach seiner Ansicht ist das Ziel der Wissenschaft nicht die Erklärung der Wirklichkeit, sondern die Vorhersage. Vgl. *Friedman* (1953), S. 3–43. „Was die wirtschaftenden Menschen tatsächlich bewegt und antreibt, ob und in welcher Weise ihr Handeln von rationalen Erwägungen bestimmt wird", so *Manstetten* (2000), S. 89, über Friedmans Instrumentalismus, „darüber braucht der Ökonom keine Vermutungen anzustellen. (…) Der Ökonom darf annehmen, was er will: Die einzige, allerdings entscheidende Berührung seiner Theorie mit der Realität ist über das Eintreffen bzw. Nicht-Eintreffen der Vorhersage vermittelt." Es ist zu beachten, dass es grundsätzlich zwei Arten der Kritik an unrealistischen Annahmen gibt. Zum einen, dass Theorien bestimmte realistische Annahmen nicht berücksichtigen und damit unvollständig sind. Zum anderen, dass die gemachten Annahmen unrealistisch sind. Vgl. *Tietzel* (1985), S. 111 f.; *Machlup* (1978), S. 78 f. Auf letztere beziehen sich die oben gemachten Ausführungen.

[102] Vgl. dazu *Schröder* (2004), S. 192–195; *Tietzel* (1985), S. 95; *Abel* (1979), S. 153–155.

[103] Vgl. *Hands* (2010), S. 637; *Sent* (2004), S. 738, 748.

2 Anforderungen an die Forschung in der Betriebswirtschaftslehre

Im Rahmen dieser sog. *behavioral economics*[104] werden systematische Abweichungen von den standardökonomischen Verhaltensannahmen untersucht und durch neue psychologische Verhaltenshypothesen im ökonomischen Verhaltensmodell berücksichtigt.[105] Es geht nicht darum, das ökonomische Verhaltensmodell durch ein verhaltenswissenschaftliches Modell zu ersetzen. Im Vordergrund steht die Weiterentwicklung bzw. Ergänzung des standardökonomischen Verhaltensmodells durch die Berücksichtigung psychologischer Erkenntnisse.[106] „Theories in behavioral economics have generally retained the basic architecture of the rational model, adding assumptions about cognitive limitations designed to account for specific anomalies."[107]

Die behavioral economics stellen somit die beiden Kernannahmen des standardökonomischen Verhaltensmodells durch psychologische Erkenntnisse in Frage.[108] Dazu

---

[104] Vgl. zum Begriff „behavioral economics" insbesondere *Angner/Loewenstein* (2012), S. 641–643. Teilweise wird auch der Begriff „psychological economics" verwendet. Vgl. z. B. *Osterloh* (2007), S. 83 f.; *Earl* (2005). Differenzierter äußert sich *Tomer* (2007), S. 470 f.

[105] Vgl. *Angner* (2012), S. 4; *Camerer* (2006), S. 182; *Camerer/Loewenstein* (2004), S. 3, 7; *Kahneman* (2003b), S. 1469; *Rabin* (1998), S. 12–13. Diese Vorgehensweise steht somit im Einklang mit dem Erkenntnisinteresse der Wissenschaft im Sinne des kritischen Rationalismus. Aber auch vor dem Hintergrund des Instrumentalismus von Milton Friedman lässt sich diese Vorgehensweise rechtfertigen, da sich Abweichungen vom standardökonomischen Verhaltensmodell tatsächlich auf Entscheidungen auswirken und nicht „automatisch" durch Marktkräfte oder andere Faktoren verschwinden und somit für Vorhersagen relevant sind. Vgl. *Camerer* (2006), S. 192–195; *Camerer/Fehr* (2006); *Mullainathan/Thaler* (2001), S. 1094 f.; *Shleifer* (2000), S. 13–27; *Tversky/Kahneman* (1986), S. 273–275.

[106] Dadurch unterscheidet sich die hier dargestellte „new behavioral economics" von der „old behavioral economics" im Sinne von Herbert A. Simon und George Katona. Vgl. dazu ausführlich *Sent* (2004). Die (new) behavioral economics sind daher nicht mit einer verhaltenswissenschaftlichen Managementforschung gleichzusetzen. Vgl. *Osterloh* (2007), S. 84–86, und zur Kritik der verhaltenswissenschaftlichen Managementforschung *Schneider* (2001), S. 257–272; 482–489.

[107] *Kahneman* (2003b), S. 1469. So auch *Camerer/Loewenstein* (2004), S. 3: „At the core of behavioral economics is the conviction that increasing the realism of psychological underpinnings of economic analysis will improve the field of economics (...) This conviction does not imply a wholesale rejection of the neoclassical approach to economics based on utility maximization, equilibrium, and efficiency." Kritisch zu dieser Vorgehensweise äußern sich beispielsweise *Güth* (2008); *Frydman/Goldberg* (2007), 3–25; *Güth/Kliemt* (2003).

[108] Einen umfangreichen Überblick über psychologische Erkenntnisse im Zusammenhang mit den standardökonomischen Verhaltensannahmen liefern *Wilkinson/Klaes* (2012), S. 74–86; *Congdon/Kling/Mullainathan* (2011), S. 17–39; *DellaVigna* (2009); *Kirchgässner* (2008), S. 202–222; *Osterloh* (2007), S. 92–101; *Camerer/Loewenstein* (2004); *Frey/Benz* (2004), S. 68–78; *Kahneman* (2003a); *Rabin* (2002), S. 660–671; *Rabin* (1998). Obwohl die psychologischen Erkenntnisse oftmals auf Experimenten basieren, berücksichtigen die behavioral economics daneben Erkenntnisse verschiedenster Forschungsmethoden. Dazu zählen beispielsweise auch die Feldforschung (field research) und Erkenntnisse aus der sog. Neuroökonomie (neuroeconomics). Vgl. *Angner/Loewenstein* (2012), S. 668–675; *Camerer* (2006), S. 183; *Camerer/Loewenstein* (2004), S. 7 f., und zu Erkenntnissen der Neuroökonomie insbesondere *Camerer/Loewenstein/Prelec* (2005). Vgl. zu Problemen der verschiedenen Methoden *Smith* (2010); *Rubinstein* (2006), S. 249–253; *Osterloh* (2008), S. 15–17; *Kerlinger/Lee* (2000), S. 575–588.

werden in einem ersten Schritt Anomalien identifiziert, d. h. systematische Abweichungen von den Annahmen des standardökonomischen Verhaltensmodells festgestellt. Im zweiten Schritt werden diese Anomalien durch die stückweise Integration psychologischer Erkenntnisse bei der Formulierung neuer Theorien berücksichtigt.[109] Im Sinne *Poppers* steht die Entwicklung alternativer Theorien im Vordergrund, die in der Lage sind, mehr zu erklären als das standardökonomische Verhaltensmodell.[110]

Die Vorgehensweise im Rahmen der behavioral economics wird im Folgenden beispielhaft anhand der beiden Kernannahmen erläutert. Dazu werden zunächst Anomalien beschrieben, um im Anschluss alternative Theorien kurz darzustellen. Die nachstehende Darstellung dient als Ausgangspunkt für die folgenden Erläuterungen.

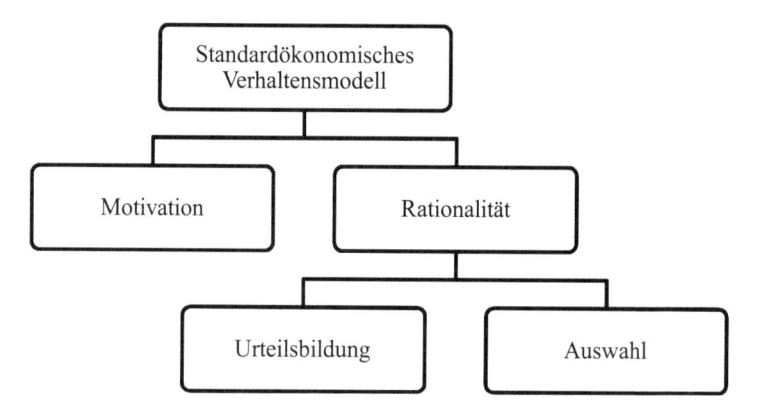

Darstellung 2: Kernannahmen des standardökonomischen Verhaltensmodells

In Bezug auf die *Motivation* (motivation) von Handlungen (Annahme 1) hat sich in verschiedenen Studien gezeigt, dass Individuen nicht immer streng eigennützig han-

---

[109] Die Vorgehensweise ist durch das Prinzip der kleinen Schritte gekennzeichnet. Zumeist wird lediglich eine oder maximal zwei Annahmen des standardökonomischen Verhaltensmodells gleichzeitig in Richtung größerer psychologischer Realität gelockert. Vgl. zu dieser Vorgehensweise *Popper* (1972a), S. 238, sowie im Rahmen der behavioral economics *Camerer/Loewenstein* (2004), S. 3. Kritisch zu dieser Vorgehensweise *Fudenberg* (2006), S. 697, 701–704; *Pesendorfer* (2006), S. 717 f.

[110] Vgl. *Camerer* (2006), S. 185, 199; *Camerer/Loewenstein* (2004), S. 3–5, 7, sowie *Popper* (1972a), S. 240–242. Das standardökonomische Verhaltensmodell ist dann ein Spezialfall der neuen Theorie. Im Rahmen der behavioral economics wird – wie im kritischen Rationalismus – gefordert, dass Aussagen einen möglichst hohen Informationsgehalt besitzen (Allgemeinheit (generality) und Präzision (precision)) und empirisch bewährt sind (congruence with reality). Vgl. *Wilkinson/Klaes* (2012), S. 31–33; *Ho/Lim/Camerer* (2006), S. 308.

deln bzw. ihr *Eigeninteresse* (self-interest) verfolgen, sondern auch andere Individuen berücksichtigten und somit sog. *soziale Präferenzen* (social preferences) besitzen.[111] Dazu zählt beispielsweise das erstmals von *Güth/Schmittberger/Schwarze* untersuchte Ultimatumspiel.[112] Bei diesem Verhandlungsspiel (bargaining game) geht es um die Aufteilung eines festen Geldbetrags (z. B. 10 €) zwischen zwei Spielern. Im ersten Schritt des Spiels legt Spieler 1 (proposer) fest, welchen Anteil vom Gesamtbetrag er für sich beansprucht, d. h. wie der Gesamtbetrag zwischen beiden Spielern aufgeteilt werden soll. Im Anschluss entscheidet Spieler 2 (responder) im zweiten Schritt über den Aufteilungsvorschlag von Spieler 1. Nimmt Spieler 2 den Aufteilungsvorschlag von Spieler 1 an, so erhält jeder Spieler den entsprechenden Geldbetrag. Lehnt Spieler 2 den Aufteilungsvorschlag ab, erhalten beide Spieler nichts. Nach dem standardökonomischen Verhaltensmodell wird ein eigennütziger Spieler 2 jeden positiven Betrag akzeptieren und Spieler 1 wird in Antizipation dieses Verhaltens den niedrigsten möglichen Betrag anbieten.[113] Entgegen der Prognose des standardökonomischen Verhaltensmodells hat sich in verschiedensten Experimenten gezeigt, dass Spieler 2 Beträge, die weniger als 20 % des Gesamtbetrags ausmachen, in nahezu der Hälfte der Fälle ablehnt.[114] Dieses Verhalten ist mit der Eigennutzannahme nicht vereinbar.

Als Erklärungsansatz für das tatsächliche Verhalten im Ultimatumspiel dienen soziale Präferenzen.[115] Die bedeutsamste theoretische Integration sozialer Präferenzen erfolgt durch die beiden Modelle der *Ungleichheitsaversion* (inequity aversion) und *Reziprozität* (reciprocity) in der Form von Fairness bzw. Gerechtigkeit.[116] Vereinfacht gesprochen bedeutet *Ungleichheitsaversion*, dass Individuen ungleiche und damit als unfair empfundene Verteilungen ablehnen und sich dementsprechend verhalten: Sie fühlen zum einen „Neid" (envy), wenn sie weniger als andere Personen erhalten und sind daher bereit, diese zu bestrafen, um eine gleichmäßigere Verteilung zu erreichen. Zum anderen fühlen sie „Schuld" (guilt), wenn sie mehr als andere Personen erhalten und sind bereit etwas abzugeben, um die Ungleichheit abzubauen.[117] Somit lässt sich das ablehnende Verhalten von Spieler 2 im Ultimatumspiel mit „Neid" bzw. einer Un-

---

[111] Ein Überblick findet sich bei *Croson/Konow* (2009), S. 201–203; *Diekmann* (2008), S. 531–541; *Frey/Stutzer* (2007), S. 7–9; *Meier* (2007); *Fehr/Schmidt* (2006).

[112] Vgl. *Güth/Schmittberger/Schwarze* (1982). Einen Überblick über weitere Experimente geben *Braun/Prüwer/Nitzsch* (2011); *Camerer/Fehr* (2004).

[113] Dies setzt voraus, dass die Spieler mehr Geld weniger Geld vorziehen. Vgl. *Ockenfels* (1999), S. 5.

[114] Vgl. *Camerer/Fehr* (2004), S. 69 f. Ausführlich *Camerer* (2003), S. 48–83.

[115] Vgl. *Croson/Konow* (2009), S. 202; *Camerer/Fehr* (2004), S. 78.

[116] Vgl. *Fehr/Fischbacher* (2002), S. C2–C4; *Rabin* (2002), S. 665.

[117] Vgl. hierzu *Meier* (2007), S. 55 f.; *Camerer* (2003), S. 102–104; *Fehr/Fischbacher* (2002), S. C3; *Fehr/Schmidt* (1999), S. 819.

gleichheitsaversion erklären. Er ist bereit, Spieler 1 zu bestrafen, auch wenn er sich dadurch schlechter stellt.

Bei der *Reziprozität* spielen die Intentionen und Motive der Handlungen anderer Personen eine entscheidende Rolle. Individuen handeln reziprok, wenn sie das positive oder negative Verhalten anderer Personen wechselseitig erwidern. Demnach reagieren Individuen freundlich auf Personen, die sie freundlich bzw. fair behandeln und unfreundlich gegenüber denjenigen, die sie unfreundlich bzw. unfair behandeln.[118] Die Ablehnung niedriger jedoch positiver Beträge durch Spieler 2 im Rahmen des Ultimatumspiels lässt sich durch reziprokes Verhalten erklären. Spieler 2 schätzt das Aufteilungsangebot von Spieler 1 als unfreundlich bzw. unfair ein und bestraft dieses Handeln durch seine Ablehnung.[119]

Rationalität (rationality) (Annahme 2) bedeutet im Rahmen des standardökonomischen Verhaltensmodells die Maximierung des Erwartungsnutzens.[120] Diesem Rationalitätskonzept liegen bestimmte Anforderungen zu Grunde, die im Folgenden näher betrachtet werden. Dabei wird zum einen zwischen Anforderungen im Rahmen der *Urteilsbildung* (judgment) und zum anderen bei der *Auswahl* (choice) unterschieden.[121] Die Urteilsbildung betrachtet die Prozesse, wie Individuen Wahrscheinlichkeiten über Ereignisse bilden. Bei den Anforderungen an die Auswahl werden die Prozesse untersucht, die Individuen anwenden, wenn sie zwischen verschiedenen Alternativen wählen.[122] Verstoßen Individuen gegen diese Anforderungen, so spricht man von eingeschränkter Rationalität (bounded rationality).[123]

---

[118] Vgl. hierzu *Meier* (2007), S. 56–60; *Rabin* (1993), S. 1281: „People like to help those who are helping them, and to hurt those who are hurting them" [im Original kursiv].

[119] Vgl. *Fehr/Fischbacher* (2002), S. C5–C6.

[120] Vgl. *McKenzie* (2010), S. 5 f.; *Kahneman* (2003a), S. 163; *Rabin* (2002), S. 660; *Starmer* (2000), S. 332; *Frey* (1990), S. 162; *Schoemaker* (1982), S. 530. Auf eine Differenzierung zwischen Erwartungsnutzentheorie und subjektiver Erwartungsnutzentheorie wird an dieser Stelle verzichtet. Zum einen werden beide Begriffe oftmals synonym verwendet und zum anderen hat dies keine materiellen Auswirkungen auf die folgenden Ausführungen, da sich die Anforderungen im Kern nicht unterscheiden. Vgl. *Camerer* (1995), S. 619; *Klose* (1994), S. 24 f.

[121] Diese Unterscheidung geht auf das *behavioral decision research* zurück, das die Untersuchung des tatsächlichen Verhaltens in Entscheidungssituationen zum Gegenstand hat. In der Literatur wird dieses Feld auch *judgment and decision making* oder *judgment and choice* genannt. Vgl. *Gilovich/Griffin* (2010), S. 542; *Camerer/Fehr* (2006), S. 47; *Camerer/Loewenstein* (2004), S. 9; *Barberis/Thaler* (2003), S. 1055; *Shafir/LeBoeuf* (2002), S. 493; *Mullainathan/Thaler* (2001), S. 1095; *Dawes* (1998), S. 497 f.; *Payne/Bettman/Luce* (1998), S. 304–306; *Hogarth* (1993), S. 408–410; *Kahneman* (1991).

[122] Vgl. *Camerer/Loewenstein* (2004), S. 9; *Goldstein/Hogarth* (1997), S. 4.

[123] Vgl. *Camerer/Fehr* (2006), S. 47. Das Konzept der eingeschränkten Rationalität geht ursprünglich zurück auf Herbert A. Simon. Vgl. z. B. *Simon* (2008); *Simon* (2000), sowie dazu *Payne/Bettman/Luce* (1998), S. 306–308.

2 Anforderungen an die Forschung in der Betriebswirtschaftslehre

Im Rahmen der *Urteilsbildung* enthält die Erwartungsnutzentheorie die (implizite) Annahme, dass Individuen *konsistente Wahrscheinlichkeiten* (consistent probability judgment) über den Eintritt von Ereignissen bilden, indem sie die Regeln der Wahrscheinlichkeitstheorie beachten.[124] In verschiedenen Studien hat sich jedoch gezeigt, dass Individuen systematisch gegen diese Annahme verstoßen.[125] Nach *Tversky/Kahneman* ermitteln Individuen Wahrscheinlichkeiten vielmehr anhand einer Vielzahl einfacher *Urteilsheuristiken* (heuristics). Diese Urteilsheuristiken reduzieren die Komplexität der Wahrscheinlichkeitsermittlungen durch die Verwendung simpler Faustregeln. Berechnungen nach den oftmals komplizierten Regeln der Wahrscheinlichkeitstheorie werden nicht durchgeführt. Im Allgemeinen liefern diese Faustregeln hilfreiche Ergebnisse. Unter bestimmten Bedingungen kommt es allerdings zu systematischen *Verzerrungen* bei der Urteilsbildung (biases).[126]

Eine Urteilsheuristik ist die sog. Repräsentativität.[127] Sie kommt u. a. zum Einsatz, wenn es darum geht, die Wahrscheinlichkeit über die Zugehörigkeit eines Objekts (z. B. ein Student) zu einer Klasse (z. B. Gruppe der Jurastudenten) zu ermitteln. Grundlage der Wahrscheinlichkeitsermittlung anhand der Repräsentativität ist die Einschätzung, wie typisch ein Objekt für eine Klasse ist. Je typischer das konkrete Objekt für eine Klasse ist, desto höher wird die Wahrscheinlichkeit der Klassenzugehörigkeit des Objekts beurteilt. Entspricht beispielsweise die Personenbeschreibung eines Studenten dem Stereotyp eines Jurastudenten (Anzug und Aktentasche), wird die Wahrscheinlichkeit, dass der Student Jura studiert, als hoch eingeschätzt.

---

[124] Vgl. *Angner* (2012), S. 124; *Eisenführ/Weber/Langer* (2010), S. 7; *Gilovich/Griffin* (2002), S. 1 f.; *Rabin* (1998), S. 24; *Klose* (1994), S. 24; *Hogarth* (1987), S. 87, 235–241. Nach den Regeln der Wahrscheinlichkeitstheorie muss beispielsweise die Summe aus Wahrscheinlichkeit und Gegenwahrscheinlichkeit eines Ereignisses Eins ergeben. Daneben sollte die Revision von Wahrscheinlichkeiten im Lichte neuer Daten anhand des Bayes Theorems vorgenommen werden. Vgl. auch *Angner* (2012), S. 61–80; *Eisenführ/Weber/Langer* (2010), S. 194–201; *Tversky/Kahneman* (1983), S. 293 f.

[125] Einen umfassenden Überblick geben die Sammelbände *Gilovich/Griffin/Kahneman* (2002); *Kahneman/Slovic/Tversky* (1982).

[126] So *Tversky/Kahneman* (1974), S. 1124: „People rely on a limited number of heuristic principles which reduce the complex tasks of assessing probabilities and predicting values to simpler judgmental operations. In general, these heuristics are quite useful, but sometimes they lead to severe and systematic errors."

[127] Neben der Repräsentativität (representativeness) gehören die Verfügbarkeit (availability) und Verankerung (anchoring) zu den drei grundlegenden Urteilsheuristiken. Vgl. ausführlich *Tversky/Kahneman* (1974). Vgl. auch *Hastie/Dawes* (2010), S. 71–156; *Schwartz* (2010); *Thaler/Sunstein* (2009), S. 38–51; *Eisenführ/Weber/Langer* (2010), S. 201–208; *Barberis/Thaler* (2003), S. 1.065–1.069; *Strack/Deutsch* (2002); *Payne/Bettman/Luce* (1998), S. 326 f. m. w. N. Kritisch zum heuristics und biases Ansatz äußert sich beispielsweise *Gigerenzer* (1996). Vgl. auch die weiteren Literaturnachweise in *Jungermann/Pfister/Fischer* (2010), S. 194–199.

2 Anforderungen an die Forschung in der Betriebswirtschaftslehre

Problematisch ist, dass im Rahmen der Repräsentativitätsheuristik andere relevante Faktoren ausgeblendet werden.[128] Dazu zählt u. a. die Vernachlässigung der Ausgangswahrscheinlichkeiten (insensitivity to base rates).[129] Besteht die Studentenschaft zu einem Großteil aus Jurastudenten (z. B. 90 % der Studentenschaft studiert Jura, d. h. die Ausgangswahrscheinlichkeit, dass es sich um einen Jurastudenten handelt, beträgt 90 %), ist es wahrscheinlicher, dass es sich bei dem oben beschriebenen Studenten um einen Jurastudenten handelt, als wenn es kaum Jurastudenten gibt (z. B. 5 % Ausgangswahrscheinlichkeit).[130] Im Rahmen der Repräsentativitätsheuristik macht es jedoch keinen Unterschied wie viele Studenten insgesamt Jura studieren. Eine Variation der Ausgangswahrscheinlichkeit hat keinen nennenswerten Einfluss auf die Wahrscheinlichkeitsermittlung. Es kommt alleine auf die Repräsentativität der äußereren Beschreibung des Studenten an. Die Folge sind Urteilsverzerrungen bei der Wahrscheinlichkeitsermittlung.[131]

Die theoretische Integration einzelner Urteilheuristiken wird u. a. in der *Stützungs-Theorie* (support theory) vorgenommen.[132] Nach dieser Theorie werden Wahrscheinlichkeiten nicht den Ereignissen selbst, sondern den Beschreibungen von Ereignissen zugeordnet. Insofern führt die unterschiedliche Beschreibung von Ereignissen zu ungleichen Wahrscheinlichkeitsbildungen. Dabei gilt: Je expliziter ein Ereignis beschrieben wird (unpacking), desto höher wird seine Eintrittswahrscheinlichkeit eingeschätzt.[133] Mit Hilfe der Stützungs-Theorie lassen sich zahlreiche Abweichungen von den Regeln der Wahrscheinlichkeitstheorie bei der Urteilsbildung erklären.[134] Beispielsweise kann angegeben werden unter welchen Bedingungen die Repräsentativitätsheuristik eine Rolle spielt.[135]

---

[128] Vgl. *Tversky/Kahneman* (1974), S. 1124.

[129] Vgl. hierzu *Tversky/Kahneman* (1974), S. 1124 f.; *Kahneman/Tversky* (1973). Vgl. zur Vernachlässigung des Extensionalitätsprinzips (extension rule) als weiteren relevanten Faktor *Tversky/Kahneman* (1983); *Tversky/Kahneman* (1982).

[130] Nach den Regeln der Wahrscheinlichkeitstheorie erfolgt die Wahrscheinlichkeitsermittlung anhand des Bayes Theorems. Vgl. *Eisenführ/Weber/Langer* (2010), S. 203 f.

[131] Vgl. hierzu insbesondere das Ingenieur/Juristen Experiment in *Kahneman/Tversky* (1973) sowie *Hastie/Dawes* (2010), S. 101–103; *Jungermann/Pfister/Fischer* (2010), S. 170 f.; *Strack/Deutsch* (2002), S. 360; *Payne/Bettman/Luce* (1998), S. 327 f. m. w. N.

[132] Vgl. hierzu *Rottenstreich/Tversky* (1997); *Tversky/Koehler* (1994). Vgl. zu weiteren Theorien *Strack/Deutsch* (2002), S. 378 f.

[133] Beispielsweise wird die Wahrscheinlichkeit, dass eine Person eines „natürlichen Todes" gestorben ist, geringer eingeschätzt, als die Summe der Wahrscheinlichkeiten explizit genannter natürlicher Todesursachen (unpacking), wie Herzinfarkt oder Krebs. Vgl. zu diesem Beispiel *Tversky/Koehler* (1994), S. 551 f.

[134] Vgl. *Brenner/Koehler/Rottenstreich* (2002), S. 489; *Strack/Deutsch* (2002), S. 378.

[135] Vgl. hierzu *Brenner/Koehler/Rottenstreich* (2002), S. 495 f. m. w. N.

2 Anforderungen an die Forschung in der Betriebswirtschaftslehre

Die Anforderungen an die *Auswahl* im Rahmen der Erwartungsnutzentheorie wurden erstmals durch *von Neumann/Morgenstern* systematisch abgeleitet.[136] Zu den wichtigsten Anforderungen gehört die sog. *Invarianz* (invariance).[137] Sie besagt u. a., dass unterschiedliche Präsentationen und Beschreibungen von inhaltlich identischen Handlungsalternativen keinen Einfluss auf deren Auswahl haben.[138] Es sollte daher bei der Entscheidung für eine Therapie im Rahmen einer Epidemie keine Rolle spielen, ob diese positiv (50 % der Erkrankten überleben) oder negativ (50 % der Erkrankten sterben) beschrieben wird. Beide Darstellungen beschreiben inhaltlich den gleichen Sachverhalt. Tatsächlich hat die Art der Darstellung von Handlungsalternativen einen Einfluss auf Entscheidungen (sog. *Darstellungseffekte* (framing effects)).[139] Dies soll im Folgenden anhand eines Beispiels erläutert werden.

Das wohl bekannteste Beispiel für die Identifizierung von Darstellungseffekten ist das *asian disease experiment*.[140] Im Rahmen dieses Experiments geht es um die Entscheidung zwischen zwei Therapien (A und B) zur Behandlung von 600 Menschen, die sich mit einer seltenen asiatischen Krankheit infiziert haben. Zur Identifizierung von Darstellungseffekten werden beide Therapien in zwei Szenarien dargestellt, die sich lediglich in der Darstellungsart der Therapien unterscheiden. Inhaltlich sind die Therapien in beiden Szenarien identisch.

Im *ersten* Szenario wird angenommen, dass mit der Therapie A_1 mit Sicherheit 200 Menschen gerettet werden. Therapie B_1 bedeutet, dass mit einer Wahrscheinlichkeit von 1/3 alle 600 Menschen gerettet werden und mit einer Wahrscheinlichkeit von 2/3 niemand gerettet wird. In dieser Version des Entscheidungsproblems hat sich die wesentliche Mehrheit der Probanden für die Therapie A entschieden.

Im *zweiten* Szenario erhielt eine Gruppe von Probanden eine andere Beschreibung der Therapien. Bei Therapie A_2 wird angenommen, dass mit Sicherheit 400 Menschen sterben. Sollte Therapie B_2 angewendet werden, wird mit einer Wahrscheinlichkeit von 1/3 niemand sterben und mit einer Wahrscheinlichkeit von 2/3 werden alle 600 Menschen sterben. In dieser Version entschied sich die wesentliche Mehrheit der Probanden für Therapie B.

---

[136] Vgl. *von Neumann/Morgenstern* (1944).

[137] Vgl. *Kahneman* (2003a), S. 163; *Tversky/Kahneman* (1986), S. 252. Insgesamt werden in der Literatur vier substantielle Anforderungen identifiziert: Konsistenz (consistency), Transitivität (transitivity), Dominanz (dominance) und Invarianz (invariance). Vgl. *Miljkovic* (2005), S. 623 f.; *Tversky/Kahneman* (1986), S. 252.

[138] Vgl. *Kahneman* (2003a), S. 163; *Starmer* (2000), S. 338 f.; *Klose* (1994), S. 64.

[139] Vgl. zum obigen Beispiel *Levin/Schnittjer/Thee* (1988), S. 525–527. Vgl. zu weiteren Beispielen *Kahneman* (2003b), S. 1458–1460; *Tversky/Kahneman* (1986); *Tversky/Kahneman* (1981). Eine Klassifizierung verschiedener Darstellungseffekte findet sich bei *Levin/Schneider/Gaeth* (1998).

[140] Vgl. zum Experiment und den folgenden Ausführungen *Tversky/Kahneman* (1981), S. 453, sowie *Kopp* (1995), S. 108 f.

2 Anforderungen an die Forschung in der Betriebswirtschaftslehre

Obwohl die Therapien A_1 und A_2 bzw. B_1 und B_2 inhaltlich identisch sind, unterscheiden sich die Ergebnisse in beiden Szenarien. Im ersten Szenario entscheiden sich die Probanden mehrheitlich für die risikolose Therapie (risikoavers), im zweiten Szenario dagegen für die risikoreiche Therapie (risikofreudig). Dieses Verhalten ist mit der Erwartungsnutzentheorie nicht erklärbar, da es gegen das Invarianzprinzip verstößt.

Eine theoretische Erklärung für diese Anomalie liefert die sog. *Prospekt-Theorie* (prospect theory) von *Kahneman/Tversky*.[141] Nach dieser Theorie werden die Handlungsalternativen nicht nach dem Endzustand (hier die absolute Anzahl der geretteten bzw. sterbenden Menschen), sondern relativ zu einem Referenzpunkt als Verluste oder Gewinne bewertet (reference dependence). Daneben ist die Prospekt-Theorie durch eine Verlustaversion (loss aversion) gekennzeichnet, wonach Verluste sich stärker auswirken als gleich hohe Gewinne.[142] Daher sind Individuen in Verlustsituationen bereit, Risiko zu akzeptieren bzw. zu suchen, in Gewinnsituationen hingegen nicht.[143]

In Bezug auf das asian disease experiment bedeutet dies, dass zwar die absoluten Ergebnisse bzw. Endzustände der Therapien A_1 und A_2 bzw. B_1 und B_2 identisch sind. Diese werden allerdings in Szenario 1 durch die positive Beschreibung (retten) als relative Gewinne bzw. in Szenario 2 durch die negative Beschreibung (sterben) als relative Verluste (Szenario 2) bewertet.[144] Nach der Prospekt-Theorie läuft dies wie folgt ab: Die positive Beschreibung der Entscheidungssituation im ersten Szenario (retten) bewirkt einen Referenzpunkt von 600 Toten. Beide Therapien stellen von diesem Referenzpunkt aus Gewinne dar. Die negative Beschreibung im zweiten Szenario (sterben) hat einen Referenzpunkt von Null Toten zur Folge. Beide Therapien erscheinen dann als Verluste.[145] Auf Grund der Verlustaversion ist die Mehrheitsentscheidung in der Gewinnsituation risikoavers, in der Verlustsituation hingegen risikofreudig.

Referenzabhängigkeit und Verlustaversion lassen sich durch die folgende Wertfunktion beschreiben (siehe die folgende Darstellung auf der nächsten Seite).[146] Der Schnittpunkt von Ordinate und Abszisse legt den Referenzpunkt fest, von dem aus Veränderungen als Gewinne oder Verluste bewertet werden. Der Knick am Referenzpunkt

---

[141] Vgl. *Kahneman/Tversky* (1979). Vgl. ausführlich zur Prospekt-Theorie *Hastie/Dawes* (2010), S. 271–293; *Schmook et al.* (2002).

[142] Beispielsweise ist der Nutzen bzw. Wert aus der Rettung von 50 zusätzlichen Menschen in der Verlustsituation (statt 400 Tote nun 350 Tote) höher als in der Gewinnsituation (statt 200 Überlebende nun 250 Überlebende).

[143] Vgl. *Kahneman* (2003a), S. 163–165; *Kahneman/Tversky* (1984), S. 342; *Tversky/Kahneman* (1981), S. 454; *Kahneman/Tversky* (1979), S. 277–279.

[144] Vgl. *Tversky/Kahneman* (1986), S. 260, sowie *Kopp* (1995), S. 109.

[145] Vgl. *Kahneman/Tversky* (1984), S. 343.

[146] Vgl. dazu *Tversky/Kahneman* (1986), S. 258 f.; *Kahneman/Tversky* (1979), S. 277–280. Kahneman/Tversky verwenden an Stelle des Begriffs „Nutzen" (utility) den Begriff „Wert" (value).

spiegelt die Verlustaversion wider. Im Verlustbereich verläuft die Wertfunktion steiler als im Gewinnbereich, da sich Verluste (-x) stärker auswirken als gleich hohe Gewinne (x). Daneben ist die Wertfunktion im Gewinnbereich konkav und im Verlustbereich konvex gekrümmt, da Gewinne (Verluste) einen abnehmenden Grenzwert (Grenzschaden) aufweisen (abnehmende Sensitivität). Folglich verhalten sich Individuen in Gewinnsituationen risikoavers und in Verlustsituationen risikofreudig.

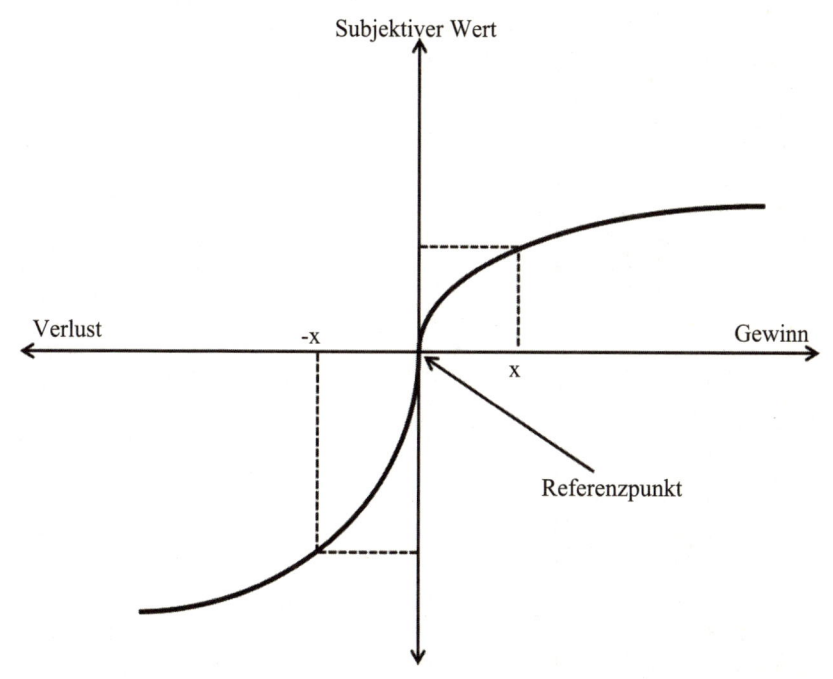

Darstellung 3: Wertfunktion der Prospekt-Theorie

Die folgende Darstellung auf der nächsten Seite fasst die oben beschriebenen Anomalien und Alternativen zum standardökonomischen Verhaltensmodell zusammen.[147] Das Ziel der behavioral economics ist es, die Erklärungskraft ökonomischer Theorien durch die stückweise Integration solcher alternativer bzw. realistischer Verhaltenshypothesen zu erhöhen.

---

[147] Eine ähnliche Übersicht findet sich bei *Camerer* (2006), S. 186. Hinsichtlich ihrer Bedeutung stellen Anomalien im Rahmen der Rationalität die schwerwiegendsten Abweichungen vom standardökonomischen Verhaltensmodell dar. Bezüglich der Motivation von Individuen erweist sich das standardökonomische Verhaltensmodell teilweise als relativ robust, da unterschiedliche Motivationsannahmen nicht zwangsläufig einen Einfluss auf die Ergebnisse haben. Vgl. *Kirchgässner* (2008), S. 48, 221; *Osterloh* (2007), S. 96; *Frey/Benz* (2004), S. 72

Verhaltensmodell / Kriterien	Standardökonomisches Verhaltensmodell	behavioral economics	
		Anomalie [beispielhafte Literatur]	**Alternative** [beispielhafte Literatur]
Motivation	Eigeninteresse	Soziale Präferenzen [Güth/Schmittberger/Schwarze (1982)]	Ungleichheitsaversion [Fehr/Schmidt (1999)]
			Reziprozität [Rabin (1993)]
Rationalität – **Urteilsbildung**	konsistente Wahrscheinlichkeitsbildung	Heuristiken und Verzerrungen [Tversky/Kahneman (1974)]	Stützungs-Theorie [Tversky/Koehler (1994)]
Rationalität – **Auswahl**	Invarianzprinzip	Darstellungseffekte [Kahneman/Tversky (1979); Tversky/Kahneman (1981)]	Prospekt-Theorie [Kahneman/Tversky (1979)]

Darstellung 4: Anomalien und Alternativen zum standardökonomischen Verhaltensmodell

2.2.2.2 Anwendung von Theorien: Prüfung

Zu den bedeutendsten Anforderungen an ein Forschungsdesign im Rahmen der Überprüfung von Theorien gehört nach *Campbell/Stanley* die *Validität*, wobei sie zwischen der *internen* und *externen* Validität unterscheiden.[148] Diese Kriterien können als Konkretisierung ernsthafter und kritischer Prüfungen interpretiert werden.

Interne Validität bezieht sich auf die Frage, ob die vermuteten Zusammenhänge (z. B. Hypothesen in der Form: wenn X_1, dann Y) in dieser Form tatsächlich auftreten. Dies setzt voraus, dass konkurrierende Hypothesen, d. h. alternative Einflussfaktoren (z. B. der Einfluss von X_2 auf Y), ausgeschlossen werden können. Die interne Validität ist somit gewährleistet, wenn das Forschungsdesign derart gestaltet ist, dass alternative Einflussfaktoren (sog. Störvariablen) kontrolliert werden und lediglich der isolierte Effekt von X_1 auf Y erkennbar wird. Bei niedriger interner Validität lassen sich hingegen keine belastbaren Aussagen zu den überprüften Hypothesen abgeben, da nicht klar ist, ob tatsächlich X_1 oder aber andere Einflussfaktoren auf Y gewirkt haben.[149]

Unter externer Validität ist die Generalisierbarkeit bzw. Repräsentativität der Ergebnisse zu verstehen. Hier geht es um die Frage, inwieweit die Ergebnisse einer Prüfung über den Einzelfall hinaus anwendbar sind.[150] Idealerweise sollten sowohl die interne als auch externe Validität gewährleistet sein. Allerdings stehen beide Formen der Validität oftmals in einem Spannungsverhältnis zueinander, sodass beide nicht gleichzeitig erreicht werden können. Verbesserungen in einer Dimension der Validität sind meistens mit einer Reduzierung in der anderen Dimension verbunden.[151] Der Forscher muss sich daher entscheiden, welcher Dimension er oberste Priorität einräumt. Von daher ist *McGrath* zuzustimmen, wonach „it is *not possible* (...) to do an unflawed study."[152]

---

[148] Vgl. *Campbell/Stanley* (1963), S. 5. Vgl. auch *Diekmann* (2011), S. 344; *Kerlinger/Lee* (2000), S. 475–478; *Abdel-khalik/Ajinkya* (1979), S. 47. *Cook/Campbell* (1976), S. 224–227, nennen zusätzlich die statistical conclusion validity und construct validity als Formen der Validität. Vgl. auch *Shadish/Cook/Campbell* (2002), S. 37–39. Kritisch zu diesen Gütekriterien äußert sich *Gadenne* (1984), S. 123–142.

[149] Vgl. auch *Creswell* (2009), S. 162; *Shadish/Cook/Campbell* (2002), S. 53 f.; *Wallace* (1991), S. 15. *Campbell/Stanley* (1963), S. 5, nennen für die interne Validität acht Gruppen von Einflussfaktoren, die durch den Forscher zu kontrollieren sind. Vgl. ausführlich *Cook/Campbell* (1976), S. 227–230, sowie *Creswell* (2009), S. 163 f.; *Shadish/Cook/Campbell* (2002), S. 54–61.

[150] Vgl. auch *Creswell* (2009), S. 162; *Shadish/Cook/Campbell* (2002), S. 83–86; *Wallace* (1991), S. 26. *Campbell/Stanley* (1963), S. 5 f., nennen insgesamt vier Faktoren, welche die externe Validität beeinflussen können. Vgl. ausführlich *Cook/Campbell* (1976), S. 234–238, sowie *Creswell* (2009), S. 165; *Shadish/Cook/Campbell* (2002), S. 86–90.

[151] Vgl. *Cook/Campbell* (1976), S. 245 f.; *Campbell/Stanley* (1963), S. 5.

[152] *McGrath* (1982), S. 77 [Hervorhebung im Original]. *Campbell/Stanley* (1963), S. 5, räumen der internen Validität als „sine qua non" Vorrang ein.

2.3 Bedeutung empirischer Forschung in der Betriebswirtschaftlichen Steuerlehre

Zur Erläuterung der Bedeutung der empirischen Forschung in der Betriebswirtschaftlichen Steuerlehre soll zunächst auf die Ziele bzw. Aufgaben der Betriebswirtschaftlichen Steuerlehre eingegangen werden. Anschließend wird die Relevanz der empirischen Forschung für die einzelnen Aufgaben untersucht.

In der Betriebswirtschaftlichen Steuerlehre haben sich, in Anlehnung an das Erkenntnis- und Gestaltungsziel in der Betriebswirtschaftslehre, drei Aufgaben herausgebildet: Dem Erkenntnisziel dient die *Steuerwirkungslehre* und dem Gestaltungsziel dienen die *Steuerplanungs-* und die *Steuerrechtsgestaltungslehre*. Die folgende Darstellung fasst die Aufgaben der Betriebswirtschaftlichen Steuerlehre zusammen.[153]

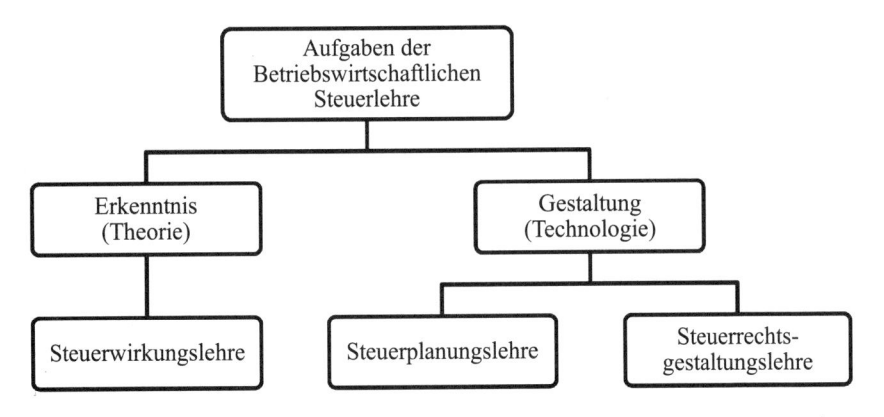

```
            Aufgaben der
        Betriebswirtschaftlichen
              Steuerlehre
         /                    \
   Erkenntnis              Gestaltung
   (Theorie)              (Technologie)
        |                /          \
 Steuerwirkungslehre  Steuerplanungslehre  Steuerrechts-
                                           gestaltungslehre
```

Darstellung 5: Aufgaben der Betriebswirtschaftlichen Steuerlehre

Entsprechend des oben dargestellten Verhältnisses von Erkenntnis- und Gestaltungsinteresse, geht es bei der Steuer*wirkungslehre* zunächst darum, die Einflüsse der Besteuerung auf Entscheidungen zu erklären.[154] Die daraus gewonnenen Erkenntnisse wer-

---

[153] Vgl. beispielsweise *Haberstock/Breithecker* (2010), S. 1 f., 107–111; *Schneeloch* (2005), S. 253 f.; *Kußmaul* (1995), S. 4 f.; *Fischer/Schneeloch/Sigloch* (1980), S. 700. Teilweise wird die Darstellung steuerrechtlicher Normen als (vorgeschaltete) Aufgabe der Betriebswirtschaftlichen Steuerlehre angesehen. Dabei handelt es sich allerdings nicht um Forschung, sondern um Lehre. Vgl. dazu *Haberstock/Breithecker* (2010), S. 2, 110; *Hundsdoerfer/Kiesewetter/Sureth* (2008), S. 63; *Schneider* (1994b), S. 70 f.

[154] Nach *Schreiber* (2012), S. 3 f., liegt eine Steuerwirkung dann vor, „wenn es durch die Steuerzahlung zu einer Änderung von wirtschaftlichen Handlungen kommt. (…) Wenn Steuerzahlungen den Gewinn mindern, muss dies noch keine Entscheidungswirkung zur Folge haben. Eine Entscheidungswirkung tritt erst dann auf, wenn die Entscheidung mit Berücksichtigung von Steuern eine andere ist, als sie es ohne deren Einbezug gewesen wäre." Vgl. hierzu auch *Schmiel* (2009b),

den genutzt, um im Rahmen des Gestaltungsinteresses Empfehlungen an die Entscheidungsträger abzuleiten.[155] Die Steuer*planungs-* und Steuer*rechtsgestaltungslehre* unterscheiden sich dabei hinsichtlich der Adressaten der Empfehlungen. Ziel der Steuer*planungslehre* ist es, den betrieblichen Entscheidern Empfehlungen zu liefern, wie Entscheidungen (bei gegebenen Zielen) optimal zu treffen sind. Adressat der Empfehlungen zur Ausgestaltung des Steuerrechts im Rahmen der Steuer*rechtsgestaltungslehre* ist der Steuergesetzgeber. Die Auslegung des geltenden Steuerrechts zählt nicht dazu.[156]

Allerdings wird nicht von allen Vertretern der Betriebswirtschaftlichen Steuerlehre das oben dargestellte Verhältnis von Erkenntnis- und Gestaltungsinteresse bzw. Theorie und Technologie übernommen. Nach einer „neuen" Sichtweise ist eine theoretische Fundierung von Gestaltungsempfehlungen im Bereich der Steuer*planungslehre* weder notwendig noch wünschenswert.[157] Nach diesem – hier vertretenen – Verständnis der Steuer*planungslehre* geht es um die Entwicklung praktisch-normativer Entscheidungsmodelle, die weitgehend losgelöst von der (positiven) Steuer*wirkungslehre* abläuft. Es geht darum aufzuzeigen, wie Entscheidungen idealerweise getroffen werden sollten; nicht wie sie tatsächlich getroffen werden. Ohne einen normativen Maßstab kann keine Änderung und damit Verbesserung der Entscheidungen erreicht werden und eine Beratung der Entscheidungsträger wäre überflüssig.[158] Insoweit müssen die Aussagen im Rahmen der Steuer*planungslehre* „unrealistisch" sein, um ihrer Steuerungsfunktion gerecht zu werden.[159] Die Wahrheit ist daher kein geeignetes Geltungskriterium für diese Aussagen. An ihre Stelle tritt die Nützlichkeit der entwickelten Entscheidungsmodelle, d. h. die Akzeptanz dieser Modelle und ihrer Prämissen durch die Entscheidungsträger.[160] Einigkeit besteht darüber, dass im Rahmen der Steuer*rechts-*

S. 1196 (Fn. 8); *Hundsdoerfer/Kiesewetter/Sureth* (2008), S. 64. Ein anderes Verständnis vertreten beispielsweise *Schneeloch* (2011), S. 245; *Rose* (1992), S. 18. Differenzierter äußert sich *Hüsing* (1999), S. 76–78.

[155] Vgl. zur logischen Transformation von Erklärungswissen in Technologien nochmals Kapitel 2.2.1.

[156] Vgl. *Wagner* (2004), S. 246 f., sowie die weiteren Nachweise zum Rechtsdogmatikverständnis in der Betriebswirtschaftlichen Steuerlehre bei *Schmiel* (2005a). *Schmiel* (2005a), S. 213–223, betrachtet die Auslegung geltenden Rechts hingegen als Aufgabe der Betriebswirtschaftlichen Steuerlehre.

[157] Vgl. *Schanz/Schanz* (2011), S. 4 f.; *Schmiel* (2009b), S. 1195 f., 1202; *Hundsdoerfer/Kiesewetter/Sureth* (2008), S. 63–66; *König* (2004), S. 260. Vgl. ausführlich zum Verhältnis von Theorie und Technologie *Seidl/Kirsch/van Aaken* (2009).

[158] Vgl. *Bretzke* (1978), S. 234 f. Ein „in normativer Absicht entworfenes Modell" muss, so *Bretzke* (1980), S. 17, „*verändernd* auf das tatsächliche Entscheidungsverhalten einwirken" [Hervorhebung im Original]. Vgl. auch *Schmiel* (2009b), S. 1195 f.

[159] Vgl. *Bretzke* (1980), S. 21 f.

[160] So explizit *Schmiel* (2009b), S. 1202, mit Verweis auf *Bretzke* (1980), S. 227–232. „Inwieweit der Entscheidungsträger den Mut hat," so *Hundsdoerfer/Kiesewetter/Sureth* (2008), S. 64, „[die Gestaltungsempfehlungen] in eine Welt zu übertragen, in der diese Prämissen nicht erfüllt sind (...), muss ihm überlassen bleiben." So auch *Eisenführ/Weber/Langer* (2010), S. 393 f.

gestaltungslehre, die Steuer*wirkungslehre* im klassischen Theorie-Technologie Verständnis als Ausgangspunkt dient.[161]

Damit ist deutlich geworden, dass die empirische Forschung innerhalb der Betriebswirtschaftlichen Steuerlehre in der Steuer*wirkungslehre* stattfindet. Es geht mithin um die Aufstellung von Hypothesen über den Einfluss der Besteuerung auf Entscheidungen und deren empirische Überprüfung. Unabhängig davon, ob die Steuerwirkungslehre zur theoretischen Fundierung der Steuer*planungslehre* heranzuziehen ist, kommt darin die zentrale Bedeutung empirischer Forschung innerhalb der Betriebswirtschaftlichen Steuerlehre zum Ausdruck.[162] Allerdings darf der Blick nicht einseitig auf die empirische Überprüfung von Theorien (Anwendung von Theorien) gerichtet werden. Vielmehr ist zusätzlich darauf zu achten, dass die aufgestellten Theorien Informationsgehalt besitzen (Beschaffenheit von Theorien).[163]

2.4 Zwischenergebnis

Ziel des ersten Hauptkapitels war die Herausarbeitung eines methodologischen Maßstabs als Grundlage für eine kritische Betrachtung der betriebswirtschaftlichen Steuerforschung in den USA. Vor dem Hintergrund des in dieser Arbeit verfolgten Wissenschaftsziels und der damit verbundenen wissenschaftstheoretischen Position des kritischen Rationalismus, wurden Anforderungen an die Forschung in der Betriebswirtschaftslehre als empirische Wissenschaft abgeleitet. Daneben wurde die Bedeutung der Anforderungen für die Betriebswirtschaftliche Steuerlehre in der Steuerwirkungslehre herausgestellt. Diese Anforderungen lassen sich in die beiden Kategorien Anforderungen an die *Beschaffenheit* und *Anwendung* von Theorien unterteilen.

Die Anforderungen an die *Beschaffenheit* von Theorien lassen sich als Forderung nach Informationsgehalt von Theorien konkretisieren. Das standardökonomische Verhaltensmodell hält dieser Forderung nicht stand, da es sich auf logische Zusammenhänge beschränkt. Vielmehr sind, wie im Rahmen der behavioral economics, die standardökonomischen Verhaltensannahmen als Hypothesen zu betrachten, die durch realistische Verhaltenshypothesen zu ersetzen sind. Dazu bietet es sich an, die standardökonomischen Kernannahmen in Bezug auf die Motivation und Rationalität (Urteilsbildung und Auswahl) von Individuen einer systematischen Betrachtung zu unterziehen. Das Ziel ist die stückweise Integration realistischer Verhaltenshypothesen, um den Informationsgehalt von Theorien zu erhöhen.

Die Anforderungen an die *Anwendung* von Theorien beziehen sich insbesondere auf die empirische Prüfung von Theorien. Sie lassen sich als Forderung nach Validität in

---

[161] Vgl. zum einen *Haberstock/Breithecker* (2010), S. 2; *Schneeloch* (2005), S. 254; *Kußmaul* (1995), S. 5, und zum anderen *Schmiel* (2009b), S. 1202; *Hundsdoerfer/Kiesewetter/Sureth* (2008), S. 65.

[162] Vgl. auch *Schmiel* (2009a), S. 163; *Hundsdoerfer/Kiesewetter/Sureth* (2008), S. 64 f.

[163] Vgl. *Albert* (1964), S. 47.

2 Anforderungen an die Forschung in der Betriebswirtschaftslehre

der Form interner und externer Validität konkretisieren. Die Anforderungen an die Beschaffenheit und Anwendung von Theorien bilden somit den methodologischen Maßstab dieser Arbeit.

3 Grundlagen der betriebswirtschaftlichen Steuerforschung in den USA

3.1 Steuern in der Wissenschaft

Bevor die betriebswirtschaftliche Steuerforschung in den USA einer genaueren Betrachtung unterzogen werden kann, geht es zunächst darum, einen Überblick über die Steuerforschung in den USA (tax research) zu geben. Hier zeigen sich Parallelen zu Deutschland, da die Besteuerung in den USA ebenfalls Gegenstand mehrerer Disziplinen ist.

Die Steuerforschung in den USA lässt sich grundsätzlich drei Disziplinen zuordnen.[164] Dazu zählen *economics* (Volkswirtschaftslehre), *law* (Rechtswissenschaft) und *accounting* (Rechnungswesen). Die folgende Darstellung verdeutlicht dies.[165]

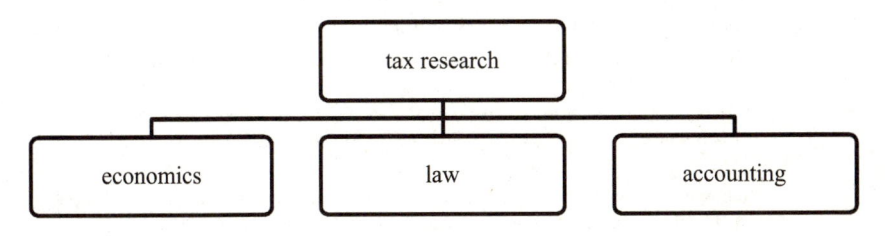

```
                    tax research
          ┌──────────────┼──────────────┐
      economics          law         accounting
```

Darstellung 6:   Disziplinen des tax research

Economics und law stellen eigenständige Disziplinen dar, die sich auch in Deutschland, neben der Betriebswirtschaftslehre, mit der Besteuerung beschäftigen.[166] Wäh-

---

[164] Vgl. *Gentry* (2007), S. 95; *Weisbach/Plesko* (2007), S. 107; *Lamb* (2005a), S. 5; *Sommerfeld* (1966), S. 41.

[165] Im Folgenden werden alleine die englischen Fachbegriffe verwendet. Auf die Verwendung ins Deutsche übersetzter Begriffe wird verzichtet, da eine präzise inhaltliche Übersetzung oftmals schwierig bzw. nicht möglich ist. Als Beispiel sei der aus der internationalen Rechnungslegung stammende Begriff „asset" angeführt. Dieser lässt sich wörtlich als „Vermögensgegenstand" ins Deutsche übersetzen. Eine solche Übersetzung ist indes unzweckmäßig, da der Fachbegriff „Vermögensgegenstand" in Deutschland durch das Handelsgesetzbuch vorbelastet ist und sich inhaltlich von dem Konstrukt des „asset" unterscheidet. Daher wird als Übersetzung regelmäßig der neu geschaffene Begriff „Vermögenswert" verwendet. Um solche inhaltlichen Probleme zu vermeiden, wird auf die Verwendung übersetzter Begriffe verzichtet. Lediglich bei der ersten Nennung eines Fachbegriffs wird in Klammern eine mögliche Übersetzung zur Einordnung angegeben.

[166] In Deutschland beschäftigen sich hauptsächlich die drei Disziplinen Finanzwissenschaft (Volkswirtschaftslehre), Steuerrechtswissenschaft (Rechtswissenschaft) und Betriebswirtschaftliche Steuerlehre (Betriebswirtschaftslehre) mit der Besteuerung. Diese werden unter dem Begriff „Steuerwissenschaften" zusammengefasst. Vgl. z. B. *Lang* (2010), Rz. 41; *Kußmaul* (1995),

3 Grundlagen der betriebswirtschaftlichen Steuerforschung in den USA

rend in den economics Verteilungs- und Effizienzaspekte der Besteuerung im Vordergrund stehen, beschäftigt sich das law mit Rechtsprinzipien und der Auslegung des Steuerrechts.[167] Das accounting ist neben dem management (Management) und marketing (Marketing) einer der traditionellen Teilbereiche der Betriebswirtschaftslehre (traditional business disciplines) in den USA.[168] Die Berücksichtigung von Steuern im Rahmen des Rechnungswesens – als Teil der Betriebswirtschaftslehre – kommt der Betriebswirtschaftlichen Steuerlehre in Deutschland auf den ersten Blick am nächsten. Beide sind der Betriebswirtschaftslehre zuzurechnen. Dies gilt es im Folgenden näher zu betrachten.

Als Bezeichnung für die Steuerforschung im accounting hat sich in den USA der Begriff *tax research in accounting* herausgebildet.[169] Inhaltlich beschäftigt sich das tax research in accounting mit der Existenz und dem Ausmaß des Einflusses von Steuern auf Entscheidungen. Als Wegbereiter dieses Verständnisses gelten *Scholes/Wolfson*, die eine mikroökomische Perspektive verwenden.[170]

Vergleicht man das dargestellte Fachverständnis vom tax research in accounting mit dem der Betriebswirtschaftlichen Steuerlehre, so zeigen sich große Übereinstimmun-

---

S. 3 f., sowie *Rose* (1976), S. 174, der zusätzlich die Staatsrechtslehre aus der Steuerrechtswissenschaft ausgliedert.

[167] Vgl. für die economics z. B. *Gentry* (2007), S. 96. Im Rahmen der economics kommt den public economics (Finanzwissenschaft) die größte Bedeutung zu. Vgl. dazu *James* (2005), S. 35, und zu den public economics ausführlich z. B. *Kaplow* (2008). Zu anderen Bereichen der economics, die sich mit Steuern beschäftigen vgl. *Gentry* (2007), S. 98 f. Vgl. zum law z. B. *Weisbach/Plesko* (2007), S. 107 f.; *Freedman* (2005). Eine trennscharfe Abgrenzung zwischen den Disziplinen des tax research ist oftmals schwierig. Vgl. für eine Abgrenzung *Gentry* (2007), S. 96 f.; *Weisbach/Plesko* (2007), S. 107 f., sowie zu Abgrenzungsproblemen *Shackelford/Shevlin* (2001), S. 325; *Maydew* (2001), S. 390 f.

[168] Vgl. *Swanson* (2004), S. 234 f.; *Sommerfeld* (1966), S. 43. Ähnlich *Fogarty/Markarian* (2007), S. 137, 152; *Hubbard/Vetter* (1996), S. 153. Umstritten ist, ob finance (Finanzen bzw. Finanzwirtschaft) einen Teilbereich der Betriebswirtschaftslehre darstellt. Zwischen economics und finance bestehen so enge Beziehungen, dass finance als Teil der economics angesehen werden kann. So *Ross* (2008), S. 314; *Gentry* (2007), S. 98 f.; *Whitley* (1986), S. 172–177. In Deutschland wird der Bereich Finanzen hingegen regelmäßig der Betriebswirtschaftslehre zugerechnet. Vgl. *Schmidt* (2007).

[169] Vgl. *Hanlon/Heitzman* (2010), S. 127 f.; *Shevlin* (2007), S. 87; *Shackelford/Shevlin* (2001); *Maydew* (2001). Das tax research in accounting ist nicht gleichzusetzen mit dem tax accounting, da unter tax accounting regelmäßig die steuerliche Rechnungslegung verstanden wird. Vgl. dazu *Gertzman* (2007), S. 1-1 f.; *Wanjialin* (2004), S. 386; *Reusch* (2002), S. 5; *Lischer/Märkl* (1997), S. 92; *Dubroff/Cahill/Norris* (1983), S. 377–379.

[170] Vgl. *Scholes/Wolfson* (1992), sowie bereits die Andeutungen in *Stiglitz/Wolfson* (1988), S. 13–18. Mittlerweile wird dieses Buch von einer Autorengruppe herausgegeben. Vgl. *Scholes et al.* (2009). In der Literatur wird jedoch weiterhin vom Scholes/Wolfson-Framework gesprochen. Vgl. *Shevlin* (2007), S. 87. *Shackelford/Shevlin* (2001), S. 321 f., charakterisieren das Scholes/Wolfson-Framework mit der Beantwortung der Fragen „Do taxes matter? If not, why not? If so, how much?".

gen. Denn auch die Betriebswirtschaftliche Steuerlehre untersucht – auf der Grundlage des entscheidungsorientierten Ansatzes der Betriebswirtschaftslehre – den steuerlichen Einfluss auf Entscheidungssituationen.[171] Folglich handelt es sich beim tax research in accounting grundsätzlich um eine der Betriebswirtschaftlichen Steuerlehre vergleichbare Wissenschaftsdisziplin.[172]

Nachdem das tax research in accounting als eine der Betriebswirtschaftlichen Steuerlehre vergleichbare Wissenschaftsdisziplin in den USA identifiziert wurde, geht es im Folgenden um die genauere Analyse dieser Disziplin. Bisher liegen in Deutschland keine umfassenden Arbeiten über das tax research in accounting vor.[173] Dieses Ergebnis überrascht, da sich in den letzten Jahren Autoren verstärkt auf die „Betriebswirtschaftliche Steuerlehre in den USA" beziehen.[174] Kennzeichnend für diese Ausführungen sind zum einen die uneinheitliche Verwendung von Begriffen und zum anderen eine Diskussion an der Oberfläche. Zumeist beschränken sich die Aussagen auf die Existenz einer Betriebswirtschaftlichen Steuerlehre in den USA, deren Schwerpunkt auf empirischer Steuerforschung liegt. Darüber hinausgehende Ausführungen liegen regelmäßig nicht vor.

Im Folgenden soll daher die *Forschung* (research) einer detaillierten Analyse unterzogen werden. Unter Forschung wird hier die systematische Suche nach Neuem mit wissenschaftlichen Methoden verstanden, d. h. die planmäßige und zielgerichtete Suche nach neuen Erkenntnissen in einem bestimmten Wissensgebiet.[175] Das Ziel ist es, das

---

[171] Siehe zur Entscheidungsorientierung der Betriebswirtschaftslehre nochmals Kapitel 2.2.1. Im Folgenden bezieht sich der Begriff der Betriebswirtschaftlichen Steuerlehre alleine auf die Betriebswirtschaftliche Steuerlehre in Deutschland.

[172] So auch *Wagner* (2004), S. 237. Vgl. auch *Seibold* (2002), S. 78; *Wacker/Pahnke* (2000), S. 279 f. A. A. ist *Jacobs* (2004), S. 252, der angibt, dass die betriebswirtschaftliche Steuerforschung in den USA an juristischen und volkswirtschaftlichen Fakultäten durchgeführt wird.

[173] Auch international liegen keine umfassenden Darstellungen zum tax research in accounting vor. Vgl. aber den kurzen Überblick bei *Shevlin* (1999). Einen ersten deutschsprachigen Überblick bieten *Wagner* (2004); *Wacker* (1986); *Wacker* (1977). Vgl. dazu bereits Fn. 13.

[174] Vgl. z. B. *Hundsdoerfer/Kiesewetter/Sureth* (2008), S. 108; *Schmidt* (2008), S. 232–237; *Schneeloch* (2005), S. 256, 266; *Jacobs* (2004), S. 252.

[175] So *Schweitzer* (2009), S. 67. Auf eine detaillierte Betrachtung der *Lehre* (universitäre Ausbildung) wird im Folgenden verzichtet. Eine ausführliche Behandlung der Lehre in der Betriebswirtschaftslehre in den USA findet sich bei *Brunke* (2002). Auch wenn sich Forschung und Lehre teilweise gegenseitig beeinflussen, ist eine ausführliche Betrachtung der Lehre an dieser Stelle nicht zweckmäßig. Vgl. zum Verhältnis von Forschung und Lehre beispielsweise *Plinke* (2008), S. 860; *Fellingham* (2007), S. 159; *Jacobs* (2004), S. 251; *Albach* (1985), S. 862. Der Schwerpunkt eines Studiums in den USA ist auf eine berufsorientierte Ausbildung gerichtet. Eine wissenschaftliche Ausrichtung des Studiums, wie sie in Deutschland verfolgt wird, existiert in den USA nicht. Lediglich ein Doktoranden- bzw. Ph.D.-Studium ist ausschließlich wissenschaftlich ausgerichtet. Vgl. allgemein zu den Bildungszielen in beiden Ländern *Brunke* (2002), S. 123. Somit besteht in den USA eine Kluft zwischen Forschung und Lehre, die eine Konzentration der folgenden Ausführungen auf die Forschung rechtfertigt. Vgl. hierzu *Demski* (2007), S. 153; *Fellingham* (2007),

tax research in accounting innerhalb der betriebswirtschaftlichen Forschung in den USA einzuordnen und einer ausführlichen Betrachtung zu unterziehen. Dies schließt die systematische und strukturierte Analyse der Forschungs- bzw. Themenschwerpunkte ein.

Bevor das tax research in accounting näher betrachtet wird, ist eine Darstellung der Forschung im accounting (accounting research) vorzuschalten, da das tax research in accounting unter dem Dach des accounting research stattfindet. Daher haben fachliche Entwicklungen und Forschungsmethoden im accounting research einen starken Einfluss auf das tax research in accounting. Folglich ist es sinnvoll, sich zunächst einen Überblick über das accounting research zu verschaffen, bevor sich die Untersuchung auf Einzelaspekte des tax research in accounting fokussiert.

3.2 Accounting research als Disziplin der Steuerforschung

3.2.1 Begriffsbestimmung

Um festzustellen, was unter accounting research zu verstehen ist, bietet sich die Untersuchung von Veröffentlichungen in Zeitschriften an. Dort wird ein Großteil der Forschungsergebnisse publiziert, da die Anzahl von Zeitschriftenveröffentlichungen von besonderer Bedeutung bei der Einstellung und Beförderung von Forschern an den Universitäten ist. Allerdings spielt neben der Quantität auch die Qualität eine große Rolle. Sie wird regelmäßig aus Zeitschriftenrankings abgeleitet, d. h. Veröffentlichungen in A-Zeitschriften wird eine höhere Qualität beigemessen als Veröffentlichungen in B-Zeitschriften.[176] Daher bietet sich im Folgenden die Charakterisierung des accounting research anhand von Veröffentlichungen in den Top Accounting-Zeitschriften an.

Aufbauend auf einer Untersuchung von Veröffentlichungen in den einflussreichsten Accounting-Zeitschriften im Zeitraum von 1960 bis 2007 beschreiben *Oler/Oler/Skousen* accounting research wie folgt:

> *"Accounting research is research into the effect of economic events on the process of summarizing, analyzing, verifying, and reporting standardized*

S. 159–161. Dies bedeutet jedoch nicht, dass zwischen Forschung und Lehre keinerlei Beziehungen bestehen. Beispielsweise ist das im tax research in accounting verwendete Scholes/Wolfson-Framework ursprünglich aus einer Lehrveranstaltung hervorgegangen. Vgl. *Scholes et al.* (2009), S. XV; *Shackelford/Shevlin* (2001), S. 325.

[176] Vgl. zur Bedeutung von Veröffentlichungen in Zeitschriften in den USA *Hopwood* (2007), S. 1372; *Lee* (2004), S. 59, 61; *Swanson* (2004), S. 227; *Brown/Huefner* (1994), S. 224; *Englebrecht/Iyer/Patterson* (1994). Zeitschriftenrankings finden sich z. B. bei *Bonner et al.* (2006); *Brown* (2003); *Hull/Wright* (1990). Zu den Top Accounting-Zeitschriften zählen regelmäßig (in alphabetischer Reihenfolge): Accounting, Organizations and Society, Contemporary Accounting Research, Journal of Accounting and Economics, Journal of Accounting Research und The Accounting Review.

financial information, and on the effects of reported information on economic events."[177]

Diese Charakterisierung ist notwendigerweise breit, da das accounting research ein weites Betätigungsfeld umfasst.[178] Hinsichtlich der Forschung beschränkt sich das accounting research allerdings auf *einen* Forschungsansatz. Eine fundamentale Unterscheidung der Forschungsansätze im accounting research ist die zwischen *positiver* und *normativer* Forschung.[179] Die Vorgehensweise im accounting wird seit dem Ende der 1970er Jahre durch einen *positiven Forschungsansatz* (positive approach to accounting) geprägt.[180] Dieser positive bzw. empirische Ansatz beschäftigt sich damit „was ist" und hat die Erklärung und Vorhersage von Rechnungslegungsphänomenen zum Gegenstand.[181] Im Rahmen dieses Forschungsansatzes geht es um die theoriebasierte Erklärung der Wirklichkeit durch die Aufstellung von Hypothesen und deren empirische Überprüfung.[182]

Normative bzw. nicht empirische Rechnungslegungsforschung, als Entwicklung von Sollvorstellungen, gilt seither als „unwissenschaftlich": „Normative research drops from being the dominant methodology in the 1960s to being almost nonexistent."[183] Der normativen Forschung werden auch praktisch-normative Aussagen in Form von Gestaltungsaussagen zugeordnet, da die Präskription als das entscheidende Kriterium normativer Forschung angesehen wird: „Normative propositions are concerned with prescriptions."[184] Entgegen der in dieser Arbeit vertretenen Auffassung werden im accounting research somit Gestaltungsempfehlungen als „normative consulting engagements" zur („unwissenschaftlichen") normativen Rechnungslegungsforschung

---

[177] *Oler/Oler/Skousen* (2010), S. 664. Vgl. zum accounting research auch *Kinney* (2001), sowie die Diskussion über die „intellectual foundations of accounting" von *Demski et al.* (2002).

[178] Vgl. *Oler/Oler/Skousen* (2010), S. 639, 664 f.; *Lamb* (2005b), S. 57.

[179] Vgl. *Smith* (2011), S. 36.

[180] Vgl. *Fülbier/Weller* (2008), S. 356 f.; *Heck/Jensen* (2007), S. 125 f.; *Lee* (2004), S. 64 f.; *Reiter/Williams* (2002), S. 582; *Ryan/Scapens/Theobald* (2002), S. 75 f.

[181] Siehe zur Positiv-Normativ Klassifizierung nochmals Kapitel 2.2.1. Vgl. zum accounting research *Smith* (2011), S. 36; *Riahi-Belkaoui* (2004), S. 108, 448; *Ryan/Scapens/Theobald* (2002), S. 75; *Watts/Zimmerman* (1986), S. 2; *Christenson* (1983), S. 6 f. *Schreuder* (1984), S. 214 f., *Christenson* (1983), S. 7, lehnen die Bezeichnung „positive" ab und bevorzugen stattdessen die Bezeichnung „empirical".

[182] Vgl. *Fülbier/Weller* (2008), S. 352; *Zimmerman* (2001), S. 417–419; *Chua* (1996), S. 131; *Kinney* (1986), S. 339; *Watts/Zimmerman* (1986), S. 2, 8 (Fn. 3), 9 f. Siehe zum deduktiven Erklärungsmodell nochmals Kapitel 2.1.3.2.

[183] *Oler/Oler/Skousen* (2010), S. 655. Vgl. auch *Mattessich* (2002), S. 186; *Watts/Zimmerman* (1986), S. 2, 7; *Jensen* (1976), S. 2.

[184] *Watts/Zimmerman* (1986), S. 9. Vgl. auch *Fülbier/Weller* (2008), S. 354, 369; *Ryan/Scapens/Theobald* (2002), S. 106 f. Kritisch zu dieser Vorgehensweise äußern sich z. B. *Mattessich* (1995); *Mattessich* (1992); *Sterling* (1990), S. 111–114.

gerechnet und spielen daher im accounting research keine bzw. eine untergeordnete Rolle.[185] Die positive Forschung beschränkt sich auf das reine Erkenntnisziel und klammert das Gestaltungsinteresse (pragmatisches bzw. praktisches Wissenschaftsziel) aus. Die für eine *angewandte Wissenschaft* charakteristische Anwendung theoretischen Wissens zur Gestaltung und Beherrschung der Lebensbedingungen bleibt somit aus.[186]

Damit lässt sich die grundsätzliche Vorgehensweise des (positive) accounting research nach *Chua* wie folgt zusammenfassen:

> *"First, it either uses a form of hypothetico-deductive logic and/or a series of mathematically-grounded deductive arguments. Second, research hypotheses/questions are framed such that ''irresolvable, value-laden'' issues of ''social welfare/desirability'' or distribution are supposedly minimized."*[187]

Innerhalb des positiven Forschungsansatzes umfasst das accounting research ein weites Betätigungsfeld. Es beinhaltet verschiedene Teilbereiche und eine Vielzahl von Vorgehensweisen. Welche Teilbereiche und Vorgehensweisen dies im Einzelnen sind, wird im Folgenden näher betrachtet.

Dazu wird die Forschung im accounting im Folgenden anhand der drei Dimensionen *Theoretische Basis, Themenschwerpunkte* und *Forschungsmethoden* erläutert und einer genaueren Untersuchung unterzogen. Die Betrachtung dieser Dimensionen erlaubt es, das accounting research systematisch zu charakterisieren.[188] Zudem lassen sich die Dimensionen *Theoretische Basis* und *Forschungsmethoden* den oben abgeleiteten Anforderungen an die Beschaffenheit (Theoretische Basis) und Anwendung von Theorien (Forschungsmethoden) zuordnen. Die folgende Darstellung auf der nächsten Seite gibt einen Überblick über die Dimensionen des accounting research anhand derer die Forschung im Folgenden charakterisiert wird.[189]

---

[185] Zimmerman (2001), S. 414 [wörtliches Zitat]. Vgl. dazu *Fülbier/Weller* (2008), S. 354, 356; *Heck/Jensen* (2007), S. 111; *Lukka/Granlund* (2002), S. 171 f.; *Ryan/Scapens/Theobald* (2002), S. 75 f.; *Mattessich* (1995), S. 259 f.; *Haller* (1994b), S. 604; *Watts/Zimmerman* (1986), S. 7 f.; a. A. *Kothari/Ramanna/Skinner* (2010), S. 249. Siehe zur Vereinbarkeit von positiver Forschung und Gestaltungsaussagen nochmals Kapitel 2.2.1. Die Vernachlässigung von Gestaltungsempfehlungen in der Forschung bedeutet allerdings nicht, dass die Ergebnisse des accounting research für „accounting policy issues" irrelevant sind. Vgl. z. B. *Kachelmeier/King* (2002). Allerdings bleibt die Nutzung der Ergebnisse alleine dem Anwender bzw. Praktiker überlassen. Vgl. *Mattessich* (2002), S. 194 f.; *Mattessich* (1992), S. 189 f.

[186] Vgl. auch *Mattessich* (1995), S. 260.

[187] *Chua* (1996), S. 131. Ähnlich *Ryan/Scapens/Theobald* (2002), S. 112.

[188] Vgl. *Bloomfield/Rennekamp* (2008), S. 5–7.

[189] Darstellung in Anlehnung an *Bloomfield/Rennekamp* (2008), S. 6. Ähnlich *Waller* (2002), S. 104.

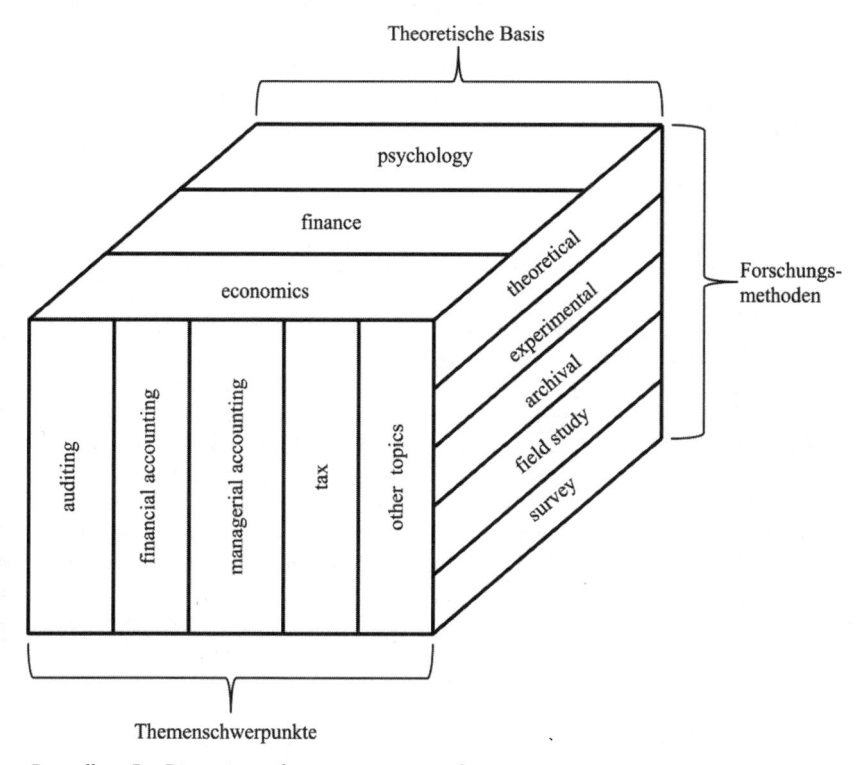

Darstellung 7: Dimensionen des accounting research

3.2.2 Dimensionen des accounting research

3.2.2.1 Theoretische Basis

Die Forschung innerhalb des positiven Rahmens ist zum einen entscheidungsorientiert, d. h. sie beschäftigt sich mit dem Einfluss des accounting auf Entscheidungen von z. B. Investoren, Wirtschaftsprüfern oder Managern.[190] Zum anderen wird sie durch verschiedene Nachbardisziplinen geprägt bzw. theoretisch fundiert. „Accounting is demonstrably not a self-contained field. Research treatments of the subject merge, sometimes imperceptibly, with work in neighboring disciplines, such as finance, economics, [and] psychology."[191] Das accounting research unterscheidet sich von diesen Disziplinen durch die Betonung institutioneller Details, insbesondere durch Detail-

---

[190] Vgl. *Bonner* (2008), S. 1; *Maines/Salamon/Sprinkle* (2006), S. 86; *Waller* (2002), S. 101 f.
[191] *Zeff* (1996), S. 159. Vgl. auch *Oler/Oler/Skousen* (2010), S. 636 f., 664; *Hopwood* (2007), S. 1366 f.; *Smith* (2011), S. 36–43; *Baker/Bettner* (1997), S. 296–298; *Chua* (1996), S. 131.

wissen, z. B. über Rechnungslegungsstandards oder -prozesse. Nach *Kinney* geht es darum, diese Wettbewerbsvorteile im accounting auszunutzen: „Accounting professors may conduct research in finance, economics, behavioral science, or statistics. If the accounting question is not addressed, however, the accounting professor may face the disadvantage of being undertrained relative to other researchers. Also, he or she ignores a comparative advantage in the knowledge of accounting institutions and the sometimes subtle role of information."[192]

Anhand ihrer theoretischen Basis lassen sich grundsätzlich *zwei* Spielarten des *positiven* Forschungsansatzes im accounting research unterscheiden. Den mit Abstand größten Einfluss auf das accounting research (*erste* Spielart) haben die Disziplinen *economics* und *finance* (Finanzen bzw. Finanzwirtschaft).[193] Die dominierende Forschung im accounting research umfasst zum einen die auf der Disziplin economics basierende Forschung im Rahmen der sog. *positive accounting theory*, die sich u. a. mit der Erklärung und Vorhersage der Auswahl von Rechnungslegungspraktiken durch das Management beschäftigt. Zum anderen umfasst sie die auf der Disziplin finance aufbauende *kapitalmarktorientierte Rechnungslegungsforschung* (capital market research), die den Einfluss von Rechnungslegungsinformationen auf den Kapitalmarkt aus Investorensicht untersucht.[194] Zwischen der positive accounting theory und dem capital market research bestehen jedoch enge Beziehungen. Sie lassen sich nicht losgelöst voneinander betrachten, da beispielsweise die Überprüfung von Hypothesen aus der positive accounting theory oftmals im Rahmen der kapitalmarktorientierten Forschung (anhand von Kapitalmarktdaten) durchgeführt wird.[195] Auch terminologisch ist die Unterschei-

---

[192] *Kinney* (1986), S. 339 (Fn. 4). So auch *Hanlon/Heitzman* (2010), S. 128; *Maydew* (2001), S. 394; *Ball/Foster* (1982), S. 164 f. Ähnlich *Dye* (2001), S. 230 f.; *Kinney* (2001), S. 282 f.

[193] Vgl. *Oler/Oler/Skousen* (2010), S. 664; *Hahn* (2007), S. 311–318; *Gaffikin* (2006), S. 1 f.; *Williams* (2003), S. 253, 255; *Reiter/Williams* (2002), S. 582–585; *Zimmerman* (2001), S. 423; *Baker/Bettner* (1997), S. 303 f. Zwischen economics und finance bestehen allerdings so enge Verbindungen, dass finance als Teilbereich der economics angesehen werden kann. Als solcher fokussiert sich finance auf die Funktionsweise von Kapitalmärkten und auf das Angebot und die Preisbildung von Kapitalvermögen. So z. B. *Ross* (2008), S. 314; *Gentry* (2007), S. 98 f.; *Whitley* (1986), S. 172–177. Auf Grund der besonderen Betrachtungsweise und Fokussierung auf Kapitalmärkte im Bereich finance, wird jedoch oftmals von economics *und* finance gesprochen. Vgl. *Smith* (2011), S. 38. In Deutschland wird der Bereich Finanzen regelmäßig der Betriebswirtschaftslehre zugerechnet. Vgl. *Schmidt* (2007). Vgl. dazu bereits Fn. 168.

[194] Vgl. *Smith* (2011), S. 37 f.; *Williams* (2009), S. 275; *Gaffikin* (2007); *Heck/Jensen* (2007), S. 125; *Williams* (2003), S. 253, 255; *Reiter/Williams* (2002), S. 582–585 m. w. N.; *Baker/Bettner* (1997), S. 298, 303 f.; *Panozzo* (1997), S. 454 f. Vgl. zur positive accounting theory insbesondere *Watts/Zimmerman* (1986); *Watts/Zimmerman* (1979); *Watts/Zimmerman* (1978). Vgl. zum capital market research insbesondere *Deegan/Unerman* (2011), S. 444–479; *Riahi-Belkaoui* (2004), S. 408–433; *Ryan/Scapens/Theobald* (2002), S. 103–106, sowie den ausführlichen Überblick von *Kothari* (2001). Vgl. zur Abgrenzung der positive accounting theory und des capital market research *Deegan/Unerman* (2011), S. 262 f., 444 f.; *Haller* (1994a), S. 177–194.

[195] Vgl. *Kothari* (2001), S. 111. Daneben war die kapitalmarktorientierte Rechnungslegungsforschung eine „notwendige Vorstufe" für die positive accounting theory. Vgl. insbesondere

3 Grundlagen der betriebswirtschaftlichen Steuerforschung in den USA

dung zwischen positive accounting theory und capital market research fragwürdig, da es sich auch beim capital market research um positive Forschung (in Abgrenzung zur normativen Forschung) handelt.[196]

Beiden (positiven) Vorgehensweisen ist gemeinsam, dass sie auf dem standardökonomischen Verhaltensmodell aufbauen. Im Rahmen der positive accounting theory wird das standardökonomische Verhaltensmodell explizit vorausgesetzt.[197] Die kapitalmarktorientierte Forschung basiert im Wesentlichen auf der Annahme der halbstrengen Kapitalmarkteffizienz (semi-strong efficient market hypothesis), wonach sich öffentlich verfügbare Informationen unmittelbar auf Wertpapierkurse auswirken.[198] Kapitalmarkteffizienz setzt voraus, dass sich die Kapitalmarktakteure entsprechend des standardökonomischen Verhaltensmodells verhalten, da auf Grund der Einschränkungen von Arbitrage (limits to arbitrage) die Hypothese der Kapitalmarkteffizienz ansonsten nicht aufrecht erhalten werden kann.[199] Damit ist das standardökonomische Verhaltensmodell im Rahmen der „economic theory (..) the theoretical basis for most

---

Watts/Zimmerman (1986), S. 15 f., sowie auch Deegan/Unerman (2011), S. 257–273; Haller (1994a), S. 185. Vgl. zur Bedeutung der positive accounting theory für das capital market research z. B. Watts (1992).

[196] So auch Godfrey et al. (2010), S. 9 (Fn. 13), 360, 407; Kabir (2010), S. 136, die den Begriff „positive accounting theory" als Oberbegriff für beide Vorgehensweisen benutzen. Auch Watts/Zimmerman (1986), S. 15 f., differenzieren nicht zwischen beiden Vorgehensweisen und sprechen alleine von „positive accounting". Teilweise werden die Begriffe für beide Vorgehensweisen auch synonym verwendet. Vgl. Panozzo (1997), S. 454. Siehe zur „unsauberen" Verwendung des Begriffs „positive accounting" z. B. Deegan/Unerman (2011), S. 255; Haller (1994a), S. 165 (Fn. 13), 187 (Fn. 127); Watts/Zimmerman (1990), S. 148.

[197] So Watts/Zimmerman (1986), S. 3: „We assume that all (…) parties (…) act so as to maximize their own welfare (i. e., their expected utility)." Vgl. auch Watts/Zimmerman (1978), S. 113.

[198] Vgl. Deegan/Unerman (2011), S. 446 f.; Riahi-Belkaoui (2004), S. 409–412. Allerdings existieren mittlerweile einige Forschungsarbeiten, welche die Kapitalmarkteffizienz in Frage stellen. Vgl. dazu Deegan/Unerman (2011), S. 446–478; Kothari (2001), S. 107, 120 f.

[199] Vgl. Rau (2010), S. 333–349; Barberis/Thaler (2003), S. 1055–1065; Shleifer (2000), S. 2–5; 10–23.

(...) research".[200] Die dominante Forschung kann somit als *economics based accounting research* bezeichnet werden.[201]

Die oben dargestellte Kritik am (unrealistischen) standardökonomischen Verhaltensmodell zur Erklärung der Wirklichkeit lässt sich somit auf das economics based accounting research übertragen.[202] Nach dem in dieser Arbeit vertretenen wissenschaftstheoretischen Verständnis, ist diese Vorgehensweise abzulehnen. Realistische Annahmen spielen eine bedeutende Rolle für die Erklärung der Wirklichkeit. Daher ist das standardökonomische Verhaltensmodell als Ausgangspunkt ungeeignet. Hier wird deutlich, dass das im economics based accounting research verfolgte Wissenschaftsziel nicht mit dem in dieser Arbeit vertretenen Wissenschaftsziel übereinstimmt. Der Fokus des economics based accounting research liegt weniger auf der Erklärung, sondern vielmehr auf der Vorhersage von Rechnungslegungsphänomenen (instrumentalistische Sichtweise).[203] Unrealistische Annahmen stellen nach dieser Ansicht keinen kritikwürdigen Nachteil einer Theorie dar. Es wird nicht der Anspruch erhoben, Theorien zu konstruieren, die Erklärungskraft besitzen und mit den tatsächlichen Zusammenhängen übereinstimmen. Ob die in der Theorie angenommenen Zusammenhänge mit der Wirklichkeit übereinstimmen, ist im Rahmen dieser Sichtweise irrelevant. Es kommt lediglich auf das Ergebnis, d. h. das Eintreffen der Vorhersage in der Wirklichkeit an. „All that matters is whether economic variables behave *as if* all decisions are being made by *Homo economicus*."[204]

Die Kritik am standardökonomischen Verhaltensmodell war der Ausgangspunkt für die *zweite* Spielart des positive accounting research: das *behavioral accounting research*. Als „Teilbereich" der behavioral economics basiert es im Wesentlichen auf psychologischen Ansätzen (psychology) mit dem Ziel, die Auswirkungen des Rechnungswesens auf das tatsächliche Entscheidungsverhalten von Individuen zu erklären.

---

[200] *Reiter/Williams* (2002), S. 582. Vgl. auch *Williams* (2003), S. 253 f.; *Baker/Bettner* (1997), S. 298, 303 f.; *Panozzo* (1997), S. 455; *Boland/Gordon* (1992), S. 144. *Reiter/Williams* (2002), S. 582, sprechen explizit vom standardökonomischen Verhaltensmodell im Rahmen der „neo-classical economic theory". Die in der positive accounting theory verwendete agency theory ist zwar grundsätzlich nicht der neoklassischen Ökonomik zuzurechnen, sondern der Neue Institutionenökonomik. „However", so *Ryan/Scapens/Theobald* (2002), S. 79, „such developments continue to rely on the core assumptions of neoclassical economics [die beiden Kernannahmen des standardökonomischen Verhaltensmodells] and are subject to the same methodological underpinnings."

[201] In der Literatur wird auf den Zusatz „economics based" zumeist verzichtet, obwohl er bereits bei *Watts/Zimmerman* (1986), S. 5, 7, 13, verwendet wurde. Dieser ist notwendig, weil es sich nur um *eine* Spielart des positive accounting handelt.

[202] Vgl. nochmals Kapitel 2.2.2.1.

[203] Vgl. *Williams* (2009), S. 276; *Baker/Bettner* (1997), S. 303. Vgl. auch *Watts/Zimmerman* (1990), S. 147 f.; *Watts/Zimmerman* (1986), S. 11 f., sowie die Interpretation von *Boland/Gordon* (1992), S. 146 f.; a. A. *Christenson* (1983), S. 15–17. Vgl. nochmals zum Instrumentalismus Fn. 101.

[204] *Bloomfield* (2010), S. 27 [Hervorhebungen im Original]. Vgl. auch *Waller* (1995), S. 32–37.

3 Grundlagen der betriebswirtschaftlichen Steuerforschung in den USA

Nach *Waller* geht es um die Beantwortung der Frage: „What are the implications of empirically valid behavioral assumptions for economic decision-making in relation to accounting systems?"[205] Allerdings spielt das behavioral accounting research im Gegensatz zum economics based accounting research eine untergeordnete Rolle.[206] Einen zusammenfassenden Überblick über die Klassifizierung des accounting research gibt die folgende Darstellung.

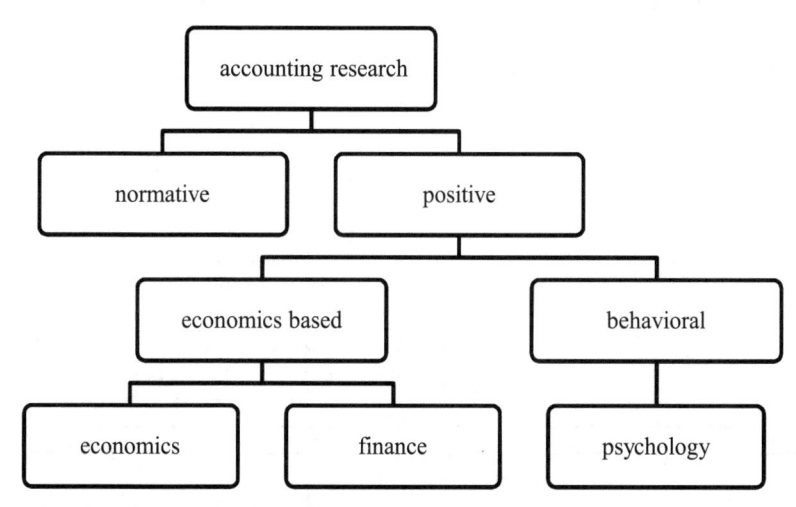

```
                    accounting research
                    /               \
              normative            positive
                                   /      \
                          economics based   behavioral
                           /        \           |
                      economics   finance   psychology
```

Darstellung 8: Klassifizierung des accounting research

---

[205] *Waller* (2002), S. 107. Vgl. auch *Godfrey et al.* (2010), S. 446; *Gillenkirch/Arnold* (2008), S. 128; *Williams/Jenkins/Ingraham* (2006), S. 787; *Ryan/Scapens/Theobald* (2002), S. 103; *Ashton/Ashton* (1995b), S. 8. Grundsätzlich befasst sich das behavioral accounting mit dem Einfluss des Rechnungswesens auf jegliches menschliches Verhalten und beschränkt sich nicht auf das tatsächliche *Entscheidungs*verhalten von Individuen. Es umfasst somit z. B. auch den Einfluss des Rechnungswesens auf die Arbeitszufriedenheit und ethisches Verhalten. Vgl. zur Definition von behavioral accounting research *Ashton* (2010), S. 5; *Birnberg/Shields* (1989) S. 24; *Belkaoui* (1989), S. xi f., sowie zum Inhalt *Birnberg* (2011); *Arnold/Sutton* (1997); *Bamber* (1993). Auf Grund der in dieser Arbeit eingenommenen entscheidungsorientierten Perspektive beschränken sich die folgenden Ausführungen jedoch auf das Entscheidungsverhalten von Individuen (judgment and decision making research). Einen Überblick hierzu geben *Trotman/Tan/Ang* (2011); *Kotchetova/Salterio* (2004). Vgl. zum Verhältnis von judgment and decision making und behavioral accounting research *Ashton* (2010), S. 5; *Bonner* (2008), S. 2 (Fn. 5); *Bonner* (1999), S. 386 (Fn. 2).

[206] Vgl. *Oler/Oler/Skousen* (2010), S. 637–639, 643 f.; *Williams/Jenkins/Ingraham* (2006), S. 813–815.

3.2.2.2 Themenschwerpunkte

Das *accounting research* ist neben dem management research und marketing research einer der traditionellen Forschungsbereiche der Betriebswirtschaftslehre (traditional business research) in den USA.[207] Die Forschung innerhalb des *accounting* lässt sich auf der obersten Ebene anhand der betrachteten Themenschwerpunkte in die Forschungsgebiete bzw. Teilbereiche *auditing, financial accounting, managerial accounting, tax* und die Auffangkategorie *other topics* einteilen.[208] Die folgende Darstellung fasst die Themenschwerpunkte des accounting research und ihre Einbettung in das traditional business research zusammen.

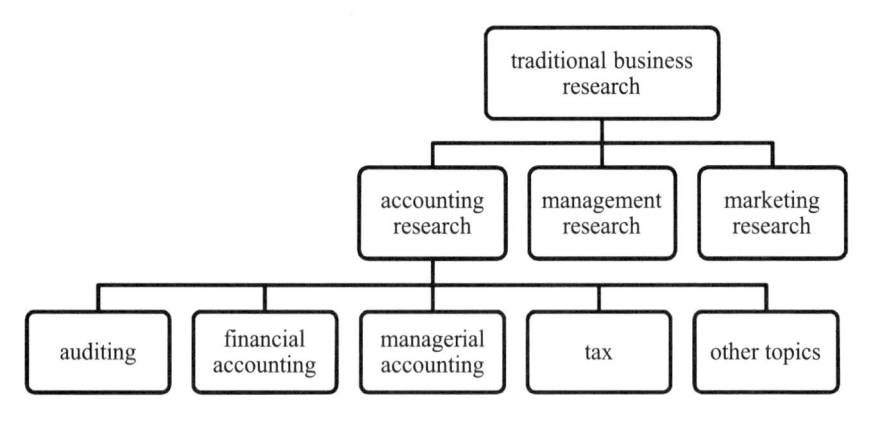

```
                    traditional business
                         research
         ┌───────────────────┼───────────────────┐
    accounting          management          marketing
     research            research            research
  ┌──────┬──────┬──────┐
auditing  financial  managerial   tax    other topics
         accounting accounting
```

Darstellung 9: Themenschwerpunkte des accounting research als traditional business research

Dieser Abgrenzung liegen folgende Definitionen der einzelnen Themenschwerpunkte des accounting research zu Grunde:[209]

- *Auditing*: „Papers dealing with auditing and auditors (including internal controls over reporting)."
- *Financial accounting*: „Papers dealing with external financial reporting (including analysts and analyst forecasts)."

---

[207] Vgl. dazu nochmals Kapitel 3.1.

[208] Vgl. z. B. *Coyne et al.* (2010), S. 634 f.; *Oler/Oler/Skousen* (2010), S. 636; *Porporato/Sandin/Shaw* (2003), S. 248; *Shackelford/Shevlin* (2001), S. 324; *Mock* (1994), S. 421 f.

[209] Diese Definitionen wurden wörtlich entnommen aus *Oler/Oler/Skousen* (2010), S. 667 f., sowie S. 664 mit weiteren Erläuterungen. Ähnlich *Coyne et al.* (2010), S. 635; *Carnaghan/Flower-Gyepesi/Gibbins* (1994), S. 254.

- *Managerial accounting*: „Papers dealing with internal reporting and evaluation, internal budgeting, and transfer pricing."
- *Tax*: „Papers dealing with federal and state income tax issues, tax planning, tax strategies, and the impact of taxes on capital markets."
- *Other topics*: „All other topics that do not appear to fit into the above categories (e. g., education, history, the CPA exam, etc.)."

Der Schwerpunkt des accounting research liegt mit Abstand auf dem financial accounting (61 % aller Veröffentlichungen). Auf Platz zwei und drei folgen etwa gleich auf das auditing (13 %) und managerial accounting (12 %), gefolgt von tax (6 %) und other topics (8 %) auf den hinteren Plätzen.[210] Auf Grund der dominierenden Stellung des financial accounting research, wird das accounting research insgesamt durch die Vorgehensweise im financial accounting research geprägt.[211]

3.2.2.3 Forschungsmethoden

Der Einfluss der Nachbardisziplinen auf das accounting research spiegelt sich auch in den verwendeten Forschungsmethoden (research methods) wider. Unter Forschungsmethoden werden hier sämtliche systematischen Vorgehensweisen zur Aufstellung und Überprüfung von Hypothesen verstanden.[212] Grundsätzlich ist zwischen theoretischen (theoretical) und empirischen (empirical) Forschungsmethoden zu unterscheiden.[213] Beiden gemeinsam sind zum einen ihre quantitative Ausrichtung und zum anderen ihre theoretische Fundierung, d. h. sie bauen auf bereits entwickelten Theorien auf. Sie unterscheiden sich allerdings hinsichtlich der Vorgehensweise.

Die *theoretische* Forschung beschäftigt sich mit der formal-analytischen Modellierung und Überprüfung von Theorien. Im Rahmen der *empirischen* Forschung steht die sys-

---

[210] Vgl. *Oler/Oler/Skousen* (2010), S. 650, 659, für den Zeitraum 2000–2007. Zu ähnlichen Ergebnissen kommen die Untersuchungen von *Salterio* (2011), S. 5 f. (in Bezug auf Veröffentlichungen in „Contemporary Accounting Research" im Zeitraum 2008–2010); *Kachelmeier* (2011), S. 2205; *Kachelmeier* (2010), S. 2183; *Kachelmeier* (2009), S. 2056 (in Bezug auf Veröffentlichungen in „The Accounting Review" im Zeitraum 2008–2011); *Behn et al.* (2008), S. 360 f. (in Bezug auf die Forschungsschwerpunkte von Ph.D.-Programmen); *Bonner et al.* (2006), S. 679–683 (in Bezug auf Veröffentlichungen in „the most influential journals of academic accounting" im Zeitraum 1984–2003); *Porporato/Sandin/Shaw* (2003), S. 250 f. (in Bezug auf Dissertationen im Zeitraum 1991–2000).

[211] Insofern beziehen sich die Aussagen zu den anderen Dimensionen des accounting research hauptsächlich auf das financial accounting research. Allerdings darf nicht außer Acht gelassen werden, dass zwischen den einzelnen Teilbereichen bzw. Themenschwerpunkten des accounting research im Detail mehr oder weniger große Unterschiede bestehen. Vgl. z. B. *Humphrey* (2008); *Ryan/Scapens/Theobald* (2002), S. 68–113, für eine ausführliche Betrachtung des *auditing* und *managerial accounting*.

[212] Ähnlich *Bloomfield/Rennekamp* (2008), S. 7.

[213] Vgl. *Ryan/Scapens/Theobald* (2002), S. 132; *Waller* (2002), S. 102 f.; *Halperin* (1991), S. 1; *Baker/Bettner* (1997), S. 296 f.

tematische Überprüfung der aus Theorien abgeleiteten Hypothesen anhand der Wirklichkeit im Vordergrund. Insoweit besteht eine Austauschbeziehung zwischen theoretischer und empirischer Forschung. Letztere ist auf theoretisch fundierte Hypothesen angewiesen, gibt aber gleichzeitig Rückmeldungen und Anregungen für die theoretische Forschung.[214]

Die empirischen Forschungsmethoden lassen sich in *experimental* (experimental) und *non-experimental* (nicht experimental) unterteilen.[215] Non-experimental research umfasst die folgenden Methoden: *archival* (Archiv), *field study* (Feldforschung) und *survey* (Befragung).[216] Die folgende Darstellung auf der nächsten Seite fasst die Forschungsmethoden im accounting research zusammen.[217]

---

[214] Vgl. zur theoretischen und empirischen Forschung im accounting research *Ryan/Scapens/Theobald* (2002), S. 132–141; *Zimmerman* (2001), S. 418; *Baker/Bettner* (1997), S. 296–298.

[215] Vgl. *Maines/Salamon/Sprinkle* (2006), S. 85; *Marczyk/DeMatteo/Festinger* (2005), S. 123; *Kerlinger/Lee* (2000), S. 466, 558 f., 575. In der Literatur werden neben Experimenten und Nichtexperimenten teilweise Quasi-Experimente (quasi-experiments) als dritte Gruppe empirischer Forschungsmethoden aufgeführt. Quasi-Experimente werden in dieser Arbeit als Teil der Nichtexperimente verstanden. Charakteristisches Merkmal von Quasi-Experimenten ist die Manipulation der unabhängigen Variablen, weshalb sie den Anforderungen an Experimenten nahe kommen. Die direkte Kontrolle exogener Variablen ist jedoch nicht möglich. Vgl. dazu *Cook/Campbell* (1976), S. 224; 247–298; *Campbell/Stanley* (1963), S. 34–64, sowie die Erläuterungen bei *Shadish/Cook/Campbell* (2002), S. 13–15; *Johnson* (2001), S. 3; *Meyer* (1995); *Abdelkhalik/Ajinkya* (1979), S. 36–43. Einen ausführlichen Überblick über die empirischen Forschungsmethoden im accounting geben *Smith* (2011), S. 101–152; *Hageman* (2008).

[216] Vgl. *Kachelmeier* (2009), S. 2056; *EAA* (2008); *Maines/Salamon/Sprinkle* (2006), S. 85. Vgl. auch *Smith* (2011), S. 53; *Coyne et al.* (2010), S. 634; *Oler/Oler/Skousen* (2010), S. 668. Eine leicht abweichende Unterteilung findet sich bei *Simmons et al.* (1973), S. 219–225.

[217] Eine detailliertere Klassifizierung findet sich bei *McGrath* (1982), S. 72–80.

3 Grundlagen der betriebswirtschaftlichen Steuerforschung in den USA

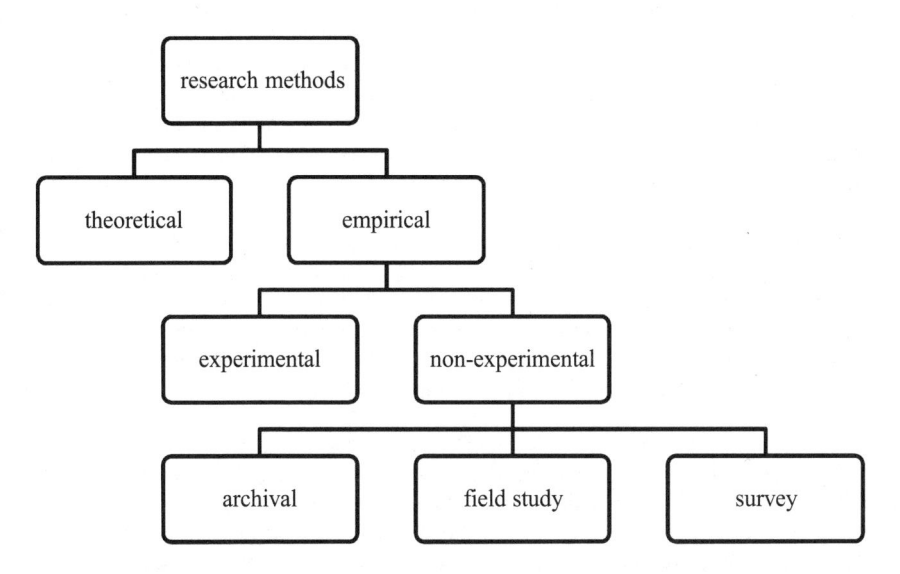

```
                        research methods
                       /                \
              theoretical              empirical
                                       /        \
                              experimental    non-experimental
                                              /              \
                         archival         field study         survey
```

Darstellung 10: Forschungsmethoden im accounting research

Experimental research umfasst wissenschaftliche Untersuchungen, in der die Versuchsleiter eine oder mehrere unabhängige Variablen manipulieren, andere exogene unabhängige Variablen kontrollieren und die Auswirkungen der Manipulation der unabhängigen Variablen auf die abhängigen Variablen beobachten.[218] Die Kontrolle exogener Variablen wird erreicht, indem mindestens zwei experimentelle Gruppen nach einem Zufallsverfahren gebildet werden (Versuchs- und Kontrollgruppe). Durch einen Vergleich von Versuchs- und Kontrollgruppe in einfachen bzw. künstlichen Situationen lassen sich die Einflüsse sämtlicher exogener Variablen auf die abhängigen Variablen ausblenden.[219] Von daher ist die interne Validität experimenteller Forschung hoch. Allerdings ist die Generalisierbarkeit der Ergebnisse (externe Validität) niedrig, da es sich um künstlich geschaffene Situationen handelt (Laborexperimente). Deren Ergebnisse lassen sich nicht ohne weiteres auf andere Situationen übertragen.[220]

---

[218] Vgl. *Maines/Salamon/Sprinkle* (2006), S. 85; *Kerlinger/Lee* (2000), S. 466. Vgl. auch *Coyne et al.* (2010), S. 634; *Oler/Oler/Skousen* (2010), S. 668.

[219] Vgl. *Kerlinger/Lee* (2000), S. 473 f., sowie *Diekmann* (2011), S. 337–339; *Kinney* (1986), S. 341–343.

[220] Vgl. *Diekmann* (2011), S. 345 f.; *Smith* (2011), S. 51, 112; *Maines/Salamon/Sprinkle* (2006), S. 99 f. *Ryan/Scapens/Theobald* (2002), S. 122 f.; *Kerlinger/Lee* (2000), S. 580 f.; *Wallace* (1991), S. 25, 31. Neben Laborexperimenten (künstlich geschaffene Situationen) existieren sog. Feldexperimente. Feldexperimente unterscheiden sich von Laborexperimenten durch realistischere bzw. nicht künstlich geschaffene Situationen. Die interne Validität von Feldexperimenten sinkt im Ver-

Non-experimental research unterscheidet sich vom *experimental research* durch die fehlende direkte Kontrolle der (zu manipulierenden und anderen exogenen) unabhängigen Variablen. Diese ist im non-experimental research nicht gegeben. Der Forscher hat keinen aktiven Einfluss auf die unabhängigen Variablen, da sie bereits aufgetreten oder von Natur aus nicht manipulierbar sind. Er muss die Dinge so nehmen, wie sie sich in der Natur darstellen.[221] Die interne Validität ist daher im non-experimental research niedriger als im experimental research. Der Forscher hat keine bzw. eine geringere Kontrolle, da selbst statistische Kontrollverfahren der multivariaten Datenanalyse die Störvariablenkontrolle nur bedingt ersetzen. Hingegen ist die externe Validität höher im Vergleich zum experimental research, da sich das non-experimental research nicht auf künstlich geschaffene Situationen bezieht.[222] Die Auswertung und Analyse der erhobenen Daten erfolgt sowohl im non-experimental als auch im experimental research regelmäßig anhand statistischer Verfahren, die insbesondere im non-experimental research oftmals eine Herausforderung für die Forscher darstellen.[223]

Archival research basiert auf objektiven Daten, Datenbanken und Archiven. Die Erhebung der Daten erfolgt regelmäßig durch Dritte ohne Bezug zu spezifischen Forschungsprojekten. Hierzu zählen z. B. historische Marktdaten wie Börsenkurse oder Daten aus den Jahresabschlüssen von Unternehmen (z. B. Compustat und Center for Research in Security Prices (CRSP)).[224] Im Gegensatz zum archival research existieren beim *field study* und *survey research* die Daten vor dem Forschungsprojekt noch nicht. *Field studies* erheben detailreiche Daten durch direkten und intensiven Kontakt mit Individuen in natürlichen Situationen. Dazu zählen z. B. intensive Interviews oder die Beobachtung von Handlungen eines Managers am Arbeitsplatz. *Surveys* erheben Daten durch die Befragung von Individuen zu spezifischen Themenbereichen anhand

---

gleich zu Laborexperimenten, da alternative Einflussfaktoren in der Form von „unterschiedlichen Situationen" nicht ausgeschlossen werden können. Im Gegensatz dazu ist die externe Validität von Feldexperimenten im Vergleich zu Laborexperimenten höher. Feldexperimente spielen allerdings eine untergeordnete Bedeutung im accounting research und werden im Folgenden nicht weiter betrachtet. Vgl. auch *Hageman* (2008), S. 10 f.; 15 f.; *Kerlinger/Lee* (2000), S. 579–585. Vgl. zur Validität nochmals Kapitel 2.2.2.2.

[221] Vgl. zur Abgrenzung insbesondere *Kerlinger/Lee* (2000), S. 558–560, sowie *Maines/Salamon/Sprinkle* (2006), S. 94; *Ryan/Scapens/Theobald* (2002), S. 122; *Wallace* (1991), S. 25.

[222] Vgl. *Diekmann* (2011), S. 329 f.; *Smith* (2011), S. 146; *Kromrey* (2009), S. 501–503; *Hageman* (2008), S. 4 f.; *Wallace* (1991), S. 25.

[223] Vgl. für das accounting research z. B. *Smith* (2011), S. 62–92; *Ryan/Scapens/Theobald* (2002), S. 117–131; *Wallace* (1991), S. 41 f., sowie zur Analyse empirischer Daten *Diekmann* (2011), S. 658–741; *Kerlinger/Lee* (2000), S. 191–220. Vgl. zu Problemen mit dem Datenmaterial bei der Kapitalmarktforschung z. B. *Zwergel* (2010).

[224] Vgl. zum archival research *Coyne et al.* (2010), S. 634; *Oler/Oler/Skousen* (2010), S. 668; *Hageman* (2008), S. 4–9; *Maines/Salamon/Sprinkle* (2006), S. 94; *Wallace* (1991), S. 10. Einen Überblick über verschiedene Datenbanken für das accounting research findet sich bei *Monash University* (2012) und speziell für das tax research in accounting bei *Holland/Mawani/Lymer* (2005).

von Fragebögen. Dies kann z. B. durch persönliche Interviews oder schriftliche Befragungen geschehen.[225]

Die dominante Forschungsmethode im accounting research stellt das archival research dar. Sie kommt zumeist im economics based accounting research zur Anwendung. Im Rahmen des behavioral accounting research dominiert das experimental research.[226]

3.3 Tax research in accounting: Betriebswirtschaftliche Steuerforschung

3.3.1 Entstehungsgeschichte

Zwischen der Entstehung des tax research in accounting in den USA und der Etablierung der Betriebswirtschaftlichen Steuerlehre in Deutschland bestehen auffällige Gemeinsamkeiten.[227] Beide haben ihren Ursprung in der Feststellung einer unzureichenden – oftmals juristisch geprägten – steuerlichen Beratungspraxis und der Forderung nach einer besseren theoretischen Vorbildung in Steuerangelegenheiten an den Hochschulen. So bemängelt *Sommerfeld* „the study of law, as currently structured, leaves much to be desired in the way of an adequate preparation for tax work" und *Bickford* kommt zu dem Schluss, „that tax practice has now reached such proportions (...) that it warrants major attention from the universities".[228] Ebenso wird die Einführung einer eigenen Disziplin gefordert, die neben rechtlichen Fragestellungen insbesondere auf betriebswirtschaftliche Probleme der Besteuerung eingeht: „A tax course is needed to develop an awareness of the tax implications of business decisions."[229] Die Entwicklung einer eigenständigen Disziplin begann in den USA mit der Einführung betriebswirtschaftlicher Studiengänge mit steuerlichem Fokus (masters of taxation degree pro-

---

[225] Vgl. zum field study und survey research *Oler/Oler/Skousen* (2010), S. 668; *Hageman* (2008), S. 14 f., 19 f.; *Maines/Salamon/Sprinkle* (2006), S. 94; *Merchant/Van der Stede* (2006), S. 118 f. Vgl. zu Abgrenzungsproblemen *Smith* (2011), S. 130; *Anderson/Widener* (2007), S. 320 f.; *Kerlinger/Lee* (2000), S. 599.

[226] Vgl. zur Verwendung der Forschungsmethoden *Trotman/Tan/Ang* (2011), S. 280; *Coyne et al.* (2010), S. 637 f.; *Oler/Oler/Skousen* (2010), S. 650–654; *Kachelmeier* (2011), S. 2205 f.; *Kachelmeier* (2010), S. 2183 f.; *Kachelmeier* (2009), S. 2056 f.; *Maines/Salamon/Sprinkle* (2006), S. 94; *Koonce/Mercer* (2005), S. 175 f.; *Waller* (2002), S. 102–105.

[227] Ähnlich *Wacker* (1986), S. 269. Das Entstehen der Betriebswirtschaftlichen Steuerlehre kann mit dem Erscheinen der Aufsätze von Franz Findeisen auf die Jahre 1919/1920 datiert werden. Vgl. hierzu *Marx* (2009), S. 32 f.; *Herzig* (2002), S. 463 f.; *Fischer/Schneeloch/Sigloch* (1980), S. 699; *Rose* (1970), S. 521–523. Nach *Schneider* (1991), S. 177–181, lassen sich Arbeiten, die zur Betriebswirtschaftlichen Steuerlehre gerechnet werden können, bereits deutlich früher finden. Vgl. auch *Treisch* (2006); *Seibold* (2002), S. 31–34.

[228] *Sommerfeld* (1966), S. 41 [erstes Zitat]; *Bickford* (1952), Preface (zitiert nach *Sommerfeld* (1966), S. 38) [zweites Zitat]. Vgl. zum Ursprung in Deutschland insbesondere *Rose* (1970), S. 32 f. (über Franz Findeisen).

[229] *Boyd* (1960), S. 728. Vgl. auch *Sommerfeld* (1966), S. 40–44.

grams) in den 1970er Jahren.[230] Ihre institutionelle Etablierung lässt sich auf die Gründung der American Taxation Association (ATA) im Jahr 1974 und die spätere Aufnahme der ATA als Sektion der American Accounting Association (AAA) im Jahr 1978 datieren.[231]

In den business schools und hier insbesondere in den accounting departments musste sich das tax research in accounting die wissenschaftliche Anerkennung allerdings erst verdienen. Problematisch war insbesondere die wissenschaftliche Ausbildung der Steuerprofessoren bzw. -dozenten, da diese zumeist keinen akademischen Doktortitel besaßen. Vielmehr handelte es sich oftmals um Certified Public Accountants oder Juristen aus der Praxis, deren steuerrechtlich orientierte Arbeiten (legal-based research) sich von der empirischen Forschung (empirical-based research) akademisch ausgebildeter Professoren anderer betriebswirtschaftlicher Bereiche erheblich unterschieden.[232] Im Fokus des tax research in accounting stand das Auffinden einer „competent professional conclusion to a tax problem."[233] Die Aufstellung von Hypothesen und deren empirische Überprüfung im Sinne des positiven Forschungsansatzes im accounting spielte keine bzw. eine untergeordnete Rolle.[234]

Um wissenschaftlich respektiert zu werden, musste sich das tax research in accounting an die wissenschaftlichen Standards im accounting anpassen. So stellten *Seago et al.* zunächst fest, dass „tax accounting academicians must function within an accounting department (or school) which is part of a college of business; thus tax accounting academicians must earn the support and respect of their nontax colleagues" und gaben die Empfehlung: „Tax research can be made more acceptable to our colleagues by (…) conforming tax research to our colleagues' standards." Diese wissenschaftlichen Standards „are expressed in the selection of articles for publication in universally highly regarded accounting journals".[235] Insofern haben die oben dargestellten Entwicklungen im accounting research einen großen, wenn auch zeitverzögerten Einfluss auf

---

[230] Vgl. die Untersuchung zum „master in taxation" von *Lubell/Broden* (1975). Vgl. auch *Wacker* (1986); *Wacker* (1977).

[231] Vgl. hierzu und zur Geschichte der American Taxation Association *Crumbley* (1987). So auch *Wagner* (2004), S. 237.

[232] Vgl. *Enis* (1991), S. VI; *Crumbley* (1987), S. 86; *Lubell/Broden* (1975), S. 172 f.

[233] *Crumbley et al.* (1974), S. 178.

[234] Vgl. *Outslay et al.* (1989), S. 96, die zwischen „legal-based" und „empirical-based" tax research unterscheiden, sowie *Crumbley et al.* (1974), S. 177 f., die das tax research in das (professional) „tax compliance and planning research" und das (academic) „tax analysis research" unterteilen. Andere Einteilungen des tax research finden sich bei *Gardner/Stewart/Worsham* (2000), S. 3–8; *Brighton/Michaelsen* (1985), S. 77.

[235] *Seago et al.* (1987), S. 90 [erstes Zitat], 91 [zweites und drittes Zitat]. Ähnlich bereits *Crumbley et al.* (1974), S. 180–184. Vgl. zur zeitlich vorgelagerten „Akademisierung" des accounting im Allgemeinen *Heck/Jensen* (2007), S. 117–120; *Williams* (2003), S. 252; *Lee* (1995), S. 245–250; *Bricker/Previts* (1990), S. 10–14.

das tax research in accounting.[236] Es kam in den späten 1980er Jahren zu einem „shift in emphasis from professional to academic publications"[237]. Veröffentlichungen steuerrechtlich geprägter Arbeiten in professional journals galten seither als „unwissenschaftlich" und wurden durch einen positiven Forschungsansatz, wie er im accounting üblich ist, ersetzt.[238] Diese Entwicklung gilt als die Geburtsstunde der *wissenschaftlichen* Disziplin des tax research in accounting.[239] Zu den bedeutendsten akademischen Publikationsorganen des tax research in accounting haben sich das *Journal of the American Taxation Association* und *Advances in Taxation* entwickelt.[240] Durch die Übernahme der Forschungsstandards des accounting research werden Forschungsergebnisse auch in den prestigeträchtigen Top Accounting-Zeitschriften veröffentlicht. Dazu zählen für das tax research in accounting vor allem das *Journal of Accounting and Economics*, das *Journal of Accounting Research* und *The Accounting Review*.[241]

3.3.2 Aufgaben des tax research in accounting

Wie bereits oben dargestellt, dominiert im tax research in accounting ein positiver Forschungsansatz. Steuerrechtliche Arbeiten werden explizit nicht zur Forschung gerechnet. Die Forschung im tax research in accounting lässt sich grundsätzlich in *tax policy*, *tax planning* und *tax compliance* einteilen.[242] Diese Teilbereiche sind allerdings nicht völlig losgelöst voneinander zu betrachten, da zwischen ihnen enge Verbindungen bestehen, sodass eine trennscharfe Unterteilung der Forschung nicht immer möglich ist.

---

[236] So auch *Hutchison/White* (2003), S. 101 (Fn. 3); *Outslay et al.* (1989), S. 97.

[237] *Enis* (1991), S. VI. Eine Liste über Zeitschriften mit „chiefly academic audience" und „chiefly professional audience" findet sich bei *Kozub/Sanders/Raabe* (1990), S. 96. *Christensen/Latham* (2007), geben einen Überblick über die Entwicklung von Veröffentlichungen im Zeitverlauf.

[238] Vgl. *Hutchison/White* (2003), S. 101, 106–108; *Shackelford/Shevlin* (2001), S. 322; *Enis* (1991), S. VI; *Seago et al.* (1987). Einen Überblick über Dissertationen vor diesem „Umbruch" geben *O'Neil/Cathey/Flesher* (1988); *Brighton/Michaelsen* (1985). In dieser Hinsicht unterscheidet sich die Betriebswirtschaftliche Steuerlehre vom tax research in accounting. In Deutschland ist es durchaus üblich, dass sich Fachvertreter der Betriebswirtschaftlichen Steuerlehre auch zu steuerrechtlichen Fragestellungen äußern, auch wenn dies keine eigenständige Aufgabe der Betriebswirtschaftlichen Steuerlehre darstellt. Vgl. z. B. *Wagner* (2004), S. 245–249; *Fischer/Schneeloch/Sigloch* (1980), S. 700. Ein Grund für diese Entwicklung kann in der untergeordneten Rolle der Steuerrechtswissenschaft an den juristischen Fakultäten in Deutschland gesehen werden. Insofern bestand in Deutschland ein Bedarf an steuerrechtlichen Arbeiten in der Betriebswirtschaftlichen Steuerlehre. In den USA wurde dieser Bedarf durch die juristischen Fakultäten gedeckt. Vgl. *Wacker* (1986), S. 270; *Ault* (1975).

[239] So *Watrin* (2011), S. 299; *Shackelford/Shevlin* (2001), S. 322.

[240] Vgl. *Hutchison/White* (2004), S. 183–186. Vgl. auch die Zeitschriftenrankings für das tax research in accounting bei *Lowensohn/Samelson* (2006); *Ballas/Theoharakis* (2003), S. 638 f.

[241] Vgl. *Coyne et al.* (2010), S. 638; *Oler/Oler/Skousen* (2010), S. 655, 659 f.; *Bonner et al.* (2006), S. 679–682; *Lowensohn/Samelson* (2006), S. 233; *Hutchison/White* (2004), S. 183–186.

[242] Vgl. *Shevlin* (1999), S. 428. Ähnlich *Hutchison/White* (2003), S. 105 f.; *Bonner/Davis/Jackson* (1991).

Hinzu kommt, dass eine Abgrenzung des tax research in accounting gegenüber non-accounting tax research (insbesondere economics) oftmals schwierig ist, da sie sich teilweise mit den gleichen Fragen beschäftigen. „Thus, defining tax research in accounting becomes imprecise at best."[243]

Einen Ansatzpunkt zur Abgrenzung des accounting vom non-accounting tax research liefert die *hierarchy of behavioral responses to taxation* von Slemrod.[244] Danach lassen sich die Verhaltensreaktionen von Steuerpflichtigen anhand ihrer Reaktionsempfindlichkeit grundsätzlich in zwei Kategorien unterteilen. In der ersten Kategorie und damit am schnellsten auf „Steuern" reagieren Steuerpflichtige mit sog. *Ausweichhandlungen* (avoidance responses). Diese zielen lediglich darauf ab, die bereits umgesetzten realen wirtschaftlichen Aktivitäten des Steuerpflichtigen anders darzustellen. Zu diesen Reaktionen zählen z. B. das Timing von Transaktionen (sog. *timing responses*), geographische Einkommensverschiebungen oder Änderungen der Rechnungslegung, die auch als *reporting and accounting choice responses* bezeichnet werden.[245] Erst danach folgen in der zweiten Kategorie Reaktionen im Bereich von *Realentscheidungen* (real responses), d. h. die Änderung der realen wirtschaftlichen Aktivitäten des Steuerpflichtigen. Dazu zählen z. B. Investitions- oder Standortwahlentscheidungen.[246] Die folgende Darstellung auf der nächsten Seite fasst die Verhaltensreaktionen Steuerpflichtiger zusammen.

---

[243] *Shackelford/Shevlin* (2001), S. 325. So auch *Hanlon/Heitzman* (2010), S. 128; *Maydew* (2001), S. 390–392. Arbeiten von Forschern des tax research in accounting werden zudem teilweise in non-accounting Zeitschriften veröffentlicht. Vgl. z. B. *Dhaliwal/Li* (2006); *Lang/Shackelford* (2000). Daneben existieren gemeinsame Arbeiten von tax research in accounting und non-accounting Forschern. Vgl. z. B. *Shackelford/Slemrod/Sallee* (2011); *Graham/Hanlon/Shevlin* (2011); *Graham/Harvey/Rajgopal* (2005); *Graham/Lang/Shackelford* (2004).

[244] Vgl. hierzu *Slemrod* (2001), S. 119, sowie *Slemrod* (2003), S. 147; *Slemrod/Yitzhaki* (2002), S. 1428 f.; *Auerbach/Slemrod* (1997), S. 626 f.; *Slemrod* (1995), S. 175 f.; *Slemrod* (1992), S. 253.

[245] Vgl. *Hanlon/Heitzman* (2010), S. 129; *Shackelford/Slemrod/Sallee* (2009), S. 2.

[246] Eine vergleichbare Unterteilung findet sich bei *Rose* (1992), S. 10, 287, der zwischen *steuerlichen Optionen nach Verwirklichung des Sachverhalts* und *sachverhaltssetzenden Entscheidungen* unterscheidet. Ähnlich *Wagner* (2005), S. 446–453.

```
                    ┌─────────────────────┐
                    │ behavioral responses│
                    │    to taxation      │
                    └─────────────────────┘
                       │              │
          ┌────────────┘              └────────────┐
          ▼                                        ▼
┌─────────────────────┐                 ┌─────────────────────┐
│ avoidance responses │                 │   real responses    │
└─────────────────────┘                 └─────────────────────┘
     │           │
 ┌───┘           └────────┐
 ▼                        ▼
┌────────┐     ┌──────────────────────┐
│ timing │     │    reporting and     │
│        │     │   accounting choice  │
└────────┘     └──────────────────────┘
```

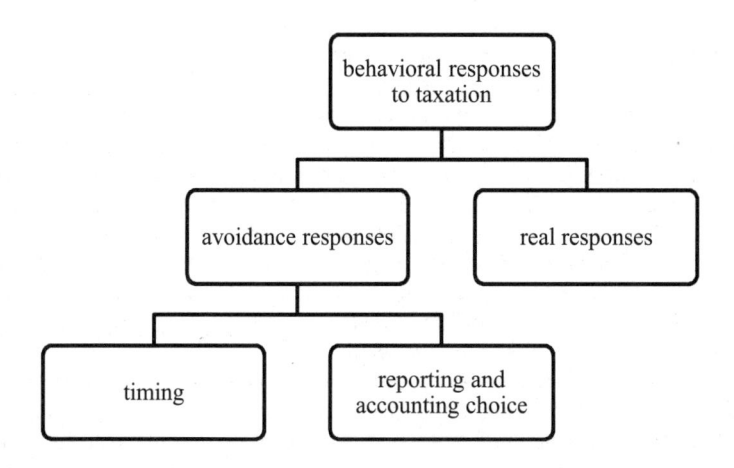

Darstellung 11: Behavioral responses to taxation

Auch wenn eine klare Abgrenzung zum non-accounting tax research nicht immer einwandfrei möglich ist, unterscheidet sich das tax research in accounting von anderen Disziplinen grundsätzlich durch die Betonung institutioneller Details. „Accountants tend to specialize in certain areas of tax research in which they have a comparative advantage over economists and finance researchers. The comparative advantage that accounting researchers most often possess is a superior knowledge of institutional factors, in particular, knowledge of the complexities of the tax law and financial accounting."[247] Daher beschäftigt sich das accounting tax research hauptsächlich mit den Ausweichhandlungen Steuerpflichtiger (erste Kategorie), da hier die institutionellen Details von besonderer Bedeutung sind. Hingegen beschäftigt sich das non-accounting tax research eher mit den realen Reaktionen, bei denen institutionelle Details eine untergeordnete Rolle spielen.[248] Die einzelnen Teilbereiche des tax research in accounting und ihre Verbindungen sollen im Folgenden kurz dargestellt werden.

Im Rahmen des *tax policy research* sollen dem Gesetzgeber Informationen für die Ausgestaltung des Steuerrechts bereitgestellt werden. In diesem Zusammenhang beschäftigt sich das tax policy research mit der Wirksamkeit und Effizienz von Steuerrechtsnormen in Bezug auf die Ziele der Steuerpolitik (z. B. Erzielung von Einnahmen, Umverteilung sowie Förderung von Wachstum).[249] Die Forschung lässt sich grund-

---

[247] *Maydew* (2001), S. 394. So auch *Hanlon/Heitzman* (2010), S. 128. Vgl. zu den „comparative advantages" auch *Gentry* (2007), S. 96–98; *Plesko* (2006), S. 600.

[248] Vgl. auch *Shackelford/Slemrod/Sallee* (2009), S. 1 f.; *Macnaughton/Mawani* (2005), S. 167 f.; *Slemrod* (2003), S. 147 f.

[249] Vgl. *Shevlin* (1999), S. 428 f.

sätzlich in zwei Bereiche unterteilen. Zum einen die rein *positive* Analyse der Auswirkungen von Steuerrechtsänderungen und zum anderen (praktisch-) *normative* Gestaltungsempfehlungen zur Ausgestaltung des Steuerrechts an den Gesetzgeber.[250] Im Rahmen der *positiven* Forschung kann das tax policy research den Gesetzgeber ex post über die Auswirkungen umgesetzter Steuerrechtsänderungen informieren oder ex ante die zu erwartenden Effekte einer möglichen Steuerrechtsänderung bestimmen. Im Gegensatz zur rein deskriptiven ex post Dokumentation der Auswirkungen von Steuerrechtsänderungen können die zu erwartenden ex ante Effekte einer Gesetzesänderung nur auf Grundlage einer Theorie abgegeben werden. Da solche Theorien oftmals fehlen, beschränkt sich das tax policy research auf die ex post Dokumentation der Auswirkungen von Steuerrechtsänderungen auf bestimmte Zielgrößen, wie z. B. der Steuerlastenverteilung. Sie ist rein ergebnisorientiert und beschäftigt sich nicht mit der Überprüfung von Hypothesen, wie und warum sich Steuerrechtsänderungen auswirken. Auf Grund ihres Charakters als „narrow technical tax research"[251] spielt diese Art der Forschung keine bedeutende Rolle im *academic* tax research in accounting. Vorschläge an den Gesetzgeber im Sinne von (praktisch-) *normativen* Gestaltungsempfehlungen werden auf Grund ihres präskriptiven bzw. normativen Charakters nicht gegeben. Hier scheint allerdings langsam ein Umdenken stattzufinden. So äußert sich *Shevlin* zu normativen Fragestellungen wie folgt: „Not much has been policy-motivated with normative overtones (although this is changing in recent times). We have left this area to the public economists, and I think it is time we started contributing to this debate."[252] Insgesamt bleibt festzuhalten, dass das tax policy research im tax research in accounting bislang keine bedeutende Rolle spielt.[253]

Tax planning research macht den Großteil der Forschung im tax research in accounting aus. Es basiert im Wesentlichen auf der mikroökonomischen Perspektive des Scholes/Wolfson-Framework.[254] Hier geht es um den Einfluss von Steuern auf Entscheidungen (entscheidungsorientierte Perspektive) bzw. um die Beantwortung der Frage „How do taxes influence choices studied?"[255] Praktisch-normative Aussagen in Form von Gestaltungsaussagen an Steuerpflichtige stehen hierbei nicht im Vordergrund. Dieser Bereich wird von der Forschung abgegrenzt und der Lehre zugeordnet.[256] „Rather it adopts a positive approach in an attempt to explain the role of taxes

---

[250] Vgl. *Shevlin* (2007), S. 91. Vgl. zu den folgenden Ausführungen zum tax policy research *Shevlin* (2007), S. 88 f.; *Shevlin* (1999), S. 428–430; *Brighton/Michaelsen* (1985), S. 77.

[251] *Shevlin* (1999), S. 430.

[252] *Shevlin* (2007), S. 88. Ähnlich *Hanlon/Heitzman* (2010), S. 129, 168 f.

[253] Vgl. auch *Hanlon/Heitzman* (2010), S. 129; *Shevlin* (2007), S. 91; *Slemrod* (2003), S. 147; *Hutchison/White* (2003), S. 106; *Shevlin* (1999), S. 429 f.

[254] Vgl. *Hutchison/White* (2004), S. 106–108, 120.

[255] *Shevlin* (1999), S. 431. Vgl. auch *Shackelford/Shevlin* (2001), S. 321.

[256] Vgl. *Seago et al.* (1987), S. 92.

in organizations."²⁵⁷ Die Ergebnisse über den Einfluss der Besteuerung auf Entscheidungen dienen wiederum als theoretische Grundlage für das tax policy research, da angegeben werden kann, wie und warum sich bestimmte Regelungen (tax policies) auf das Entscheidungsverhalten auswirken.²⁵⁸ Insoweit bestehen zwischen tax policy und tax planning research enge Verbindungen.

Tax compliance research bildet die zweit wichtigste Säule des tax research in accounting.²⁵⁹ Es beschäftigt sich damit zu klären, welche Faktoren einen Einfluss auf den Willen bzw. die Bereitschaft von Individuen zur Befolgung von steuerlichen Deklarations- und Dokumentationspflichten haben.²⁶⁰ Arbeiten in diesem Bereich fokussieren sich auf die am steuerlichen Deklarations- und Dokumentationsprozess beteiligten Gruppen der Steuerfachleute/Steuerberater (tax professionals) und der Steuerpflichtigen (taxpayers).²⁶¹ Insofern beschäftigt sich das tax compliance research ebenfalls mit dem Einfluss von Steuern auf Entscheidungen, legt den Schwerpunkt aber auf Entscheidungen im Zusammenhang mit steuerlichen Deklarations- und Dokumentationspflichten (z. B. die bewusste Steuerhinterziehung). Die Ergebnisse des (positiven) tax compliance research dienen wiederum als Ausgangspunkt für das tax policy research.²⁶²

Wie bereits angedeutet, bestehen zwischen den Teilbereichen des tax research in accounting Verbindungen. Tax planning und tax compliance research lassen sich auch unter dem Begriff des *positive* bzw. *empirical-based research* zusammenfassen. „The objective of this type of research is to discover how tax provisions and tax administration affect the decisions of firms and individuals." Die Ergebnisse dieser empirischen Steuerwirkungsforschung „may enable tax policy makers and tax administrators to assess the consequences of prior or future decisions and make better informed policy choices."²⁶³ Insofern lassen sich das tax planning und tax compliance research dem *Erkenntnisziel* zuordnen, wohingegen das tax policy research dem *Gestaltungsziel* dient (siehe die folgende Darstellung auf der nächsten Seite).

---

[257] *Shackelford/Shevlin* (2001), S. 322. Vgl. auch *Macnaughton/Mawani* (2005), S.168; *Shevlin* (1999), S. 430 f.

[258] Vgl. *Hanlon/Heitzman* (2010), S. 146; *Shevlin* (2007), S. 88 f.

[259] Vgl. *Hutchison/White* (2004), S. 106–108.

[260] Vgl. *Shevlin* (1999), S. 431. Allerdings gibt es in der Literatur keine eindeutige Definition, was unter tax compliance zu verstehen ist. Einen Überblick geben z. B. *Kirchler* (2007), S. 21–23; *James* (2006), S. 595 f.; *James/Alley* (2002), S. 29–32.

[261] Vgl. z. B. *O'Neil/Samelson* (2001), S. 105.

[262] Vgl. z. B. *James* (2006), S. 596 f.

[263] *Outslay et al.* (1989), S. 96 [beide wörtlichen Zitate]. Ähnlich *Crumbley et al.* (1974), S. 180, die den Begriff „tax analysis research" verwenden.

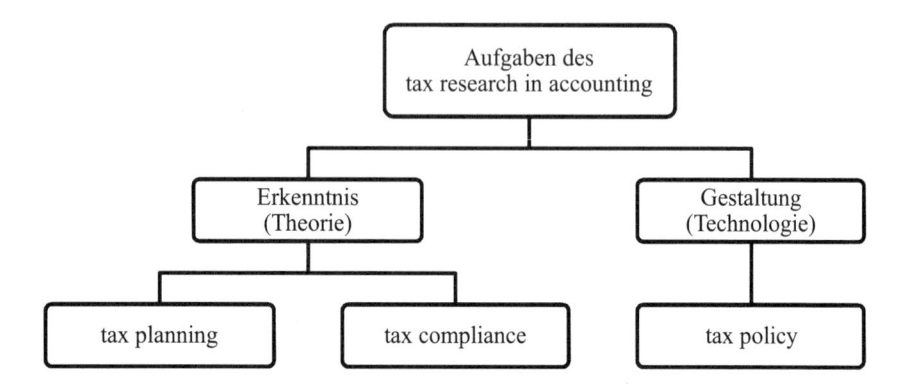

```
        Aufgaben des
     tax research in accounting
     /                        \
Erkenntnis                Gestaltung
(Theorie)                (Technologie)
  /        \                   |
tax planning   tax compliance   tax policy
```

Darstellung 12: Aufgaben des tax research in accounting

Auffällig ist, dass alleine Gestaltungsempfehlungen an den Gesetzgeber grundsätzlich zum (wissenschaftlichen) tax research gerechnet werden, wohingegen Gestaltungsempfehlungen im Rahmen der Steuerplanung der praxisorientierten „legal-based" Lehre zugerechnet werden. Der Grund für diese Unterscheidung kann in der unterschiedlichen Verwendbarkeit der Ergebnisse des tax planning und tax compliance research für Gestaltungsempfehlungen gesehen werden. Nach *Outslay et al.*, „its primary value is to "policymakers." Rarely does this research have immediate "practical" implications for tax practitioners."[264] Gestaltungsempfehlungen an Praktiker haben damit keinen Berührungspunkt mit der empirischen Steuerwirkungsforschung und werden nicht der Forschung zugeordnet.[265]

3.4 Zwischenergebnis

In Bezug auf die wissenschaftliche Beschäftigung mit Steuern bestehen zwischen Deutschland und den USA Parallelen. In beiden Ländern ist die Besteuerung Gegenstand vergleichbarer Disziplinen. Die betriebswirtschaftliche Steuerforschung findet in den USA unter dem Dach des accounting research statt und wird als tax research in accounting bezeichnet. Wie die Betriebswirtschaftliche Steuerlehre beschäftigt sich das tax research in accounting mit dem Einfluss von Steuern auf Entscheidungen. Inso-

---

[264] *Outslay et al.* (1989), S. 96 f. Dies gilt auch für das tax professionals decision making im tax compliance research (siehe hierzu Kapitel 5.2.2.2). Dort wird zwar u. a. das Ziel verfolgt, Empfehlungen an Praktiker zu geben, die Forschung beschränkt sich zumeist jedoch auf die positive Analyse ohne explizite Gestaltungsempfehlungen abzuleiten. Vgl. auch *Roberts* (1998), S. 78 f., 81, 106.

[265] Dies entspricht somit dem (neuen) Verständnis von Steuerplanungs- und Steuergestaltungslehre in der Betriebswirtschaftlichen Steuerlehre. Vgl. hierzu nochmals Kapitel 2.3.

3 Grundlagen der betriebswirtschaftlichen Steuerforschung in den USA

fern handelt es sich beim tax research in accounting grundsätzlich um eine der Betriebswirtschaftlichen Steuerlehre vergleichbare Disziplin.

Als „Mutterdisziplin" hat das accounting research einen großen Einfluss auf die Vorgehensweise im tax research in accounting. Anhand der theoretischen Basis, der Themenschwerpunkte und der Forschungsmethoden lässt sich die im accounting research dominierende Forschung durch folgende Merkmale systematisch charakterisieren:

- Positiver Forschungsansatz zur Erklärung von Rechnungslegungsphänomenen,
- dessen theoretische Basis im Wesentlichen durch die Disziplinen economics und finance geprägt wird (economics based research) und
- durch die empirische Forschung in Form des archival research überprüft wird.

Hinsichtlich der Entstehungsgeschichte bestehen zwischen tax research in accounting und Betriebswirtschaftlicher Steuerlehre auffällige Gemeinsamkeiten. Beide entstanden aus der Forderung nach einer theoretischen Vorbildung in Steuerangelegenheiten an den Hochschulen.

In Bezug auf die Aufgaben bzw. Teilbereiche ist deutlich geworden, dass das tax planning research und das tax compliance research die wichtigsten Forschungsbereiche im tax research in accounting darstellen. Tax policy research im Sinne von Gestaltungsempfehlungen an den Gesetzgeber spielt keine bedeutende Rolle.[266] Daher konzentrieren sich die folgenden Ausführungen auf die beiden Hauptbereiche der Forschung, d. h. auf das tax planning research und das tax compliance research. Beide Bereiche werden im Folgenden anhand der drei Dimensionen *Theoretische Basis*, *Themenschwerpunkte* und *Forschungsmethoden* systematisch dargestellt und charakterisiert.

---

[266] *Shevlin* (2007), S. 88 (Fn. 2), nennt als (einzige) Ausnahme *Mills/Plesko* (2003). Vgl. dazu auch *Moehrle et al.* (2009), S. 430–432.

4 Tax planning research

4.1 Theoretische Basis: Scholes/Wolfson-Framework

Wie bereits angedeutet, basiert das tax planning research im Wesentlichen auf der mikroökonomischen Perspektive des Scholes/Wolfson-Framework, sodass auch von einem „microeconomic approach to tax planning" gesprochen wird.[267] *Macnaughton/Mawani* beschreiben den mikroökonomischen Ansatz wie folgt:

> „*[E]ach economic agent is assumed to be maximizing an objective function subject to constraints. Taxes are one component of this problem, since almost any business is required to pay taxes. Investigating this aspect of behavior with the tools of modern finance and economics brings taxplanning research into the company of the more familiar fields of applied microeconomics such as (...) principal-agent behavior, and public finance.*"[268]

Nach *Shackelford/Shevlin* beschäftigt sich die Forschung innerhalb des Scholes/Wolfson-Framework mit dem Vorhandensein und dem Ausmaß des Steuereinflusses auf Entscheidungen. Es lässt sich folglich durch die folgenden drei Fragen charakterisieren: „*Do taxes matter? If not, why not? If so, how much?*"[269] Die Mehrheit der Forschung beschäftigt sich mit der Beantwortung dieser Fragen im Zusammenhang mit Unternehmensentscheidungen (business decisions), da das accounting research hier seine Wettbewerbsvorteile in Form der Kenntnis institutioneller Details (insbesondere des Steuerrechts und financial reporting) am besten einsetzen kann.[270]

Das Hauptaugenmerk des Scholes/Wolfson-Framework liegt auf der Identifizierung der Merkmale effektiver Steuerplanung (effective tax planning). Es besteht aus den drei zentralen Merkmalen *all parties* (alle Parteien), *all taxes* (alle Steuern) und *all costs* (alle Kosten). *Scholes/Wolfson* erläutern diese Merkmale wie folgt:

- „Effective tax planning requires the planner to consider the implications of a proposed transaction for all parties of the transaction."
- „Effective tax planning requires the planner, in making investment and financing decisions, to consider not only explicit taxes (tax dollars paid directly to taxing authorities) but also implicit taxes (taxes paid indirectly in the form of lower before-tax rates of return on tax-favored investments)."

---

[267] *Macnaughton/Mawani* (2005), S. 168 [wörtliches Zitat]. Vgl. auch *Scholes et al.* (2009), S. 10; *Stern* (2001), S. 135 f.; *Stiglitz/Wolfson* (1988), S. 15.
[268] *Macnaughton/Mawani* (2005), S. 168. Ähnlich *Wilson* (1991), S. 65 f.
[269] *Shackelford/Shevlin* (2001), S. 321. Vgl. auch *Shevlin* (2007), S. 87; *Macnaughton/Mawani* (2005), S. 168.
[270] Vgl. *Hanlon/Heitzman* (2010), S. 128; *Maydew* (2001), S. 394.

4 Tax planning research

- „Effective tax planning requires the planner to recognize that taxes represent only one among many business costs, and all costs must be considered in the planning process: To be implemented, some proposed tax plans may require exceedingly costly restructuring of the business."[271]

All parties bedeutet, dass die Konsequenzen aller Parteien (z. B. Kunden, Lieferanten, Arbeitnehmer, Anteilseigner) berücksichtigt werden. Beispielsweise werden im Rahmen der Entlohnung sowohl die steuerlichen Auswirkungen auf Ebene des Arbeitgebers als auch des Arbeitnehmers berücksichtigt, um zu einem beiderseits zufriedenstellenden Ergebnis zu gelangen.[272] Angenommen das Steuerrecht sieht für die Besteuerung des Arbeitsentgelts von Aushilfen ein Wahlrecht vor, wonach entweder die Aushilfe ihr Arbeitsentgelt individuell mit ihrem persönlichen Einkommensteuersatz versteuert oder aber der Arbeitgeber das Arbeitsentgelt pauschaliert mit 2 % versteuert.[273] Die Frage der Besteuerung des Arbeitsentgelts einer Aushilfe lässt sich nur unter Einbezug beider Parteien sinnvoll klären. Liegt die persönliche Einkommensteuer des Arbeitnehmers über der Pauschalsteuer, werden sich beide Parteien auf die Pauschalsteuer verständigen und die steuerlichen Vorteile untereinander aufteilen. Zahlt der Arbeitgeber beispielsweise einen Stundenlohn von 10 € vor Steuern, würden dem Arbeitgeber nach Abzug seiner persönlichen Einkommensteuer (annahmegemäß 15 %) 8,50 € verbleiben. Übernimmt der Arbeitgeber hingegen die Pauschalsteuer von 2 %, müsste er nur 8,67 € (8,50 € + 0,17 € Pauschalsteuer) vor Steuern aufwenden, um seinem Arbeitnehmer weiterhin 8,50 € netto zu zahlen. Den Vorteil dieser Gestaltung können beide Parteien in Verhandlungen untereinander aufteilen, sodass beide davon profitieren.

All taxes bezieht sich auf die Einbeziehung aller Steuern, d. h. sowohl an den Fiskus direkt gezahlte (explizite) Steuern als auch an andere Parteien durch niedrigere Vorsteuerrenditen (implizit) gezahlte „Steuern". Ein klassisches Beispiel für die Notwendigkeit, alle Steuern einzubeziehen, sind *municipal bonds*. Diese von den Bundesstaaten oder Gemeinden in den USA ausgegebenen Anleihen sind nach Sec. 103 IRC regelmäßig steuerbefreit, d. h. auf die Zinszahlungen sind keine Bundessteuern zu zahlen. Die expliziten Steuern betragen somit 0 € und die Vorsteuerrendite entspricht der Nachsteuerrendite. Die Vorsteuerrendite einer steuerpflichtigen Anleihe gleichen Risikos ist hingegen höher als ihre Nachsteuerrendite, da explizite Steuern an den Fiskus zu zahlen sind. Ein Investor ist indifferent zwischen den municipal bonds und einer steuerpflichtigen Anleihe gleichen Risikos, wenn die Nachsteuerrenditen beider Anlagen übereinstimmen (sog. marginaler Investor). Es würde keinen Unterschied machen, ob er eine steuerfreie Verzinsung von 7 % erhält oder aber eine steuerpflichtige Ver-

---

[271] Scholes et al. (2009), S. 2 [im Original teilweise fett].

[272] Vgl. hierzu ausführlich *Scholes et al.* (2009), S. 232–266; *Stern* (2001), S. 138 f.; *Shevlin* (1999), S. 433 f.; *Stiglitz/Wolfson* (1988), S. 16.

[273] Eine solche Regelung existiert beispielsweise im deutschen Steuerrecht (§ 40 Abs. 2 EStG).

4 Tax planning research

zinsung von 8,75 % bei einem marginalen Steuersatz von 20 %. In beiden Situationen beträgt die Nachsteuerrendite 7 % (0,07*(1-0) = 0,0875*(1-0,2)). Der Investor ist daher im Falle von municipal bonds bereit, eine, im Vergleich zu steuerpflichtigen Anleihen gleichen Risikos, niedrigere Vorsteuerrendite zu akzeptieren. Steuern wirken sich demnach auf die Vorsteuerrendite der steuerfreien municipal bonds aus. Durch seinen Verzicht auf 1,75 % Vorsteuerrendite zahlt der Investor implizit 20 % „Steuern" an den Emittenten der municipal bonds. In beiden Situationen ist die Gesamtsteuerrate (explizite und implizite Steuerrate) identisch; sie beträgt 20 %.[274]

All costs umfasst die Berücksichtigung aller Kosten im Rahmen der Planung. Dementsprechend sind nicht nur die Vorteile einer Steuerplanungsstrategie, sondern auch die dadurch entstehenden Kosten zu berücksichtigen. Beispielsweise können außersteuerliche Kosten (non-tax costs) entstehen, wenn eine Steuerplanungsstrategie gleichzeitig zu einem niedrigeren handelsrechtlichen Jahresüberschuss oder Eigenkapital führt. Kosten treten hier etwa in Form höherer Zinsforderungen der Kapitalgeber für Fremdkapital auf. Daneben kann die steueroptimale Transferpreisgestaltung zu außersteuerlichen Kosten in Form von fehlenden oder nicht beabsichtigten Anreizwirkungen beim lokalen Management führen, wenn die Gewinne zentral gesteuert werden.[275] Werden steuerliche Vorteile nicht ausgenutzt, ist dies ein Anzeichen für substantielle außersteuerliche Kosten.[276]

Das vornehmliche Ziel des Scholes/Wolfson-Framework ist es, anhand dieser Merkmale den Steuereinfluss auf Entscheidungen zu verstehen bzw. vorherzusagen: „By considering these elements the researcher can better understand and design more powerful experiments to test how taxes influence taxpayers' (…) decisions."[277] Es geht also nicht darum, dem Gesetzgeber oder Steuerpflichtigen Empfehlungen zu geben: „Our primary goal is neither to evaluate the welfare effects of the various tax rules nor to provide narrow training to exploit 'tax loopholes.'"[278] Damit steht das Scholes/Wolfson-Framework im Einklang mit dem positiven Forschungsansatz des

---

[274] Vgl. zu den vorhergehenden Ausführungen *Scholes et al.* (2009), S. 130–160; *Macnaughton/Mawani* (2005), S. 179 f.; *Stern* (2001), S. 139–142; *Stiglitz/Wolfson* (1988), S. 16.

[275] Vgl. z. B. *Baldenius/Melumad/Reichelstein* (2004); *Wolfson* (1993), S. 327 f.

[276] Vgl. zu den vorhergehenden Ausführungen *Scholes et al.* (2009), S. 170–194; *Macnaughton/Mawani* (2005), S. 174–177; *Shackelford/Shevlin* (2001), S. 326–342; *Stern* (2001), S. 142–144.

[277] *Shevlin* (1999), S. 433.

[278] *Scholes et al.* (2009), S. 2. Vgl. auch *Macnaughton/Mawani* (2005), S. 168 f.; *Shackelford/Shevlin* (2001), S. 322; *Stiglitz/Wolfson* (1988), S. 15. Dies schließt allerdings nicht aus, dass das Scholes/Wolfson-Framework als Ausgangspunkt für Empfehlungen an Steuerpflichtige zur Ausnutzung von „tax loopholes" genutzt wird. Vgl. z. B. *Sims/Sunley* (1992), S. 455, wonach das Scholes/Wolfson-Framework „is about maximizing private wealth at the expense of the income tax."

4 Tax planning research

accounting und ist auf Grund seines mikroökonomischen Ansatzes dem economics based accounting research zuzurechnen.

4.2 Themenschwerpunkte

4.2.1 Allgemeiner Überblick

Zu den inhaltlichen Schwerpunkten des tax planning research existieren eine Reihe von Übersichtsartikeln (einen Überblick gibt die folgende Darstellung auf der nächsten Seite).[279] Zu den umfassendsten Arbeiten gehören die im *Journal of Accounting and Economics* erschienenen Aufsätze von *Shackelford/Shevlin* (2001) und *Hanlon/Heitzman* (2010). Beide beschäftigen sich mit dem state of the art des tax planning research. *Shackelford/Shevlin* stellen die noch junge Forschung zum Scholes/Wolfson-Framework bis 2001 dar. *Hanlon/Heitzman* konzentrieren sich auf die neueren Entwicklungen nach *Shackelford/Shevlin* bis heute. Somit decken beide Übersichtsartikel die circa zwanzigjährige Forschung zum tax planning research ab.

---

[279] Daneben existieren Übersichtsartikel über das tax research in den *economics*, die auch für das tax planning research in *accounting* von Bedeutung sein können. Dazu zählen insbesondere die Übersichtsartikel im Handbook of public economics, wie z. B. *Auerbach* (2002); *Hassett/Hubbard* (2002) sowie die Erweiterungen bei *Hassett/Newmark* (2008); *Poterba* (2002). Vgl. auch *Allen/Michaely* (2003).

4 Tax planning research

Jahr	Autor(en)	Titel	Quelle	Schwerpunkte
1999	Shevlin	Research in taxation	Accounting Horizons	Aufgaben des tax research; Scholes/Wolfson-Framework
2001	Shackelford/ Shevlin	Empirical tax research in accounting	Journal of Accounting and Economics	Empirische Forschung zum Scholes/Wolfson-Framework
2001	Maydew	Empirical tax research in accounting: A discussion	Journal of Accounting and Economics	Erweiterungen/Diskussion von Shackelford/Shevlin (2001)
2003[280]	Graham	Taxes and corporate finance: A review	Review of Financial Studies	Scholes/Wolfson-Framework und corporate finance
2007	Shevlin	The future of tax research: From an accounting professor's perspective	Journal of the American Taxation Association	Entwicklung der empirischen Forschung zum Scholes/Wolfson-Framework
2010	Hanlon/ Heitzman	A review of tax research	Journal of Accounting and Economics	Entwicklung/Schwerpunkte der empirischen Forschung seit Shackelford/Shevlin (2001)

Darstellung 13: Übersichtsartikel zum tax planning research

---

[280] Eine ausführlichere Version von *Graham* (2003) findet sich bei *Graham* (2008). Streng genommen handelt es sich hierbei um einen Beitrag des tax research in finance, da sowohl der Verfasser als auch das Publikationsorgan dem Bereich finance zuzurechnen sind. Es bestehen allerdings starke Überschneidungen mit dem tax research in accounting, insbesondere die Behandlung des Scholes/Wolfson-Frameworks. Dies zeigt auch ein Vergleich mit den in *Shackelford/Shevlin* (2001) behandelten Inhalten. Selbst *Shackelford/Shevlin* (2001) zitieren Arbeiten des Verfassers, obwohl sie sich nach eigener Aussage „on areas where accountants have made the greatest contribution" (S. 325) beschränken. Zudem publiziert der Verfasser vermehrt zusammen mit tax research accountants in den Top Accounting-Zeitschriften. Vgl. z. B. *Graham/Raedy/Shackelford* (2012); *Graham/Hanlon/Shevlin* (2011).

4 Tax planning research

Aus diesem Grund werden beide Artikel im Folgenden einer genaueren Betrachtung unterzogen. Grundsätzlich entzieht sich das tax planning research einer einfachen Strukturierung, da es durch eine gewisse Heterogenität der Schwerpunkte gekennzeichnet ist. „Instead of a trunk with major branches", so *Shackelford/Shevlin*, „the tax literature grew like a wild bush, springing in many directions".[281] Ähnlich äußern sich *Hanlon/Heitzman*.[282] Im Folgenden steht daher die Herausarbeitung der Themenschwerpunkte des tax planning research und ihre kurze Darstellung im Vordergrund, mit dem Ziel, die Forschung einer strukturierten und systematischen Betrachtung zu unterziehen. Einzelne empirische Arbeiten und deren Diskussion stehen dabei nicht im Vordergrund.[283] Es soll vielmehr ein systematischer Überblick über das tax planning research mit seinen Schwerpunkten herausgearbeitet werden.

Auf Grund des relativ kurzen Zeitabstands zwischen den Veröffentlichungen von *Shackelford/Shevlin* und *Hanlon/Heitzman* bestehen zwischen beiden Artikeln Überschneidungen. Viele der in *Shackelford/Shevlin* getätigten Aussagen sind heute weiterhin gültig.[284] Um Redundanzen zu vermeiden, werden die Ausführungen zu *Shackelford/Shevlin* – wo relevant – um aktuelle Ergebnisse der Forschung ergänzt. Die Ausführungen zu *Hanlon/Heitzman* fokussieren sich auf nach *Shackelford/Shevlin* neu entstandene Themenschwerpunkte.

4.2.2 Shackelford/Shevlin (2001)

4.2.2.1 Überblick

Shackelford/Shevlin identifizieren in ihrem 2001 erschienenen Literaturüberblick die drei Forschungsbereiche

- tax and non-tax tradeoffs,
- taxes and asset prices und
- multijurisdictional research.[285]

Diese Unterscheidung basiert grundsätzlich auf den Merkmalen des Scholes/Wolfson-Framework. Im Bereich der *tax and non-tax tradeoffs* liegt der Fokus auf dem Merkmal „all costs", wohingegen „all taxes" bei den *taxes and asset prices* im Vordergrund stehen. Die multilaterale „all parties" Betrachtung spielt in beiden Bereichen eine Rol-

---

[281] *Shackelford/Shevlin* (2001), S. 324.
[282] Vgl. *Hanlon/Heitzman* (2010), S. 128.
[283] Der interessierte Leser sei dazu auf die ausführliche Behandlung in den Übersichtsartikeln verwiesen.
[284] So *Shevlin* (2007), S. 88.
[285] Vgl. *Shackelford/Shevlin* (2001), S. 324.

le.²⁸⁶ Der Bereich des *multijurisdictional research* lässt sich nicht anhand der einzelnen Merkmale des Scholes/Wolfson-Framework einordnen. Vielmehr sprechen nach *Shackelford/Shevlin* vor allem pragmatische Gründe dafür, jurisdiktionsübergreifende Betrachtungen als einen eigenen Bereich aufzufassen.²⁸⁷ Auf Grund unterschiedlicher Steuern (Steuersatz und Bemessungsgrundlage) in verschiedenen Jurisdiktionen eignen sich solche Betrachtungen, um den Einfluss von Steuern auf Entscheidungen zu identifizieren. „The fundamental questions", d. h. der Einfluss von Steuern auf Entscheidungen, „which are difficult to test in a single jurisdiction with constant tax rates and bases, can become more tractable in transjurisdictional settings with variable rates and bases."²⁸⁸ Einen Überblick über die Forschungsbereiche in *Shackelford/Shevlin* gibt die folgende Darstellung:

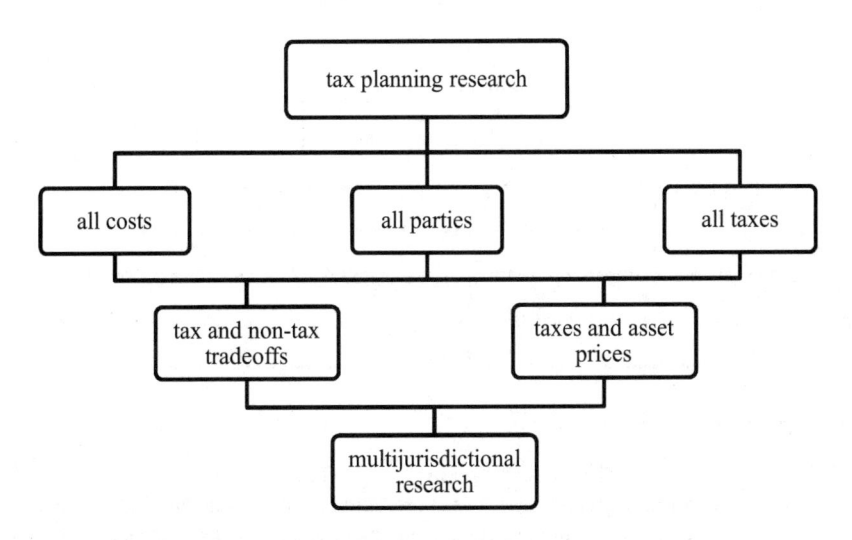

```
                    tax planning research
                    /        |        \
              all costs  all parties  all taxes
                    \       / \       /
               tax and non-tax   taxes and asset
                  tradeoffs         prices
                         \         /
                       multijurisdictional
                            research
```

Darstellung 14: Forschungsbereiche in Shackelford/Shevlin (2001)

4.2.2.2 Tax and non-tax tradeoffs

Der Bereich *tax and non-tax tradeoffs* (Steuern und außersteuerliche Konflikte) befasst sich allgemein mit der Koordination von Steuern und außersteuerlichen Faktoren im Rahmen von Entscheidungen.²⁸⁹ Nach *Shackelford/Shevlin* liegt hier der Schwerpunkt

---

²⁸⁶ Vgl. *Shackelford/Shevlin* (2001), S. 326, 342 f.
²⁸⁷ Vgl. *Shackelford/Shevlin* (2001), S. 360.
²⁸⁸ *Shackelford/Shevlin* (2001), S. 360.
²⁸⁹ Vgl. hierzu und den folgenden Ausführungen *Shackelford/Shevlin* (2001), S. 326–342.

der Forschung: „The largest body of tax research in accounting examines the coordination of taxes and other factors in business decisions."[290] Es geht um die Beantwortung der beiden Fragen: „Do taxes matter? If not, why not?", wobei das Hauptaugenmerk auf der zweiten Frage liegt. In diesem Zusammenhang spielt das Merkmal „all costs" eine bedeutende Rolle. Werden steuerliche Vorteile nicht genutzt, ist dies ein Anzeichen für bedeutende non-tax costs (nicht steuerliche bzw. außersteuerliche Kosten). Oftmals besteht ein Zielkonflikt zwischen Steuerersparnissen und dadurch ausgelösten non-tax costs.[291] Die reine Steuerminimierung ist nicht von Vorteil, wenn die dadurch entstehenden non-tax costs den Steuervorteil überwiegen. Als bedeutendste non-tax costs nennen *Shackelford/Shevlin financial reporting costs* (Kosten der Finanzberichterstattung) und *agency costs* (Agency Kosten oder Agenturkosten).[292] Die folgende Darstellung gibt einen Überblick über die im Folgenden näher zu betrachtenden non-tax costs.

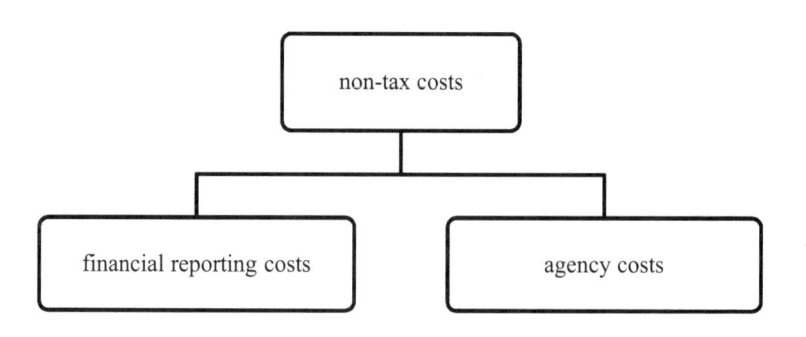

```
                    ┌─────────────────┐
                    │  non-tax costs  │
                    └─────────────────┘
                      │             │
        ┌─────────────────────┐   ┌─────────────┐
        │ financial reporting │   │ agency costs│
        │        costs        │   │             │
        └─────────────────────┘   └─────────────┘
```

Darstellung 15: Überblick non-tax costs

Schwerpunktmäßig beschäftigt sich die Forschung mit den *financial reporting costs*.[293] Dies ist darauf zurückzuführen, dass das tax research in accounting ein Teilbereich des vom financial accounting dominierten accounting research ist. Das financial accounting research hat daher einen starken Einfluss auf das tax research.[294] Financial reporting costs sind die Kosten, die mit einem niedrigeren handelsrechtlichen Jahresüberschuss oder Eigenkapital verbunden sind. Sie treten auf, wenn steueroptimale Hand-

---

[290] *Shackelford/Shevlin* (2001), S. 326.
[291] Vgl. aber *Shackelford/Shevlin* (2001), S. 371.
[292] Vgl. *Shackelford/Shevlin* (2001), S. 326. Vgl. zu non-tax costs auch *Macnaughton/Mawani* (2005), S. 174–176; *Maydew* (2001), S. 393.
[293] Diese Ausführungen basieren im Wesentlichen auf *Shackelford/Shevlin* (2001), S. 326–338, sowie *Scholes et al.* (2009), S. 185–193. Die Begriffe financial accounting und financial reporting werden im Folgenden als Finanzberichterstattung synonym verwendet.
[294] Vgl. *Shackelford/Shevlin* (2001), S. 377.

lungen gleichzeitig den handelsrechtlichen Jahresüberschuss oder das Eigenkapital vermindern. Obwohl die steuerliche Gewinnermittlung (tax accounting) in den USA von der handelsrechtlichen Rechnungslegung (financial reporting) abweichen kann, wirken sich viele steueroptimale Handlungen auch auf das financial reporting gewinnmindernd aus.[295] Es kommt zu einem Konflikt, da zum einen ein niedriges steuerpflichtiges Einkommen (tax income), zum anderen aber hohe handelsrechtliche Jahresüberschüsse (financial reporting income) ausgewiesen werden sollen. Das financial reporting income ist von besonderer Bedeutung, weil (explizite und implizite) Verträge mit Gläubigern, Investoren oder anderen Stakeholdern oftmals auf Basis des financial reporting income formuliert werden.[296] So werden in Kreditverträgen häufig Regelungen aufgenommen (covenants), die das Unterschreiten gewisser Bilanzkennzahlen (z. B. die Eigenkapitalquote) verbieten. Die Verletzung solcher Regelungen führt zum Ausfall des Kredits, was u. a. Restrukturierungs- und Refinanzierungskosten zur Folge hat und somit financial reporting costs verursacht.[297] Daneben kann sich ein niedriges financial reporting income negativ auf die Bewertung des Unternehmens durch Analysten und Investoren auswirken, was zu financial reporting costs in Form von steigenden Finanzierungskosten führen kann.

Die Forschung zu den financial reporting costs konzentriert sich auf die sog. *Ausweichhandlungen* (avoidance responses) Steuerpflichtiger, die lediglich darauf abzielen, die realen wirtschaftlichen Aktivitäten des Steuerpflichtigen anders darzustellen. Hierbei handelt es sich um reporting decisions bzw. accounting method choices im Rahmen der Rechnungslegung.[298] Im Fokus steht der Konflikt zwischen Steuervorteilen (tax savings) und Bilanzpolitik (earnings management).

Ein Beispiel sind die Arbeiten zur Verwendung des LIFO (last in, first out) Verfahrens zur Vorratsbewertung.[299] Aus steuerlicher Sicht ist das LIFO Verfahren bei steigenden Preisen grundsätzlich vorteilhaft, da ein niedrigeres taxable income gegenüber der Verwendung anderer Bewertungsverfahren ausgewiesen wird. Auswirkungen auf das financial reporting ergeben sich durch die umgekehrte Maßgeblichkeit (conformity requirement) des steuerlichen Vorratsbewertungsverfahrens für das financial reporting. Danach ist das LIFO Verfahren im tax accounting nur zulässig soweit eine überein-

---

[295] Vgl. auch *Lischer/Märkl* (1997), S. 106. Allerdings gibt es in den USA keinen Maßgeblichkeitsgrundsatz im Sinne des § 5 Abs. 1 Satz 1 EStG. Vgl. zur Verbindung von financial reporting und tax accounting z. B. *Bippus* (1998), S. 646 f.; *Kahle* (1999); *Kahle* (1997), S. 325; *Lischer/Märkl* (1997), S. 92–106; *Dubroff/Cahill/Norris* (1993); *Haller* (1988).

[296] Vgl. zur Bedeutung des financial reporting income auch *Shackelford/Slemrod/Sallee* (2011), S. 466; *Graham/Harvey/Rajgopal* (2005); *Beneish* (2001), S. 7–10; *Fields/Lys/Vincent* (2001); *Dechow/Skinner* (2000); *Healy/Wahlen* (1999).

[297] Vgl. zu den Kosten der Verletzung von Kreditvereinbarungen z. B. *Beneish/Press* (1993).

[298] Vgl. hierzu *Hanlon/Heitzman* (2010), S. 129.

[299] Vgl. zu diesen Arbeiten *Shackelford/Shevlin* (2001), S. 328–330, sowie *Scholes et al.* (2009), S. 187 f.

4 Tax planning research

stimmende Behandlung der Vorräte auch im financial reporting vorgenommen wird.[300] Steuerliche Vorteile gehen daher zwangsläufig mit einem niedrigeren financial reporting income einher, was financial reporting costs verursacht. Verschiedene Studien haben ergeben, dass Steuern sowohl bei Einführung und Aufgabe des LIFO Verfahrens sowie beim Bestandsmanagement der Vorräte (LIFO layer liquidation) eine bedeutende Rolle spielen. Unter bestimmten Umständen, insbesondere bei hohen Verschuldungsquoten (hohe Wahrscheinlichkeit der Verletzung von Kreditvereinbarungen), werden sie jedoch von financial reporting costs überlagert.[301]

Als weitere Bereiche, in denen das Zusammenspiel von Steuervorteilen und financial reporting costs untersucht wurde, nennen *Shackelford/Shevlin*

- Vergütung/Entlohnung (compensation),
- zeitliche Einkommensverlagerungen (intertemporal income shifting),
- Kapitalstruktur und Desinvestionen (capital structure, divesture, and asset sales),
- regulierte Branchen (regulated industries) und
- andere Bereiche (other settings) als Auffangkategorie.[302]

Die folgende Darstellung auf der nächsten Seite gibt einen kurzen Überblick über die untersuchten Inhalte zum Zusammenspiel von Steuervorteilen und financial reporting costs in diesen Bereichen.

---

[300] Vgl. Sec. 472(c) IRC. Einige Ausnahmetatbestände zu dieser Koppelung finden sich in Reg. Sec. 1.472-2(e)(1) (i)–(viii). Sec. 472(c) IRC spricht nicht vom financial reporting, sondern von einem „report or statement (…) to shareholders, partners, or other proprietors, or to beneficiaries, or for credit purposes." Damit muss nicht nur im financial reporting, sondern in jedem Bericht an die Eigentümer oder Kreditgeber das LIFO Verfahren angewendet werden. Vgl. dazu auch *Bragg* (2011), S. 333; *Lischer/Märkl* (1997), S. 100 f. Einen Überblick über die Rechtsquellen im US-amerikanischen Steuerrecht (z. B. Internal Revenue Code (IRC) und Regulations (Reg.)) geben *Pope/Anderson* (2012), S. C1–7 bis 24; *Jesch/Striegel* (2007), S. 29–39.

[301] Vgl. z. B. *Dopuch/Pincus* (1988) (LIFO Einführung); *Johnson/Dhaliwal* (1988) (LIFO Aufgabe); *Dhaliwal/Frankel/Trezevant* (1994) (LIFO Bestandsmanagement).

[302] Vgl. *Shackelford/Shevlin* (2001), S. 326–338, sowie *Scholes et al.* (2009), S. 185–193.

4 Tax planning research

Bereich	Untersuchte Inhalte
Vergütung/Entlohnung	Aktienbasierte Vergütungskomponenten; Pensionen
Zeitliche Einkommensverlagerungen	Verschieben von Erträgen und Verlusten bei Steuersatzänderungen
Kapitalstruktur und Desinvestitionen	Ausgabe von Eigenkapitalinstrumenten zur Reduzierung der Verschuldungsquote; Art und Zeitpunkt von Vermögensveräußerungen
Regulierte Branchen	Mindestkapitalerfordernisse bei Banken und Versicherungen
Andere Bereiche	Einfluss von steuerlichen Vorschriften auf Wahlrechte bei der Finanzberichterstattung (financial reporting choices)

Darstellung 16: Weitere untersuchte Bereiche zu financial reporting costs

Die Ergebnisse der empirischen Studien zu den financial reporting costs lassen grundsätzlich den Schluss zu, dass neben Steuern die financial reporting costs tatsächlich eine bedeutende Rolle bei Entscheidungen spielen.[303]

Agency costs sind die Kosten, die in vertraglichen Beziehungen zwischen einem Auftraggeber (Prinzipal) und einem Auftragnehmer (Agent) durch die Delegation von Entscheidungsbefugnissen auftreten. Sie entstehen durch Interessenkonflikte und Informationsasymmetrien zwischen beiden Parteien, die der Agent zu seinem Vorteil nutzen kann.[304] Nach *Jensen/Heckling* bestehen die agency costs aus folgenden Komponenten:[305]

- *Überwachungs- und Kontrollkosten* (monitoring costs): Zu diesen beim Prinzipal anfallenden Kosten gehören Leistungsprämien als Anreiz für gute Leistungen, Kosten für die Ausfertigung von Verträgen zwischen Prinzipal und Agent sowie der Überprüfung und Überwachung ihrer Einhaltung.

---

[303] Es hat sich bei einer späteren Studie herausgestellt, dass einige Unternehmen für ein in betrügerischer Absicht zu hoch ausgewiesenes financial reporting income sogar bereit sind, Steuern zu zahlen. Vgl. *Erickson/Hanlon/Maydew* (2004).

[304] Vgl. zur Agency-Theorie insbesondere *Jensen/Meckling* (1976); *Ross* (1973), sowie auch *Eisenhardt* (1989); *Fama* (1980). Vgl. auch den Überblick bei *Göbel* (2002), S. 98–128.

[305] Vgl. *Jensen/Meckling* (1976), S. 308, 323, 325. Vgl. hierzu auch *Wolf* (2011), S. 368 f.; *Bea/Göbel* (2010), S. 149 f.; *Göbel* (2002), S. 125.

4 Tax planning research

- *Gewährleistungskosten* (bonding costs): Diese vom Agenten zu tragenden Kosten beinhalten Garantieversprechen des Agenten, wie z. B. prinzipalschädigendes Verhalten zu unterlassen oder seinen Handlungsspielraum einzuschränken, und damit verbundene Entschädigungszahlungen.

- *Residualverlust* (residual loss): Dieser Verlust ergibt sich aus der Differenz zwischen dem aus der Sicht des Prinzipals optimalen Handlungsergebnis ohne agency Probleme und dem tatsächlichen Handlungsergebnis mit agency Problemen. Die Höhe des Residualverlusts hängt negativ von den beiden anderen Kostenarten ab. D. h. desto höher die Überwachungs-, Kontroll- und Gewährleistungskosten, desto niedriger fällt der Residualverlust aus.

Diese agency costs stellen potentielle non-tax costs dar, die den Steuerersparnissen einer Handlungsoption gegenüber zu stellen sind. Eine solche Betrachtung wurde im Bereich der *Vergütung von Managern* (executive compensation) durchgeführt. Auslöser war die Einführung einer steuerlichen Gehaltsobergrenze von 1 Million USD pro Angestelltem. Beträge oberhalb dieses Betrages sind grundsätzlich nur dann im Rahmen der steuerlichen Gewinnermittlung abzugsfähig, wenn es sich um erfolgsabhängige Vergütungen handelt.[306] Aus rein steuerlicher Sicht sollten Unternehmen ihre Vergütungsvereinbarungen so ändern, dass eine vollständige steuerliche Abzugsfähigkeit der Vergütungen weiterhin gewährleistet ist. Dies hat allerdings non-tax costs in Form von agency costs zur Folge, die den Steuervorteil überwiegen können.[307] Zu den agency costs zählen zum einen die Kosten, die für eine Änderung und Neuverhandlung der Vergütungsvereinbarungen anfallen.[308] Das sind z. B. Anwaltsgebühren für das Aufsetzen neuer Verträge, aber auch Kosten im Zusammenhang mit der für die steuerliche Anerkennung notwendigen Bestätigung der Vergütungsvereinbarungen durch die Hauptversammlung. Zum anderen treten Kosten in Form eines höheren Vergütungsanpruchs der Manager auf. Dies ist eine Folge der geänderten Risikoverteilung zwischen Manager und Anteilseignern. Manager tragen durch eine erfolgsabhängige Vergütung ein höheres Risiko, da vom Manager nicht kontrollierbare Faktoren (z. B. politische Faktoren oder die allgemeine Wirtschaftslage) Einfluss auf den Erfolg und damit auf seine Vergütung haben. Bei einem fixen Vergütungsanspruch tragen dieses Risiko die Anteilseigner. Es kommt somit zu einer Risikoverschiebung auf den Manager. Manager sind allerdings (annahmegemäß) risikoavers, da ein Großteil ihres Vermögens und Humankapitals im Unternehmen gebunden ist und sie somit kaum eine

---

[306] Vgl. Sec. 162(m) IRC. Diese Vorschrift wurde durch den *Omnibus Budget Reconciliation Act of 1993* eingeführt. Vgl. hierzu z. B. *Perry/Zenner* (2001), S. 454 f., 458.

[307] Neben steuerlichen Vorteilen identifizieren *Balsam/Yin* (2005) und *Balsam/Ryan* (1996) als weiteren Vorteil die Reduzierung politischer Kosten (political costs). Diese Kosten entstehen durch negative Reaktionen in der Öffentlichkeit auf überhöhte erfolgsunabhängige Vergütungen. Vgl. auch *Watts/Zimmerman* (1978), S. 115 f. *Scholes et al.* (2009), S. 191 f., subsumieren die politischen Kosten unter die financial reporting costs.

[308] Vgl. zu den anfallenden Kosten *Scholes et al.* (2009), S. 176–181, 262–264; *Balsam/Yin* (2005), S. 305–309; *Halperin/Kwon/Rhoades-Catanach* (2001); *Balsam/Ryan* (1996), S. 4.

4 Tax planning research

Möglichkeit haben, ihr Risiko zu diversifizieren. Daher verlangen sie für das höhere Risiko eine Entschädigung in Form einer höheren Vergütung.[309] Den Steuervorteilen sind daher die Verhandlungs- und Risikokosten gegenüberzustellen.

Die Ergebnisse empirischer Untersuchungen bestätigen die Relevanz von agency costs bei der Entscheidung, die Managervergütungen aus steuerlichen Gründen anzupassen. So zeigen die Ergebnisse von *Johnson/Nabar/Porter* und *Balsam/Ryan*, dass ungefähr die Hälfte der Unternehmen in ihren Stichproben keine Änderungen der Managementvergütung vorgenommen haben, um die steuerliche Abzugsfähigkeit zu bewahren. Ferner lassen ihre Ergebnisse den Schluss zu, dass bei diesen Unternehmen signifikante agency costs in Form von Verhandlungs- und Risikokosten vorhanden sind.[310] Dies bestätigt die Vermutung, dass Unternehmen die steuerlichen Vorteile einer Handlung mit den dadurch entstehenden Kosten aufrechnen.

Ein weiterer Bereich, in dem agency costs eine Rolle spielen, ist die *Rechtsformwahl* (organizational form). Die ersten Arbeiten beschäftigten sich mit Rechtsformgestaltungen im Zusammenhang mit *Steuersparmodellen* (tax shelters).[311] Zu den untersuchten Steuersparmodellen gehören u. a. die bis Mitte der 1980er Jahre populären Rechtsformgestaltungen bei Öl- und Gaserschließungsprojekten.[312] Die Kosten für die Erschließung neuer Öl- und Gasquellen stellten grundsätzlich steuerlich sofort abzugsfähige Ausgaben dar, weshalb am Anfang neuer Erschließungsprojekte regelmäßig hohe steuerliche Ausgaben auftraten. Da natürliche Personen höheren Steuersätzen unterlagen als Kapitalgesellschaften, war es aus steuerlicher Sicht vorteilhaft, diese Ausgaben auf natürliche Personen zu übertragen.[313] Erreicht wurde dies durch die Gründung von Kommanditgesellschaften (limited partnerships), an der sich natürliche Personen als Kommanditisten (limited partner) und Öl- und Gasgesellschaften als Komplementäre (general partner) beteiligten. Auf Grund der transparenten Besteuerung von Kommanditgesellschaften konnten die Kapitalgeber, d. h. die hoch besteuerten natürlichen Per-

---

[309] Auf Seiten der Anteilseigner steht dem höheren Vergütungsanspruch des Managers kein Vorteil durch ein niedrigeres Risiko gegenüber. Vielmehr sind die Anteilseigner (annahmegemäß) risikoneutral, da sie die Möglichkeit haben, ihr Risiko zu diversifizieren. Vgl. auch *Balsam/Ryan* (1996), S. 4; *Eisenhardt* (1989), S. 60 f.

[310] Vgl. *Johnson/Nabar/Porter* (1999) (zitiert nach *Scholes et al.* (2009), S. 264); *Balsam/Ryan* (1996). Vgl. auch den Überblick über empirische Studien bei *Balsam/Yin* (2005), S. 304 f.; *Halperin/Kwon/Rhoades-Catanach* (2001), S. 53 f.; *Shackelford/Shevlin* (2001), S. 339 f.

[311] Vgl. *Shackelford/Shevlin* (2001), S. 340–342. Vgl. auch *Scholes et al.* (2009), S. 174–175, 183 f.

[312] Vgl. hierzu *Wolfson* (1985). Daneben wurden Steuersparmodelle im Bereich der Forschung und Entwicklung (research and development) untersucht. Vgl. *Beatty/Berger/Magliolo* (1995); *Shevlin* (1987). Diese Steuersparmodelle sind heute in dieser Form nicht mehr möglich, da Verluste aus Kommanditanteilen (passive Verluste) nicht mehr mit anderen Einkünften verrechnet werden dürfen (Sec. 469 IRC).

[313] Vor 1981 (1981 bis 1986) betrug der Spitzensteuersatz natürlicher Personen 70 % (50 %) im Vergleich zu 46 % (46 %) bei Kapitalgesellschaften. Einen Überblick über die Entwicklung der Steuersätze geben *Scholes et al.* (2009), S. 104–106.

4 Tax planning research

sonen, die Ausgaben sofort steuerlich nutzen.[314] Allerdings ergaben sich aus der Rechtsform der Kommanditgesellschaft und der für die Anerkennung der steuerlichen Verluste auf Ebene der natürlichen Personen notwendigen Vertragsgestaltungen erhebliche non-tax costs. Agency costs traten in der Form von Interessenkonflikten zwischen Kommanditisten (Prinzipal) und Komplementär (Agent) auf. Zu diesen Konflikten gehörten nach *Wolfson* beispielsweise die Preisbildung für Waren und Dienstleistungen, die der Komplementär an die Kommanditgesellschaft verkauft bzw. erbringt. Daneben kann der Komplementär ein Interesse daran haben, die Ressourcen der Kommanditgesellschaft für eigene Zwecke zu verwenden, beispielsweise um Informationen über eigene Öl- oder Gasquellen in der näheren Umgebung zu erhalten. Durch Überwachungs- und Kontrollkosten sowie Gewährleistungskosten können diese Interessenkonflikte reduziert werden.[315] Spätere empirische Arbeiten beschäftigten sich allgemein mit den steuerlichen als auch außersteuerlichen Vor- und Nachteilen verschiedener Rechtsformen. Zu den untersuchten außersteuerlichen Faktoren gehören z. B. Haftungsregelungen oder steuerliche Dokumentations- und Deklarationspflichten (tax compliance costs). Ihre Ergebnisse lassen den Schluss zu, dass Steuern und agency costs die Rechtsformwahl beeinflussen.[316]

Zusammenfassend lässt sich feststellen, dass die Ergebnisse empirischer Studien im Einklang mit dem Scholes/Wolfson-Framework stehen. Steuern sind neben anderen Faktoren nur ein Faktor, der bei Entscheidungen berücksichtigt wird. Insbesondere der Einfluss von financial reporting costs wurde ausführlich untersucht. Die Betrachtung von agency costs spielte hingegen eine untergeordnete Rolle.

Im Zusammenhang mit den non-tax costs ist zusätzlich von Interesse, warum einige Unternehmen intensiver Steuern vermeiden als andere Unternehmen (tax aggressiveness).[317] Ein Faktor scheinen die Eigentumsverhältnisse bzw. die Anteilseignerstruktur in Unternehmen zu sein. Demnach macht es einen Unterschied, ob es sich um privat gehaltene Unternehmen (private firms) oder um börsennotierte Unternehmen (public firms) handelt. Nach *Wolfson* sollten die financial reporting costs von private firms niedriger sein, als sie bei public firms ausfallen.[318] Die Hauptanteilseigner von private firms sind oftmals aktiv in die Geschäfte des Unternehmens involviert, womit sie neben dem financial reporting über weitere Informationsquellen über

---

[314] Vgl. zur Besteuerung unterschiedlicher Rechtsformen den Überblick bei *Hoffman et al.* (2012), S. 2–2 bis 8; *Pope/Anderson* (2012), S. C2–2 bis 9.

[315] Vgl. zu den agency costs und Maßnahmen zu ihrer Reduzierung *Wolfson* (1985), S. 102–124.

[316] Vgl. z. B. *Shelley/Omer/Atwood* (1998); *Ayers/Cloyd/Robinson* (1996); *Guenther* (1992). Eine ausführliche mathematische Ableitung der steuerlichen Vorteile verschiedener Rechtsformen findet sich bei *Scholes et al.* (2009), S. 91–129. Einen Überblick über empirische Arbeiten im Zusammenhang mit Rechtsformen findet sich bei *Graham* (2008), S. 103.

[317] Vgl. *Shackelford/Shevlin* (2001), S. 378.

[318] Vgl. *Wolfson* (1993), S. 320–322.

4 Tax planning research

das Unternehmen verfügen. Die Anteilseigner von public firms sind hingegen auf das financial reporting angewiesen, da ihnen andere Informationsquellen kaum zur Verfügung stehen. Public firms haben ein stärkeres Interesse am financial reporting, da sie negative Kapitalmarktreaktionen (capital market pressure) bei einem niedrigeren financial reporting income befürchten. Die Ergebnisse verschiedener Studien stehen mit diesen Vermutungen im Einklang, wonach private firms intensiver Steuern vermeiden als public firms.[319]

4.2.2.3 Taxes and asset prices

Taxes and asset prices (Steuern und Vermögenspreise) ist der zweite von Shackelford/Shevlin betrachtete Forschungsbereich, der sich insbesondere dem Merkmal „all taxes" des Scholes/Wolfson-Frameworks widmet.[320] Im Vordergrund steht die Frage, inwieweit sich Steuern auf die Vermögenspreisbildung auswirken. Anders als im Bereich der tax and non-tax tradeoffs, wo enge Verbindungen zum financial accounting research bestehen, weist die Forschung zu taxes and asset prices eine größere Nähe zu den Disziplinen economics und finance auf.[321]

Wie bereits oben erläutert, beinhaltet das Merkmal „all taxes" die Berücksichtigung von expliziten und impliziten Steuern. Bei expliziten Steuern handelt es sich um die direkt an den Fiskus gezahlten Steuern, wohingegen sich implizite Steuern in einer niedrigeren Vorsteuerrendite einer steuerlich begünstigten Investition niederschlagen. Diese Renditebetrachtung im Rahmen der impliziten Steuern lässt sich ohne weiteres auf die Preisbildung für diese Investitionen übertragen, da Rendite und Preis in einem inversen Verhältnis zueinander stehen. In diesem Fall spricht man von Steuerkapitalisierung (tax capitalization). Steuerkapitalisierung findet statt, wenn sich die steuerliche Behandlung einer Investition in einem niedrigeren Preis niederschlägt.[322]

Zur Erläuterung des Verhältnisses von impliziten Steuern und Steuerkapitalisierung wird auf das bereits dargestellte municipal bonds Beispiel zurückgegriffen. Angenommen der Zinscoupon eines municipal bonds und einer steuerpflichtigen Anleihe gleichen Risikos beträgt 7 %. Die Investoren der steuerfreien municipal bonds erhalten damit einen höheren Zins nach Steuern als die Investoren der steuerpflichtigen Anleihe gleichen Risikos. Investoren werden nur dann bereit sein, die steuerpflichtige Anleihe gleichen Risikos zu kaufen, wenn ihr Preis unter dem für municipal bonds liegt. Bei einem marginalen Steuersatz von 20 % muss der Preis der steuerpflichtigen Anleihe gleichen Risikos auf 80 % des Preises für municipal bonds sinken (0,07*(1-0,2)/0,07),

---

[319] Vgl. z. B. Hanlon/Mills/Slemrod (2007), S. 190 f., 195; Mills/Newberry (2001); Mikhail (1999); Cloyd/Pratt/Stock (1996). Ähnlich Klassen (1997).

[320] Vgl. zu diesen und den folgenden Ausführungen Shackelford/Shevlin (2001), S. 342–359.

[321] Vgl. Shackelford/Shevlin (2001), S. 343; Maydew (2001), S. 395.

[322] Vgl. Scholes et al. (2009), S. 143 (Fn. 6); Shevlin (2007), S. 88; Maydew (2001), S. 395 f.

um den Steuernachteil auszugleichen. Bei dieser durch Steuern ausgelösten Preissenkung bei der steuerpflichtigen Anleihe spricht man von Steuerkapitalisierung. Der sinkende Preis der steuerpflichtigen Anleihe bedeutet gleichzeitig einen Anstieg ihrer Vorsteuerrendite. Dadurch entstehen implizite Steuern bei den steuerfreien municipal bonds. Dies macht deutlich, dass es sich bei impliziten Steuern und Steuerkapitalisierung um zwei Seiten einer Medaille handelt.[323] *Shackelford/Shevlin* unterteilen die Forschung inhaltlich in die beiden Bereiche *mergers and acquisitions* und *equity prices and investor taxes* (siehe die folgende Darstellung).

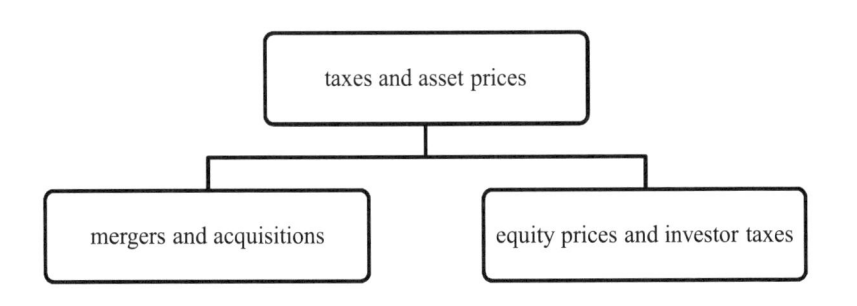

```
                    ┌─────────────────────┐
                    │ taxes and asset prices │
                    └─────────────────────┘
                       /              \
    ┌─────────────────────────┐   ┌─────────────────────────────┐
    │ mergers and acquisitions │   │ equity prices and investor taxes │
    └─────────────────────────┘   └─────────────────────────────┘
```

Darstellung 17: Teilbereiche taxes and asset prices

Als erstes betrachten *Shackelford/Shevlin* den Einfluss von Steuern auf die Vermögenspreisbildung im Bereich von *Fusionen und Übernahmen* (mergers and acquisitions). Neben der *Preisbildung* umfassen die Ausführungen auch den Steuereinfluss auf die *Struktur* von Fusionen und Übernahmen.[324]

Zunächst soll ein kurzer Überblick über die möglichen Strukturen einer Übernahme und deren steuerlichen Auswirkungen gegeben werden, wobei sich die Ausführungen auf Übernahmen unter Beteiligung von Kapitalgesellschaften beschränken. Im Einklang mit dem Scholes/Wolfson-Framework ist die Betrachtung aller an einer Übernahme beteiligten Parteien (all parties) notwendig. Bei einer Übernahme sind dies die Anteilseigner des zu übernehmenden bzw. Zielunternehmens (target shareholder), das Zielunternehmen (target) und das erwerbende Unternehmen (acquirer).

---

[323] Vgl. zu einem ähnlichen Beispiel *Maydew* (2001), S. 395.

[324] Vgl. *Shackelford/Shevlin* (2001), S. 343–346. Die Begriffe Fusionen und Übernahmen werden synonym verwendet. So auch *Barnikel* (2007), S. 13–15, sowie *Scholes et al.* (2009), S. 406 (Fn. 5). Zu ihnen zählen auch einige Arten der Desinvestitionen (divestures), wenn es sich dabei um Übernahmen aus der Sicht eines übernehmenden Unternehmens handelt. Desinvestitionen wurden bereits bei den tax und non-tax tradeoffs betrachtet, an dieser Stelle steht allerdings die Preisbildung im Vordergrund.

4 Tax planning research

In Bezug auf die *Struktur* von Übernahmen ist aus steuerlicher Sicht grundsätzlich zwischen steuerpflichtigen (taxable) und steuerfreien (tax free) Übernahmen zu differenzieren. Um welche Art es sich handelt, hängt von der Gegenleistung des erwerbenden Unternehmens ab. Besteht die Gegenleistung für die Übernahme aus Barmitteln (Anteilen am erwerbenden Unternehmen) handelt es sich um eine steuerpflichtige (steuerfreie) Übernahme. In beiden Fällen (steuerpflichtig und steuerfrei) kann das erwerbende Unternehmen die Übernahme direkt durch den Kauf der Anteile (shares) oder indirekt durch den Kauf der einzelnen Vermögenswerte (assets) des Zielunternehmens durchführen.[325] Somit sind grundsätzlich folgende Übernahmestrukturen möglich:

		Gegenstand der Übernahme	
		Anteile	Vermögenswerte
Art der Gegenleistung	Anteile	steuerfrei	steuerfrei
	Barmittel	steuerpflichtig	steuerpflichtig

Darstellung 18: Überblick über mögliche Übernahmestrukturen

Die gewählte Übernahmestruktur hat Auswirkungen auf die *steuerliche Behandlung* bei den an einer Übernahme beteiligten Parteien.[326] Bei einer *steuerfreien* Übernahme kommt es grundsätzlich für keine der beteiligten Parteien zu steuerlichen Konsequenzen. Es entstehen weder steuerpflichtige Gewinne oder Verluste noch gehen steuerliche Merkmale (insbesondere steuerliche Verluste) unter.[327] Steuerfreie Übernahmen sind somit für alle Parteien steuerneutral. Dabei macht es keinen Unterschied, ob es sich um einen Anteilskauf oder einen Vermögenswertkauf handelt.[328]

---

[325] Vgl. zu diesen Ausführungen *Scholes et al.* (2009), S. 406 f., 409.

[326] Vgl. hierzu grundlegend *Pope/Anderson* (2012), S. C7-10 bis 13. Vgl. für ausführliche Erläuterungen der Auswirkungen verschiedener Übernahmestrukturen *Pope/Anderson* (2012), S. C7-1 bis 64; *Scholes et al.* (2009), S. 404–542; *Bittker/Eustice* (2000), S. 10-112 bis 143, 12-1 bis 243.

[327] Allerdings sind Verlustverrechnungsbeschränkungen zu beachten. Vgl. *Scholes et al.* (2009), S. 488–492; *Pope/Anderson* (2012), S. C7-43 bis 46.

[328] Aus Sicht der Anteilseigner des Zielunternehmens ist der steuerfreie Vermögenswertkauf im Endeffekt mit einem steuerfreien Anteilskauf identisch. In beiden Fällen erhalten die Anteilseigner des

4 Tax planning research

Steuerpflichtige Übernahmen durch *Vermögenswertkauf* haben beim Zielunternehmen die Realisation steuerpflichtiger Gewinne oder Verluste zur Folge. Auf Ebene des erwerbenden Unternehmens werden die Vermögenswerte mit den Anschaffungskosten angesetzt.[329] Bei den Anteilseignern des Zielunternehmens kommt es nur dann zu einer steuerpflichtigen Gewinn- oder Verlustrealisation, wenn das Zielunternehmen nach dem Verkauf der Vermögenswerte liquidiert wird oder die Anteile verkauft werden. Im Fall eines *steuerpflichtigen Anteilskaufs* treten beim Zielunternehmen keine steuerlichen Besonderheiten auf.[330] Die Anteile an der Zielgesellschaft werden beim erwerbenden Unternehmen zu Anschaffungskosten angesetzt. Bei den Anteilseignern des Zielunternehmens entstehen durch den Verkauf der Anteile steuerpflichtige Veräußerungsgewinne oder -verluste.

Nach dem Scholes/Wolfson-Framework haben die steuerlichen Merkmale aller beteiligten Parteien einen möglichen Einfluss auf die *Struktur* von Übernahmen. Entstehen durch eine Übernahme etwa hohe steuerpflichtige Gewinne auf Ebene der Anteilseigner des Zielunternehmens, spricht dies tendenziell für eine steuerfreie Übernahme. Allerdings können hohe steuerliche Verluste (net operating losses) auf Ebene des Zielunternehmens die Wahrscheinlichkeit einer steuerpflichtigen Übernahme durch Vermögenswertkauf erhöhen. In dieser Situation können bestehende Verluste mit den Gewinnen aus dem Vermögenswertverkauf verrechnet werden, sodass keine Steuer auf Ebene des Zielunternehmens anfällt. Gleichzeitig kann dadurch beim erwerbenden Unternehmen zusätzliches steuerminderndes Abschreibungspotential geschaffen werden.

Eine umfassende empirische Untersuchung zu den Einflussfaktoren auf Übernahmestrukturen wurde von *Erickson* durchgeführt.[331] Er bezieht explizit alle an einer Übernahme beteiligten Parteien (all parties) in seine Untersuchung ein. Neben steuerlichen Aspekten werden zusätzlich außersteuerliche Aspekte im Sinne einer Betrachtung aller Kosten (all costs) berücksichtigt. *Erickson* kommt zu dem Ergebnis, dass die Merkma-

---

Zielunternehmens die Gegenleistung. Rein technisch läuft der Vermögenswertkauf grundsätzlich wie folgt ab: Im ersten Schritt kauft das erwerbende Unternehmen die Vermögenswerte des Zielunternehmens gegen Gewährung einer Gegenleistung (Aktien des erwerbenden Unternehmens). Im zweiten Schritt ist die Zielgesellschaft gesetzlich dazu verpflichtet, die Gegenleistung an seine Anteilseigner weiterzuleiten. Im Gegenzug geben die Anteilseigner der Zielgesellschaft ihre Anteile an der Zielgesellschaft auf und es kommt zu einer Auflösung der Zielgesellschaft. Vgl. auch *Pope/Anderson* (2012), S. C7-19 bis 29.

[329] Liegt der Kaufpreis über dem Marktwert (fair market value) der erworbenen Vermögenswerte ist nach Sec. 1060 IRC ein Geschäfts- oder Firmenwert (goodwill) anzusetzen. Vgl. *Bittker/Eustice* (2000), S. 10-85 bis 93.

[330] Das erwerbende Unternehmen kann nach Sec. 338 IRC (Wahlrecht) den Anteilskauf für steuerliche Zwecke auch wie einen Vermögenswertkauf behandeln lassen. Somit kommt es bei Ausübung des Wahlrechts zur Aufdeckung und Besteuerung stiller Reserven beim Zielunternehmen. Vgl. auch *Pope/Anderson* (2012), S. C7-5 bis 10.

[331] Vgl. *Erickson* (1998).

4 Tax planning research

le der Anteilseigner des Zielunternehmens und des Zielunternehmens selbst insgesamt keinen nennenswerten Einfluss auf die Struktur von Übernahmen haben. Lediglich die steuerlichen und außersteuerlichen Merkmale des erwerbenden Unternehmens haben einen maßgeblichen Einfluss auf die Struktur. Trotzdem sind seine Ergebnisse mit dem Scholes/Wolfson-Framework vereinbar. *Erickson* führt den fehlenden Einfluss der beiden Parteien auf geringe steuerliche Vorteile und außersteuerliche Kosten zurück.

Der mögliche Einfluss von Steuern auf die *Preisbildung* bei Übernahmen lässt sich anhand der Betrachtung aller Parteien leicht nachvollziehen. Werden die Positionen anderer Parteien nicht beachtet, kommt es auch für die einzelne Partei zu keiner effektiven Steuerplanung. Dies soll im Folgenden anhand eines Beispiels verdeutlicht werden. Angenommen das erwerbende Unternehmen möchte im Rahmen einer strategischen Übernahme alle Anteile am Zielunternehmen für 1.000 € von einer natürlichen Person (Anschaffungskosten 250 €) kaufen. Diese Übernahme kann entweder steuerfrei (Anteile als Gegenleistung) oder steuerpflichtig (Barmittel als Gegenleistung) sein. Auf Ebene des Zielunternehmens und des erwerbenden Unternehmens macht es zum Zeitpunkt der Übernahme grundsätzlich keinen Unterschied, ob die Übernahme steuerpflichtig oder steuerfrei ist. Daher ist es dem erwerbenden grundsätzlich gleichgültig wie die Übernahme durchzuführen ist.[332] Trotzdem kann das erwerbende Unternehmen von der Betrachtung aller Parteien profitieren. Denn beim Anteilseigner des Zielunternehmens fallen bei einer steuerpflichtigen Übernahme steuerpflichtige Veräußerungsgewinne i. H. von 750 € (= 1.000 €-250 €) an. Auf diese Veräußerungsgewinne sind Steuern von 112,50 € (750 €*0,15) zu zahlen.[333] Ist die Übernahme steuerfrei, fallen keine Steuern an. Daher könnte das erwerbende Unternehmen im Rahmen einer steuerfreien Übernahme einen um 112,50 € niedrigeren Kaufpreis bieten, ohne den Anteilseigner des Zielunternehmens gegenüber einer steuerpflichtigen Übernahme finanziell schlechter zu stellen. Oder anders herum, der Preis müsste bei einer steuerpflichtigen Übernahme um 112,50 € gegenüber einer steuerfreien Übernahme steigen.

Empirische Studien zum Einfluss von Steuern auf die Preisbildung lassen den Schluss zu, dass Steuern bei Preisverhandlungen eine nennenswerte Rolle spielen. Beispielsweise stehen die Ergebnisse von *Erickson/Wang* im Einklang mit der oben beschriebenen Berücksichtigung aller Parteien.[334] Bei den untersuchten Übernahmen waren steuerliche Vorteile (höheres Abschreibungspotential) auf Ebene der erwerbenden Unternehmen nur zu Lasten höherer Steuern auf Anteilseignerebene möglich. Tatsächlich

---

[332] Beim erwerbenden Unternehmen können sich die Anschaffungskosten der Anteile am Zielunternehmen unterscheiden. Dies wirkt sich allerdings erst zum Zeitpunkt des Verkaufs der Anteile bzw. bei Auflösung der Zielgesellschaft aus. Da es sich annahmegemäß um eine langfristige Investition in das Zielunternehmen handelt, spielt der Barwert der Steuern auf die Veräußerungsgewinndifferenz eine geringere Rolle.

[333] Veräußerungsgewinne auf Anteile (capital gains) unterliegen bis 2012 regelmäßig einem Steuersatz von 15 %.

[334] Vgl. *Erickson/Wang* (2000). Ähnliche Ergebnisse finden sich bei *Erickson/Wang* (2007).

4 Tax planning research

konnte gezeigt werden, dass die erwerbenden Unternehmen die Anteilseigner des Zielunternehmens durch einen höheren Kaufpreis für zusätzlich entstehende Steuern entschädigten. Dies galt allerdings nur soweit die steuerlichen Vorteile die zusätzlichen Steuern überstiegen.

Als zweiten Bereich betrachten *Shackelford/Shevlin* den Einfluss von Steuern auf die Preisbildung am *Kapitalmarkt*, insbesondere die *Aktienpreisbildung* (equity prices and investor taxes).[335] Seinen Ursprung hat dieser Forschungsbereich vor allem in Arbeiten zur Kapitalstruktur (capital structure), d. h. dem Mix aus Eigen- und Fremdkapital zur Finanzierung der Unternehmenstätigkeit.[336] Daher soll, wie bei *Shackelford/Shevlin*, zunächst ein Überblick über die Forschung zur *Kapitalstruktur* gegeben werden, auch wenn sich diese Forschung nicht direkt mit der Preisbildung am Kapitalmarkt beschäftigt.

Zu den einflussreichsten Arbeiten zur Kapitalstruktur zählen die beiden Aufsätze aus dem Bereich finance von *Modigliani/Miller*.[337] *Modigliani/Miller* zeigen u. a. auf, dass sich (unter der Annahme eines vollständigen und vollkommenen Kapitalmarkts) durch die Berücksichtigung von Unternehmenssteuern (keine Investorenbesteuerung) massive steuerliche Vorteile der Fremd- gegenüber der Eigenfinanzierung auf Unternehmensebene ergeben. Dieser Vorteil ergibt sich aus der steuerlichen Abzugsfähigkeit von Fremdfinanzierungsaufwendungen. Dividenden können indes nicht abgezogen werden. Folglich sollten sich nach *Modigliani/Miller* Unternehmen zu 100 % mit Fremdkapital finanzieren.[338] Implizite Steuern sind hier annahmegemäß nicht möglich, da ohne Anteilseignerbesteuerung keine steuerlich induzierten Unterschiede bei den Vorsteuerrenditen auftreten können.[339]

Eine Erweiterung der Arbeiten von *Modigliani/Miller* um Steuern auf *Ebene der Investoren* (alle Parteien Betrachtung) wurde von *Miller* vorgenommen.[340] Nach seiner Ansicht ist die Besteuerung von Zinsen auf Investorenebene in der Lage, den steuerlichen

---

[335] Vgl. *Shackelford/Shevlin* (2001), S. 342–359. Einen Überblick gibt auch *Holland* (2005).

[336] Vgl. *Shackelford/Shevlin* (2001), S. 348; *Maydew* (2001), S. 396. Nach *Hanlon/Myers/Shevlin* (2003), S. 199 f., ist die Frage „Whether and to what extent dividend taxes are capitalized into share prices" insbesondere relevant, „because the capitalization of dividend taxes has potential implications for the tax benefits of debt relative to equity, organizational form choice, the cost of capital for firms, tax clienteles and firm dividend policy."

[337] Vgl. *Modigliani/Miller* (1963); *Modigliani/Miller* (1958). Ein Überblick über Theorien zur Kapitalstruktur findet sich z. B. bei *Frank/Goyal* (2008); *Myers* (2001).

[338] Vgl. auch *Graham* (2008), S. 63 f. Vgl. ausführlich zu den explizit und implizit verwendeten Annahmen den Überblick bei *Perridon/Steiner/Rathgeber* (2009), S. 500 f., 511–514; *Copeland/Weston/Shastri* (2005), S. 559. Wie sich die Ergebnisse durch die Aufgabe einzelner Annahmen verändern, zeigt z. B. der Überblick bei *Swanson/Srinidhi/Seetharaman* (2003).

[339] Vgl. auch *Maydew* (2001), S. 396.

[340] Vgl. *Miller* (1977).

4 *Tax planning research*

Vorteil des Fremdkapitals auf Unternehmensebene aufzuweigen. *Millers* Argumentation basiert auf der Annahme, dass Zinsen auf Investorenebene einer höheren Besteuerung unterliegen als Einkünfte aus Eigenkapital (Dividenden und Kursgewinne). Begründet wird diese Annahme u. a. mit der Möglichkeit, die Einkünfte aus Eigenkapital in Form von Kursgewinnen in die Zukunft verschieben zu können. Somit fällt der Barwert der zu zahlenden Steuer auf Eigenkapital niedriger aus, was gleichbedeutend mit einer steuerlichen Begünstigung von Eigenkapital (im Vergleich zu Fremdkapital) auf Investorenebene ist.[341] In dieser Situation wird ein Investor nur dann bereit sein Fremdkapital bzw. Anleihen zu halten, wenn die Vorsteuerrendite der Anleihen hoch genug ist, den Steuernachteil (tax penalty) gegenüber Eigenkapital auszugleichen. D. h. die Vorsteuerrendite der Anleihen muss höher sein als die Vorsteuerrendite des Eigenkapitals. Folglich muss der Preis der Anleihen im Vergleich zum Eigenkapital sinken (Steuerkapitalisierung) und es entstehen implizite Steuern i. H. der Differenz der Vorsteuerrenditen. Gleichzeitig wird auf Unternehmensebene der Vorteil der Fremdfinanzierung durch höhere Renditeforderungen der Investoren solange geschmälert, bis die Vorteile der Fremdfinanzierung verschwinden.

Myers erläutert den oben beschriebenen Einfluss von Investorensteuern anhand des folgenden Beispiels:

> *„The tax advantages of equity to investors could, in some cases, offset the value of interest tax shields to the corporation. For example, suppose Firm X's shareholders are in the top individual tax bracket, paying about 40 percent on a marginal dollar of interest or dividends received. However, the firm pays no dividends, so equity income comes entirely as capital gains. Suppose the effective rate on capital gains is about 8 percent. (The top-bracket capital gains rate is now 20 percent, and payment can be deferred until shares are sold and the gains realized.) Then the total taxes paid on $100,000 of Firm X's income are: 1) $35,000 in corporate taxes, plus 2) about $5,000 of (deferred) capital gains taxes (about 8 percent of the after-tax corporate income of $65,000).*
>
> *Now Firm X borrows $1 million at 10 percent and repurchases and retires $1 million of equity. It pays out $100,000 per year in interest but saves $35,000 in taxes. But investors receive $100,000 more in interest income*

---

[341] Vgl. *Miller* (1977), S. 270, der sogar davon ausgeht, dass die Steuern auf Eigenkapital nahe null liegen. Vgl. auch *Copeland/Weston/Shastri* (2005), S. 571; *Green/Hollifield* (2003). Zusätzlich werden in den USA Zinseinkünfte höher besteuert als Einkünfte aus Eigenkapital. Zinseinkünfte natürlicher Personen unterliegen dem persönlichen Einkommensteuersatz mit maximal 35 %. Dividenden und Kursgewinne werden mit einem maximalen Steuersatz von 15 % besteuert (Stand 2012). Auch zur Zeit der Veröffentlichung des Artikels wurden Zinseinkünfte höher besteuert als Einkünfte aus Eigenkapital (allerdings nur bezogen auf Kursgewinne, da Dividenden wie Zinsen behandelt wurden). Vgl. dazu die Übersicht bei *Scholes et al.* (2009), S. 12, 94 f.; *Graham* (2008), S. 61, 79 f.

and $65,000 less in capital gains. Their taxes go up by $40,000 - 5,000 = $35,000. There is no net gain once both corporate and individual taxes are considered."[342]

Verbunden mit *Millers* Argumentation ist das Konzept der *Steuerklientel* (tax clientele).[343] Steuerklientele weisen enge Verbindungen zum Konzept der impliziten Steuern auf. In Fortführung des oben dargestellten Beispiels zu steuerfreien municipal bonds soll der Zusammenhang zwischen beiden Konzepten erläutert werden. Im obigen Beispiel wurde gezeigt, dass ein (sog. marginaler) Investor mit einem marginalen Steuersatz von 20 % zwischen einem steuerfreien municipal bonds mit einer Vorsteuerrendite von 7 % und einer steuerpflichtigen Anleihe gleichen Risikos mit einer Vorsteuerrendite von 8,75 % indifferent ist. In beiden Situationen beträgt die Nachsteuerrendite des Investors 7 % (0,07*(1-0) = 0,0875*(1-0,2)). Liegt der marginale Steuersatz eines Investors jedoch über oder unter 20 %, ist der Investor nicht mehr indifferent zwischen beiden Anlagen (sog. inframarginaler Investor). Bei einem marginalen Steuersatz von 10 % würde der Investor die steuerpflichtige Anleihe bevorzugen. Mit ihr erzielt er eine Nachsteuerrendite von 7,875 % (0,0875*(1-0,1)) und damit 0,875 % mehr als mit dem steuerfreien municipal bonds. Seine Gesamtsteuerrate beträgt bei der steuerpflichtigen Anleihe 10 % (explizit), wohingegen er beim steuerfreien municipal bonds 20 % (implizit) zu zahlen hätte. Analog würde ein Investor mit einem marginalen Steuersatz von 30 % steuerfreie municipal bonds kaufen. Ein impliziter Steuersatz von 20 % auf municipal bonds ist für ihn günstiger als explizit 30 % auf die steuerpflichtige Anleihe zu zahlen. In diesen Fällen bilden sich Steuerklientele in Abhängigkeit der Höhe impliziter Steuern. Daher werden Investoren mit einem marginalen Steuersatz unter 20 % die steuerpflichtige Anleihe (Steuerklientel der steuerpflichtigen Anleihe) und Investoren mit einem marginalen Steuersatz über 20 % den steuerfreien municipal bonds präferieren (Steuerklientel des steuerfreien municipal bonds). Liegen Informationen über Steuerklientele vor, können somit Rückschlüsse über die Höhe impliziter Steuern gezogen werden.[344]

Empirische Untersuchungen zum Einfluss von Steuern auf die Kapitalstruktur zeigen allgemein, dass die Fremdkapitalaufnahme positiv durch *Unternehmensteuern* beeinflusst wird.[345] Dies steht im Einklang mit der Vermutung, dass die steuerliche Abzugs-

---

[342] *Myers* (2001), S. 87 f. [im Original teilweise kursiv]. Dieses Beispiel basiert auf dem Rechtsstand von 2001. Körperschaftsteuer fiel i. H. von maximal 35 % an. Der maximale Steuersatz für Zinsen und Dividenden natürlicher Personen betrug zu dieser Zeit 38,6 %. Kursgewinne wurden mit einem maximalen Steuersatz von 20 % besteuert.

[343] Vgl. *Miller* (1977), S. 268–270. Vgl. auch die Erläuterungen von *Auerbach* (2002), S. 1271–1273.

[344] Vgl. zu diesen Ausführungen *Erickson/Maydew* (1998), S. 493. Allerdings liegen detaillierte Informationen zu den Besitzverhältnissen oftmals nicht vor, sodass Steuerklientele schwer zu identifizieren sind. Vgl. *Scholes et al.* (2009), S. 145.

[345] Einen ausführlichen Überblick geben *Graham/Leary* (2011); *Graham* (2008), S. 68–79; *Auerbach* (2002), S. 1273–1282.

4 Tax planning research

fähigkeit von Fremdkapitalaufwendungen ein bedeutender Faktor bei Kapitalstrukturentscheidungen ist. Allerdings vernachlässigen diese Untersuchungen regelmäßig die *Investorenbesteuerung*. Wie sich diese auf Kapitalstrukturentscheidungen auswirkt, ist fraglich. Ob und in welchem Umfang steuerliche Vorteile durch Fremdkapital entstehen, lässt sich letztlich auf die Frage reduzieren, inwieweit sich Investorensteuern auf die Preisbildung von Eigenkapital (im Vergleich zu Fremdkapital) auswirken.[346] „If it can be demonstrated", so *Graham*, „that personal tax effects are not particularly important, this simplified view of the world [nur Unternehmensteuern] might be justified. In contrast, if investor taxes affect security returns in important ways, more care needs to be taken in modeling these effects in corporate finance research."[347] Es ist somit eine Frage impliziter Steuern bzw. der Steuerkapitalisierung.

Nach *Shackelford/Shevlin* gehören solche Untersuchungen mit zu den aktivsten Forschungsbereichen: „One of the most active areas in tax research currently is whether investor taxes (dividends and capital gains taxes) affect share prices".[348] Arbeiten zum Einfluss von Investorensteuern auf die *Aktienpreisbildung* lassen sich in den Einfluss der *Dividenden*besteuerung (dividend tax capitalization) und der *Kursgewinn*besteuerung (capital gains capitalization) unterteilen (siehe die folgende Darstellung).

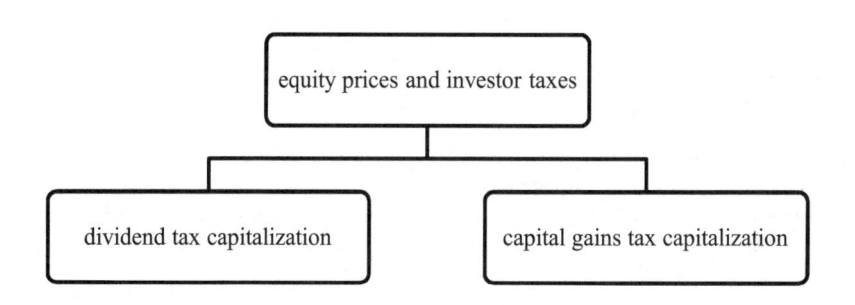

```
                equity prices and investor taxes
                ┌──────────────┴──────────────┐
        dividend tax capitalization    capital gains tax capitalization
```

Darstellung 19: Teilbereiche equity prices and investor taxes

Aus theoretischer Sicht ist zunächst unklar, ob und wie sich eine *Dividenden*besteuerung auf die Aktienpreisbildung auswirkt. Die erwarteten Auswirkungen reichen von

---

[346] Vgl. *Maydew* (2001), S. 396. Ähnlich *Graham* (2008), S. 84–86.
[347] *Graham* (2008), S. 85.
[348] *Shackelford/Shevlin* (2001), S. 350.

4 Tax planning research

der vollständigen Irrelevanz bis hin zur vollständigen Kapitalisierung, je nachdem wer der marginale Investor ist.[349]

Gegen die Irrelevanz der Dividendenbesteuerung (keine Preisreaktionen) sprechen die Ergebnisse empirischer Untersuchungen. *Erickson/Maydew* untersuchen Aktienkursreaktionen, nachdem ein Vorschlag zur Minderung der Dividendenfreistellung bei Körperschaften (identisch mit einer Erhöhung der Dividendenbesteuerung) bekannt gegeben wurde. Sie gehen davon aus, dass sich eine Dividendensteuererhöhung insbesondere auf die Kurse von Aktien mit hohen Dividendenzahlungen bzw. -renditen auswirken sollte. Die Kurse von Aktien, die keine Dividenden zahlen, sollten hingegen nicht betroffen sein. Da bei solchen Aktien keine Dividendensteuern anfallen, beeinflussen sie auch nicht die Rendite des Investors und es sind keine Preisreaktionen zu erwarten. Gleiches gilt für Unternehmen an denen nur natürliche Personen beteiligt sind, da sich die Dividendensteuererhöhung auf Körperschaften als Anteilseigner beschränkte. In Übereinstimmung mit diesen Vorhersagen dokumentieren *Erickson/Maydew* einen signifikanten Kursrückgang bei hauptsächlich von Körperschaften gehaltenen Vorzugsaktien (Aktien mit hohen Dividendenzahlungen).[350] Daneben untersuchen *Ayers/Cloyd/Robinson* die Preisreaktionen auf eine Erhöhung der Dividendensteuer für natürliche Personen. Ihre Ergebnisse belegen, dass insbesondere die Kurse von Aktien mit hohen Dividendenzahlungen, die von natürlichen Personen gehalten werden, negativ auf diese Veränderung reagieren.[351] Insgesamt sprechen die oben betrachteten empirischen Untersuchungen gegen eine vollständige Irrelevanz der Dividendenbesteuerung. Sie lassen vielmehr den Schluss zu, dass sich Dividendensteuern auf die Preisbildung von Aktien auswirken.

Die Ausführungen von *Shackelford/Shevlin* werden von einer Debatte über eine Gruppe kontrovers diskutierter Arbeiten geprägt. Die Ergebnisse dieser Arbeiten legen die vollständige Kapitalisierung der Dividendenbesteuerung zum Spitzensteuersatz nahe.[352] *Shackelford/Shevlin* bezeichnen die Ergebnisse auf den ersten Blick als

---

[349] *Shackelford/Shevlin* (2001), S. 351 f., unterscheiden drei Theorien über den Einfluss der Dividendenbesteuerung auf den Aktienpreis: die Irrelevanzsichtweise (irrelevance view), die neue Sichtweise (new view) und die traditionelle Sichtweise (traditional view). Lediglich nach dem traditional view und new view wirkt sich die Dividendenbesteuerung auf die Aktienpreisbildung aus. Vgl. ausführlich zu den verschiedenen Sichtweisen *Hanlon/Heitzman* (2010), S. 160–162; *Auerbach* (2002), S. 1258–1265; *Zodrow* (1991); *Poterba/Summers* (1984).

[350] Vgl. *Erickson/Maydew* (1998). Allerdings finden sie keinen signifikanten Kursrückgang bei Stammaktien mit hohen Dividendenrenditen. Körperschaften sind daher der marginale Investor bei Vorzugsaktien, allerdings nicht bei Stammaktien.

[351] Vgl. *Ayers/Cloyd/Robinson* (2002). Vergleichbare Ergebnisse finden sich in späteren Untersuchungen von *Dhaliwal/Krull/Li* (2007); *Dhaliwal et al.* (2005); *Dhaliwal/Li/Trezevant* (2003). Eine Gruppierung der Forschung in verschiedene Strömungen nehmen *Dhaliwal/Li/Trezevant* (2003), S. 157 f., vor.

[352] Vgl. insbesondere *Collins/Kemsley* (2000); *Harris/Kemsley* (1999).

4 Tax planning research

„implausible" und die gemachten Annahmen als „controversial".[353] Gegen eine vollständige Steuerkapitalisierung zum Spitzensteuersatz sprechen ihrer Meinung nach Steuerklientel-Effekte, die den Einfluss der Dividendenbesteuerung abmildern. Wenn Dividenden gezahlt werden, „individuals will sell their shares to investors who can receive dividends at a lower cost, such as tax-exempt entities. The new shareholders would be taxed on the dividends at less than the highest personal income tax rate."[354] Es kommt daher zu einer geringeren Steuerkapitalisierung, da der marginale Investor nicht dem Spitzensteuersatz unterliegt. Sollten sich die Ergebnisse nach weiteren Prüfungen trotzdem bestätigen, so *Shackelford/Shevlin*, „it will be no overstatement to term these studies revolutionary."[355] Allerdings hielten die Ergebnisse weiteren Prüfungen nicht stand. In späteren Untersuchungen wurde aufgezeigt, dass die verwendeten Tests nicht aussagekräftig sind und somit keine belastungsfähigen Aussagen über die Steuerkapitalisierung anhand ihrer Ergebnisse gemacht werden können.[356] Auch wenn sich die Ergebnisse dieser Arbeiten letztlich nicht bestätigten (vollständige Steuerkapitalisierung), sorgten sie doch für ein erneuertes Interesse an Fragestellungen zur Steuerkapitalisierung. „The evidence is mixed and remains controversial".[357]

Arbeiten zu den Auswirkungen einer *Kursgewinnbesteuerung* werden von *Shackelford/Shevlin* in zwei Bereiche unterteilt.[358] Das sind zum einen *Gleichgewichtspreisbildungsstudien* (equilibrium pricing studies) und *Preisdruckstudien* (price pressure studies).

Gleichgewichtspreisbildungsstudien gehen davon aus, dass eine Kursgewinnbesteuerung einen negativen Einfluss auf Aktienkurse hat. Die Argumentation ist analog zur Dividendenbesteuerung, wonach Investoren einen Ausgleich für anfallende Steuern verlangen. Die Vorsteuerrendite steigt bzw. der Kurs sinkt, wenn der Investor erwartet, zukünftige steuerpflichtige Kursgewinne zu realisieren. Zudem sollte sich die Kursgewinnbesteuerung am stärksten bei den Unternehmen auswirken, die keine Dividenden zahlen, da deren Erträge alleine aus Kursgewinnen bestehen. Diese Vermutungen stehen im Einklang mit den Ergebnissen einer Untersuchung von *Lang/Shackelford*. Sie betrachten die Aktienkursentwicklung nach Ankündigung einer Senkung der Kursgewinnbesteuerung. In der Folge der Ankündigung dokumentieren sie einen signifikanten Kursanstieg. Zudem erzielten Aktien, bei denen Kursgewinne eine bedeutende

---

[353] *Shackelford/Shevlin* (2001), S. 353. Vgl. auch *Maydew* (2001), S. 398.
[354] *Shackelford/Shevlin* (2001), S. 353.
[355] *Shackelford/Shevlin* (2001), S. 354.
[356] Vgl. *Dhaliwal et al.* (2003); *Hanlon/Myers/Shevlin* (2003).
[357] *Shackelford/Shevlin* (2001), S. 351.
[358] Vgl. *Shackelford/Shevlin* (2001), S. 354.

4 Tax planning research

Rolle spielen, d. h. Aktien mit niedrigen Dividendenrenditen, die höchsten Kurszuwächse.[359]

Preisdruckstudien beschäftigen sich mit der Frage, inwieweit eine Kursgewinnbesteuerung die Entscheidung zum Verkauf und damit verbunden den Preis von Aktien beeinflusst. Sie betrachten Steuern auf Kursgewinne als Transaktionskosten für die der Verkäufer vom Käufer eine Entschädigung verlangt.[360] D. h. bei einer Erhöhung der Kursgewinnbesteuerung wird der Verkäufer einen Aufschlag für die zusätzlich anfallende Kursgewinnbesteuerung verlangen (Lock-in Effekt).[361] Ansonsten ist er nicht bereit seine Aktien zu verkaufen. Folglich wird der Aktienkurs in Folge einer Erhöhung (Senkung) der Kursgewinnbesteuerung steigen (sinken). Empirische Studien bestätigen diese Vermutungen. So berichten *Landsman/Shackelford* Ergebnisse, wonach Verkäufer von Aktien einen Aufschlag für entstehende Steuern auf Kursgewinne verlangen.[362]

Gleichgewichtspreisbildungs- und Preisdruckstudien sagen somit gegenläufige Kursgewinnbesteuerungseffekte voraus. Der Effekt der Kursgewinnbesteuerung auf der Nachfrageseite (Gleichgewichtspreisbildungsstudien) sorgt tendenziell für sinkende Kurse, wohingegen er auf der Angebotsseite (Preisdruckstudien) zu tendenziell steigenden Kursen führt. Welcher Effekt überwiegt, ist eine offene empirische Frage.[363]

Abschließend lässt sich festhalten, dass die Untersuchung des Einflusses von Steuern auf Preise einen bedeutenden, wenn auch jungen Forschungsbereich des tax research in accounting darstellt. Neben dem tax research in accounting beschäftigen sich zudem die Disziplinen economics und finance ausführlich mit diesem Forschungsbereich. Gegenüber der Forschung in diesen Disziplinen zeichnet sich das tax research in accounting durch eine Fokussierung auf institutionelle Details aus. Dies wird insbesondere im Bereich der Übernahmen deutlich. Die Konsequenzen einer Übernahme hängen auf allen Ebenen von komplizierten steuerrechtlichen Vorschriften ab. Hier ist die Kenntnis institutioneller Details besonders wertvoll.[364] Aber auch in den anderen Bereichen leistet das tax research in accounting seinen Beitrag, insbesondere in den Ge-

---

[359] Vgl. *Lang/Shackelford* (2000).

[360] Vgl. *Lang/Shackelford* (2000), S. 74 f.

[361] „The lock-in effect", so *Landsman/Shackelford* (1995), S. 256, „refers to the disincentive to dispose of appreciated property in a manner that will generate capital gains taxes on accrued, but unrealized, appreciation. In the absence of capital gains taxes, investors hold those assets yielding the highest risk-adjusted rate of return. In the presence of capital gains taxes, reallocation is postponed until the yield differential exceeds the capital gains taxes imposed upon disposition." Vgl. zum Lock-in Effekt auch *Klein* (1999).

[362] Vgl. *Landsman/Shackelford* (1995).

[363] Vgl. *Lang/Shackelford* (2000), S. 75. Den gemeinsamen Effekt von Nachfrage- und Angebotsseite untersuchen *Dai et al.* (2008).

[364] Vgl. *Shackelford/Shevlin* (2001), S. 324, 343 f., 346.

4 Tax planning research

bieten, welche die Kenntnis institutioneller Details voraussetzen. Dazu zählt beispielsweise die Identifikation von besonderen Ereignissen (z. B. Steuerrechtsänderungen) und Situationen (z. B. komplexe Wertpapierstrukturen), die zur Überprüfung von Theorien genutzt werden können.[365] Zudem fokussiert sich das tax research in accounting auf die Ausweichhandlungen Steuerpflichtiger. Reale Reaktionen der Steuerpflichtigen, d. h. Änderungen ihrer wirtschaftlichen Aktivitäten, stehen nicht im Vordergrund. Diese werden meist im non-accounting research behandelt.[366]

Die meisten offenen Fragen bestehen beim Einfluss von Steuern auf die Aktienpreisbildung. Die Ergebnisse verschiedener Studien legen zwar die Vermutung nahe, dass sich Steuern auf die Preisbildung auswirken. Allerdings steht die Forschung in diesem Bereich noch am Anfang, was sich insbesondere in der hohen Anzahl unveröffentlichter Arbeitspapiere widerspiegelt. Im Gegensatz zu den in Zeitschriften veröffentlichten Studien wurden diese Arbeiten (noch) nicht weiteren Prüfungen im Review Prozess unterzogen. Ihre Ergebnisse sind daher mit Vorsicht zu genießen: „[A]dditional research is warranted to assess the robustness of these studies and their implications for share prices."[367]

4.2.2.4 Multijurisdictional research

Als letzten inhaltlichen Schwerpunkt des tax research in accounting stellen *Shackelford/Shevlin* das *multijurisdictional research* dar.[368] Wie bereits erläutert, sprechen vor allem pragmatische Gründe dafür, jurisdiktionsübergreifende Betrachtungen als einen eigenen Bereich zu betrachten und aus den beiden anderen Bereichen auszuklammern.[369] Auf Grund unterschiedlicher Steuern (Steuersatz und Bemessungsgrundlage) in verschiedenen Jurisdiktionen eignen sich solche Betrachtungen, um den Einfluss von Steuern auf Entscheidungen zu identifizieren. Zudem besitzt das tax research in accounting einen entscheidenden Vorteil gegenüber den anderen Steuerdisziplinen: die Kenntnis institutioneller Details. Komplizierte steuerliche Regelungen „serve as barriers to entry for many [non-accounting] researchers".[370] Anders als in den beiden

---

[365] Vgl. *Shackelford/Shevlin* (2001), S. 359; *Maydew* (2001), S. 395, 397.

[366] Vgl. z. B. *Gourio/Miao* (2010); *Auerbach/Hassett* (2002).

[367] *Shackelford/Shevlin* (2001), S. 359. *Thornton* (2004), S. 51, beschreibt den Review Prozess wie folgt: „The process of manuscript selection is one of professional assessment. Editors and referees evaluate manuscripts for professional competence, quality of presentation, relevance of subject matter, and the significance of the contribution to the literature." Einige der von Shackelford/Shevlin zitierten unveröffentlichten Arbeitspapiere wurden in späteren Jahren in Zeitschriften veröffentlicht. Dazu zählen z. B. *Blouin/Raedy/Shackelford* (2003); *Gentry/Kemsley/Mayer* (2003); *Ayers/Cloyd/Robinson* (2002); *Shackelford/Verrecchia* (2002).

[368] Vgl. hierzu und den folgenden Ausführungen *Shackelford/Shevlin* (2001), S. 360–364. Vgl. auch *Scholes et al.* (2009), S. 325–375; *Graham* (2008), S. 90–100.

[369] Vgl. nochmals *Shackelford/Shevlin* (2001), S. 360.

[370] *Shackelford/Shevlin* (2001), S. 360.

4 Tax planning research

anderen Schwerpunktbereichen befasst sich das multijurisdictional research mit allen Merkmalen des Scholes/Wolfson-Framework. Im Vordergrund steht nicht die Erläuterung der einzelnen Merkmale des Scholes/Wolfson-Frameworks, sondern dessen Anwendung auf jurisdiktionsübergreifende Sachverhalte.[371]

Schwerpunktmäßig beschäftigt sich das multijurisdictional tax research in accounting mit *geographischen Einkommensverlagerungen* (geographic income shifting). Internationale Unternehmen haben die Möglichkeit, Einkommen zwischen verschiedenen Ländern zu verschieben, um niedrige Steuersätze auszunutzen. Dazu können Unternehmen Gestaltungen im Rahmen der Finanzierung, Erfolgsabgrenzung (insbesondere Transferpreise) und operativer Tätigkeiten (Verlagerung von wirtschaftlichen Aktivitäten) nutzen.[372] Schwerpunktmäßig werden die relativ flexiblen und kostengünstigen Gestaltungen im Rahmen der Finanzierung und Erfolgsabgrenzung betrachtet.[373] Hier zeigt sich die Abgrenzung des tax research in accounting zum non-accounting research. Das tax research in accounting beschäftigt sich mit den sog. Ausweichhandlungen der Steuerpflichtigen. Reale Reaktionen der Steuerpflichtigen, d. h. Änderungen der wirtschaftlichen Aktivitäten, stehen nicht im Vordergrund und werden im non-accounting research behandelt.[374]

Die Ergebnisse verschiedener empirischer Studien bestätigen Einkommensverlagerungen internationaler Unternehmen. Sie dokumentieren, dass Unternehmen in Niedrigsteuerländern grundsätzlich höhere Einkommen erzielen bzw. berichten oder dass sich nach einer Änderung der Steuersätze die geographische Einkommensverteilung entsprechend der steuerlichen Anreize verschiebt.[375] Ähnliche Ergebnisse ergeben empirische Untersuchungen zu nationalen Einkommensverlagerungen auf Grund von Steuersatzgefällen zwischen Bundesstaaten.[376]

4.2.2.5 Themenübergreifende Aspekte

Neben inhaltlichen Schwerpunkten des tax planning research beschäftigen sich *Shackelford/Shevlin* mit themenübergreifenden Aspekten der Forschung, die sie unter der Überschrift *„methodological issues"* behandeln.[377] In diesem Abschnitt geht es vornehmlich um Detailprobleme empirischer Forschung. Dazu zählen Probleme durch

---

[371] Vgl. zu den Merkmalen „all taxes" und „all parties" z. B. *Collins/Shackelford* (1992) und zu den Merkmalen „all costs" und „all parties" z. B. *Newberry/Dhaliwal* (2001).

[372] Vgl. *Jacob* (1996), S. 301–303; *Klassen/Lang/Wolfson* (1993), S. 144.

[373] Vgl. z. B. *Newberry/Dhaliwal* (2001); *Jacob* (1996); *Shackelford* (1993).

[374] Vgl. z. B. *Mintz/Smart* (2004).

[375] Vgl. z. B. *Mills/Newberry* (2004); *Newberry/Dhaliwal* (2001); *Collins/Kemsley/Lang* (1998); *Klassen/Lang/Wolfson* (1993).

[376] Vgl. z. B. *Gupta/Mills* (2002); *Beatty/Harris* (2001); *Klassen/Shackelford* (1998).

[377] Vgl. hierzu *Shackelford/Shevlin* (2001), S. 364–375.

4 Tax planning research

Selbstselektion (self-selection bias), die Spezifizierung von Trade-off Modellen (specifying tradeoff models), die Fokussierung auf Veränderungen von Größen anstatt von Niveaugrößen (changes vs. levels specifications), Steuerlastmessungen unter Einbeziehung impliziter Steuern (implicit taxes in tax burden studies) und die Verwendung vertraulicher Daten (using confidential data). Neben diesen hier nicht weiter betrachteten Detailproblemen behandeln *Shackelford/Shevlin* den für die gesamte Forschung zentralen Aspekt der Bestimmung *marginaler Steuersätze*. Auf Grund seiner Bedeutung für die oben dargestellten inhaltlichen Schwerpunkte, wurde dieser Bereich von *Shackelford/Shevlin* vor die Klammer gezogen. Im Folgenden wird dieser Bereich einer genaueren Betrachtung unterzogen.

Empirische Untersuchungen zum Einfluss von Steuern auf Unternehmensentscheidungen benötigen zur Messung steuerlicher Anreize einen marginalen Steuersatz bzw. Grenzsteuersatz. Je höher der Grenzsteuersatz (c. p.), desto stärker sind die steuerlichen Anreize (hohe steuerliche Vorteile). Beispielsweise sollte der Anreiz zur Fremdkapitalaufnahme mit der Höhe des Grenzsteuersatzes steigen, da mit ihm der steuerliche Vorteil aus einem Euro Fremdkapitalzinsen steigt. Regelmäßig ist der Grenzsteuersatz jedoch unbekannt. Ein bedeutender Beitrag des tax research in accounting besteht in der Entwicklung und Beurteilung verschiedener Konzepte zur Ermittlung des Grenzsteuersatzes. Institutionelle Detailkenntnisse sind hier ein bedeutender Faktor.[378]

Um die ökonomischen Anreize von Steuern richtig zu erfassen, wird der Grenzsteuersatz als der Barwert aktueller und zukünftiger Steuerzahlungen auf einen zusätzlichen Euro zu versteuerndes Einkommen definiert.[379] Dieser ökonomische Grenzsteuersatz wird oftmals nicht mit dem gesetzlichen Grenzsteuersatz übereinstimmen.[380] Dies soll anhand des folgenden Beispiels erläutert werden. Angenommen ein Unternehmen unterliegt einem gesetzlichen Grenzsteuersatz von 35 %. In den Vorjahren hat es Verluste von insgesamt 20.000.000 € angesammelt (steuerlicher Verlustvortag). Im *ersten* Szenario erzielt das Unternehmen im aktuellen Jahr ein Einkommen von 25.000.000 €, sodass nach der Verlustverrechnung 5.000.000 € zu versteuern sind. Jeder zusätzliche Euro Einkommen im aktuellen Jahr wird mit dem gesetzlichen Grenzsteuersatz von 35 % besteuert, d. h. es fallen 35 Cent marginale Steuern an. Auswirkungen auf andere Jahre ergeben sich nicht. Der Barwert der Steuerzahlungen beträgt somit 35 Cent. Der gesetzliche und ökonomische Grenzsteuersatz stimmen überein, sie betragen 35 %.

Ein anderes Ergebnis ergibt sich im *zweiten* Szenario, in dem das Unternehmen im aktuellen sowie in den Folgejahren ein Einkommen von 18.000.000 € erzielt. Nach der

---

[378] Vgl. zur Bedeutung des Grenzsteuersatzes *Shackelford/Shevlin* (2001), S. 364; *Graham* (1996a), S. 41 f.; *Graham* (1996b), S. 187 f.; *Shevlin* (1990), S. 52.

[379] Vgl. *Scholes et al.* (2009), S. 204; *Shevlin* (1990), S. 51 f.

[380] Der gesetzliche Grenzsteuersatz in den USA lässt sich am Körperschaftsteuertarif (Sec. 11 IRC) ablesen. Dieser ist progressiv ausgestaltet (Anstoßtarif).

4 Tax planning research

Verrechnung des aktuellen Einkommens mit den steuerlichen Verlusten aus den Vorjahren verbleibt ein Verlustvortag i. H. von 2.000.000 € für das Folgejahr. Erzielt das Unternehmen im aktuellen Jahr einen zusätzlichen Euro Einkommen, beträgt der gesetzliche Grenzsteuersatz 0 %. Es fällt keine Steuer an. Allerdings reduziert sich der verbleibende Verlustvortrag für das Folgejahr um einen Euro auf 1.999.999 €. Ein zusätzlicher Euro Einkommen im aktuellen Jahr führt also zu einer zusätzlichen Steuer auf einen Euro im Folgejahr (bei einem gesetzlichen Grenzsteuersatz von 35 % also 35 Cent). Der Barwert dieser Steuer beträgt (bei einem Diskontierungszinssatz von 8 %) 0,35/1,08 = 32,41 Cent, was einem ökonomischen Grenzsteuersatz von 32,41 % entspricht. Auch wenn im aktuellen Jahr keine Steuer auf einen Euro zusätzliches Einkommen anfällt, liegt der ökonomische Grenzsteuersatz über 0 %. Nach dem Scholes/Wolfson-Framework ist dies der für die Entscheidungsträger relevante Grenzsteuersatz.[381]

In der Literatur finden sich verschiedene Konzepte zur Ermittlung oder Schätzung des ökonomischen Grenzsteuersatzes.[382] Eine einfache Möglichkeit ist die Kategorisierung von Unternehmen anhand der Existenz steuerlicher Verlustvorträge. Sind steuerliche Verlustvorträge vorhanden, wird den Unternehmen ein ökonomischer Grenzsteuersatz von 0 % zugeordnet. Existieren keine steuerlichen Verlustvorträge, wird angenommen, dass der ökonomische Grenzsteuersatz dem gesetzlichen Spitzengrenzsteuersatz entspricht. Allerdings sind solche statischen Schätzungen nicht in der Lage, die dynamischen Aspekte des Steuerrechts, insbesondere in Bezug auf den Verlustvortrag und -rücktrag, abzubilden.[383] Sie können nur eine erste Schätzung sein.[384]

Zur Erfassung dynamischer Aspekte des Steuerrechts werden in der Literatur Simulationen verwendet.[385] Im Rahmen dieser Simulationen wird das zukünftige steuerliche Einkommen auf Basis der historischen steuerlichen Einkommensentwicklung vorhergesagt bzw. fortgeschrieben. Dies ermöglicht die dynamische Berücksichtigung der steuerlichen Verlustverrechnung zur Ermittlung des ökonomischen Grenzsteuersatzes. Ein Problem dieser Simulationen besteht in der mangelnden Verfügbarkeit von Informationen über das steuerliche Einkommen.[386] Die Berechnungen beruhen regelmäßig

---

[381] Vgl. zu diesem Beispiel und anderen Szenarien *Scholes et al.* (2009), S. 204–207; *Shevlin* (1990), S. 52–54.

[382] Vgl. den Überblick bei *Graham* (1996b), S. 192–195; *Shevlin* (1990), S. 54 f.

[383] In den USA existiert ein zeitlich befristeter Verlustrücktrag (2 Jahre) und ein zeitlich befristeter Verlustvortrag (20 Jahre) (Sec. 172 IRC). Der steuerliche Effekt eines zusätzlichen Euro Einkommens im aktuellen Jahr t_0 kann sich daher irgendwo zwischen t_{-2} und t_{20} oder (bei fehlendem Einkommen) gar nicht realisieren. Vgl. zu den dynamischen Aspekten des Steuerrechts den Überblick bei *Graham/Lemmon* (1998), S. 56–59.

[384] Vgl. zur Eignung verschiedener Konzepte als erste Schätzung *Graham* (1996b).

[385] Vgl. *Shevlin* (1990), sowie die Erweiterungen bei *Graham* (1996a). Eine ausführliche Erläuterung der Vorgehensweise findet sich bei *Graham/Lemmon* (1998), S. 59–63.

[386] Vgl. hierzu *Shevlin* (1990), S. 58 f.

4 Tax planning research

auf Jahresabschlussdaten (financial statement data). Die Ableitung des steuerlichen Einkommens aus dem Jahresabschluss ist allerdings schwierig und kann zu falschen Schätzungen des ökonomischen Grenzsteuersatzes führen.[387] Auf Grund der Detailkenntnisse im Steuerrecht und im financial reporting kann das tax research in accounting einen entscheidenden Beitrag in diesem Bereich leisten: „As accounting tax researchers, we understand the corporate-level data, especially if it is derived from firm's financial statements, and we understand the complexity and interplay of the tax and financial accounting rules."[388]

Abschließend wird eine kurze Zusammenfassung über die inhaltlichen Schwerpunkte und ihre Hauptaussagen im tax planning research gegeben (siehe dazu die folgende Darstellung).

Inhaltlicher Schwerpunkt	Relevante Merkmale des Scholes/Wolfson-Framework	Kerngebiet(e)	Hauptaussage
tax and non-tax tradeoffs	all parties, all costs	financial reporting costs, agency costs	Steuern sind nur *ein* relevanter Faktor bei Entscheidungen
taxes and asset prices	all parties, all taxes	mergers and acquisitions, equity prices	Steuern beeinflussen die Vermögenspreisbildung
multijurisdictional research	all parties, all taxes, all costs	geographical income shifting	Steuern beeinflussen jurisdiktionsübergreifende Entscheidungen

Darstellung 20: Zusammenfassung Shackelford/Shevlin (2001)

---

[387] Das taxable income wird anhand des Steueraufwands im financial reporting geschätzt. Dieser setzt sich aus dem tatsächlichen (current tax expense) und latenten Steueraufwand (deferred tax expense) zusammen. Der latente Steueraufwand ist ein Indikator für (temporäre) Unterschiede zwischen financial reporting income und taxable income (book-tax differences). Mit Hilfe des latenten Steueraufwands und des Ertragsteuersatzes (tax rate) werden die book-tax differences wie folgt ermittelt: book-tax differences = deferred tax expense / tax rate. Zieht man diese book-tax differences vom financial reporting income ab, ergibt sich das geschätzte taxable income. Vgl. zu dieser Vorgehensweise *Graham* (1996a), S. 47; *Shevlin* (1990), S. 58. Vgl. zur Genauigkeit von simulierten ökonomischen Grenzsteuersätzen auf Basis von Jahresabschlussdaten *Graham/Mills* (2008), *Plesko* (2003).

[388] *Shevlin* (2007), S. 91 f. Solche Beiträge finden sich z. B. bei *Mills* (2006); *Hanlon* (2003); *Hanlon/Shevlin* (2002). Vgl. auch *Graham/Lang/Shackelford* (2004); *Klassen/Lang/Wolfson* (1993), S. 151–154.

4.2.3 Hanlon/Heitzman (2010)

4.2.3.1 Überblick

In ihrem in 2010 veröffentlichten Literaturüberblick über das tax planning research differenzieren *Hanlon/Heitzman* zwischen vier Forschungsbereichen. Dazu zählen:

- informational role of accounting for income taxes,
- corporate tax avoidance,
- effect of taxes and the book-tax tradeoff on real corporate decisions und
- taxes and asset prices.[389]

Im Vergleich zu *Shackelford/Shevlin* handelt es sich auf den ersten Blick bei den beiden ersten Bereichen *informational role of accounting for income taxes* und *corporate tax avoidance* um neue Schwerpunkte des tax planning research. Ersterer behandelt das corporate reporting (Unternehmensberichterstattung) von Ertragsteuern im financial accounting. Letzterer das corporate reporting des Einkommens gegenüber den Steuerbehörden.[390] Sie lassen sich somit unter dem Begriff *corporate reporting* zusammenfassen. Der dritte Bereich *effect of taxes and the book-tax tradeoff on real corporate decisions* lässt sich als Teilbereich den *tax and non-tax tradeoffs* in *Shackelford/Shevlin* zuordnen. Der letzte Bereich *taxes and asset prices* findet sich sowohl bei *Shackelford/Shevlin* als auch *Hanlon/Heitzman*. Die folgende Darstellung auf der nächsten Seite gibt einen Überblick über die von *Hanlon/Heitzman* identifizierten Forschungsbereiche:

---

[389] Vgl. *Hanlon/Heitzman* (2010), S. 127–130.
[390] Vgl. *Hanlon/Heitzman* (2010), S. 128, 137.

4 Tax planning research

```
                        tax planning research
                                 │
         ┌───────────────────────┼───────────────────────┐
         │                       │                       │
 corporate reporting     tax and non-tax          taxes and asset
                            tradeoffs                 prices
         │
   ┌─────┴─────┐
   │           │
informational  corporate tax     effect of taxes
   role of      avoidance        and the book-
accounting for                   tax tradeoff on
income taxes                     real corporate
                                   decisions
```

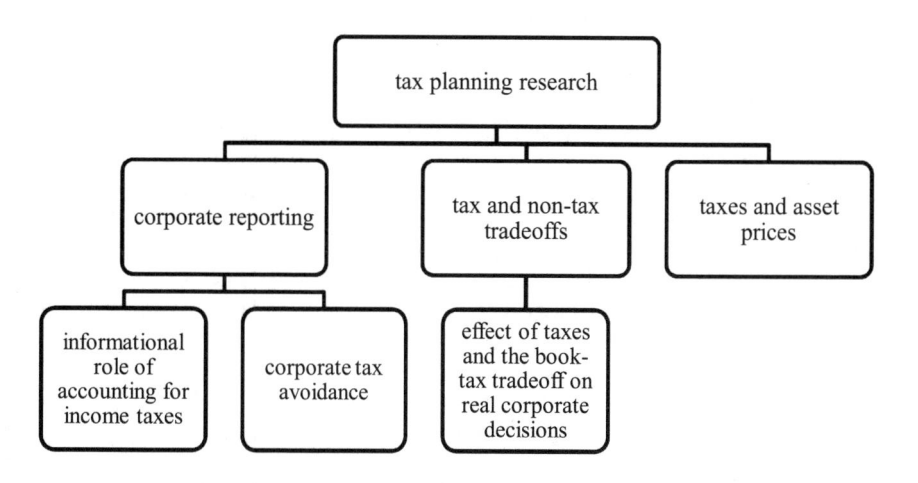

Darstellung 21: Forschungsbereiche nach Hanlon/Heitzman (2010)

Inwieweit sich die von *Hanlon/Heitzman* identifizierten Bereiche im Detail von den Forschungsschwerpunkten in *Shackelford/Shevlin* unterscheiden, soll im Folgenden untersucht werden.

4.2.3.2 Informational role of accounting for income taxes

Unter der Überschrift *informational role of accounting for income taxes* beschäftigt sich die Forschung mit dem Informationsgehalt der Bilanzierung von Ertragsteuern.[391] Bis vor wenigen Jahren spielte dieser Forschungsbereich keine bedeutende Rolle. *Shackelford/Shevlin* identifizierten ihn noch als eine der „potentially new areas of research", die bis zu diesem Zeitpunkt „neither tax research nor financial accounting research has closely evaluated."[392] Dies hat sich in den letzten Jahren dramatisch geändert: „[I]n recent years," so *Graham/Raedy/Shackelford*, „both financial accounting and tax researchers have begun to focus on [accounting for income taxes], so much that [it] has become the most active area of accounting research in taxation."[393] Auslöser war vor allem die in den letzten Jahren wachsende Kluft zwischen den Er-

---

[391] Vgl. hierzu *Hanlon/Heitzman* (2010), S. 130–137, sowie den ausführlichen Literaturüberblick in *Graham/Raedy/Shackelford* (2012).

[392] *Shackelford/Shevlin* (2001), S. 377 [beide wörtlichen Zitate].

[393] *Graham/Raedy/Shackelford* (2012), S. 412. *Graham/Raedy/Shackelford* (2012), S. 425, führen den Anstieg der Forschung insbesondere auf die Arbeiten von *Hanlon* (2005) und *Lev/Nissim* (2004) zurück.

4 Tax planning research

gebnissen des financial reporting (book income) und der steuerlichen Gewinnermittlung (taxable income), das sog. book-tax gap.[394]

Die Bilanzierung von Ertragsteuern im Rahmen des financial reporting hat den Zweck, den Abschlussadressaten entscheidungsnützliche Informationen zu vermitteln.[395] Die von einem Unternehmen tatsächlich zu zahlenden Ertragsteuern richten sich jedoch nicht nach dem financial reporting income, sondern nach dem separat zu ermittelnden taxable income. Financial reporting und taxable income stimmen auf Grund der unterschiedlichen Ermittlungsvorschriften oftmals nicht überein, d. h. es entstehen book-tax differences.[396] Weitere Ursachen für book-tax differences können die Steuerplanung (tax planning) und Bilanzpolitik (earnings management) eines Unternehmens sein.[397] All dies führt dazu, dass die tatsächlich gezahlten Steuern in keinem sinnvollen Zusammenhang zu dem financial reporting income stehen. Um der Informationsfunktion des financial reporting gerecht zu werden, sind daher latente Steuern in der Form von fiktiven Ertragsteuerforderungen (deferred tax assets) und Ertragsteuerverbindlichkeiten (deferred tax liabilities) zu erfassen.[398]

Streng genommen ist die Forschung zur informational role of accounting for income taxes eher dem Bereich des *financial accounting research* als dem tax research in accounting zuzuordnen.[399] Wie bereits oben ausgeführt, beschäftigt sich das financial accounting research mit dem „external financial reporting", wohingegen das tax re-

---

[394] Vgl. *Graham/Raedy/Shackelford* (2012), S. 412 f. (Fn. 2); *Watrin* (2011), S. 299; *Shevlin* (2007), S. 90.

[395] Vgl. das *Conceptual Framework for Financial Reporting* des FASB und IASB.

[396] Book-tax differences sind entweder zeitlich begrenzt (temporary) oder unbegrenzt (permanent). Hauptsächlich entstehen zeitlich begrenzte Differenzen, die auf die unterschiedliche zeitliche Erfassung von Erträgen und Aufwendungen zurückgehen. Vgl. *Hanlon/Heitzman* (2010), S. 169 f. Sie gleichen sich in den Folgeperioden automatisch aus. Zeitlich begrenzte Differenzen entstehen beispielsweise im Zusammenhang mit Anzahlungen. Im Rahmen der steuerlichen Gewinnermittlung werden Anzahlungen bereits zum Zeitpunkt der Zahlung erfolgswirksam vereinnahmt, wohingegen die Erträge im Rahmen des financial accounting erst dann erfasst werden, wenn sie tatsächlich realisiert wurden. Es kommt somit zu einem zeitlich begrenzten Auseinanderfallen der Ertragserfassung. Im Gegensatz dazu gleichen sich permanente Unterschiede (permanent differences) zwischen taxable und financial reporting income in den Folgeperioden nicht aus. Dazu zählen z. B. steuerfreie Erträge wie die Zinsen von municipal bonds. Vgl. hierzu und weiteren Differenzen zwischen taxable und financial reporting income *Scholes et al.* (2009), S. 38–40; *PricewaterhouseCoopers* (2009); *Knott/Rosenfeld* (2003), S. 876–884; *Mills/Newberry/Trautman* (2002), S. 3–7; *Ditz* (2001), S. 25–29.

[397] Vgl. auch *Seidman* (2010); *Mills/Newberry/Trautman* (2002), S. 7–9.

[398] Vgl. zur Bilanzierung von Ertragsteuern allgemein *Bragg* (2011), S. 839–911; *Pellens et al.* (2011), S. 219–244. Nach *Graham/Raedy/Shackelford* (2012), S. 412, wird das accounting for income taxes durchgeführt „in an attempt to accurately portray the financial position of the firm, and (…) the current financial performance of the firm."

[399] Vgl. hierzu und den folgenden Ausführungen *Hanlon/Heitzman* (2010), S. 128, 130.

4 Tax planning research

search in accounting „income tax issues, tax planning, tax strategies, and the impact of taxes on capital markets" betrachtet.[400] Die Forschung zur informational role of accounting for income taxes behandelt zwar income tax issues. Der Fokus liegt jedoch auf ihrer Bilanzierung im financial reporting und nicht auf den Ertragsteuern selbst sowie deren Wirkungen. Die Forschung ist somit inhaltlich dem financial accounting research zuzurechnen: „Although related to traditional corporate income tax research," so *Graham/Raedy/Shackelford*, „recent [accounting for income taxes] work resembles mainstream financial accounting research far more than it resembles the "Scholes-Wolfson" tax research".[401] Allerdings werden die Untersuchungen oftmals durch tax research accountants durchgeführt, da sie sowohl institutionelle Kenntnisse im Bereich des Steuerrechts als auch im financial reporting besitzen. Des Weiteren bestehen auch in anderen Bereichen des tax research in accounting enge Verbindungen zum financial accounting research, insbesondere im Bereich der tax und non-tax tradeoffs.[402] Daher soll dieser Forschungsbereich als – ein mit dem financial accounting research eng verbundender – Schwerpunkt des tax research in accounting angesehen und dem tax planning research im weitesten Sinne zugeordnet werden.

Die Forschung zur informational role of accounting for income taxes lässt sich in die drei Teilbereiche *earnings management*, *book-tax differences and earnings characteristics* und *equity market pricing of information in the tax accounts* unterteilen (siehe die folgende Darstellung auf der nächsten Seite).[403]

---

[400] Vgl. zu den Definitionen des financial accounting research und tax research in accounting nochmals Kapitel 3.2.2.2.

[401] *Graham/Raedy/Shackelford* (2012), S. 413. *Hanlon/Heitzman* (2010), S. 128, stellen klar, dass die „literature examining the information in the tax accounts about current and future earnings constitutes a subset of financial accounting research."

[402] Vgl. nochmals *Shackelford/Shevlin* (2001), S. 326 f., 377.

[403] Vgl. *Graham/Raedy/Shackelford* (2012), S. 413. *Hanlon/Heitzman* (2010), S. 131, verwenden eine leicht abweichende Klassifizierung.

4 Tax planning research

```
┌─────────────────┐
│ informational role of │
│   accounting for      │
│    income taxes       │
└─────────────────┘
         │
   ┌─────┼─────┐
   │     │     │
┌──────┐ ┌──────────────┐ ┌──────────────┐
│earnings│ │book-tax      │ │equity market │
│management│ │differences   │ │pricing       │
│        │ │and earnings  │ │of information│
│        │ │characteristics│ │in the        │
│        │ │              │ │tax accounts  │
└──────┘ └──────────────┘ └──────────────┘
```

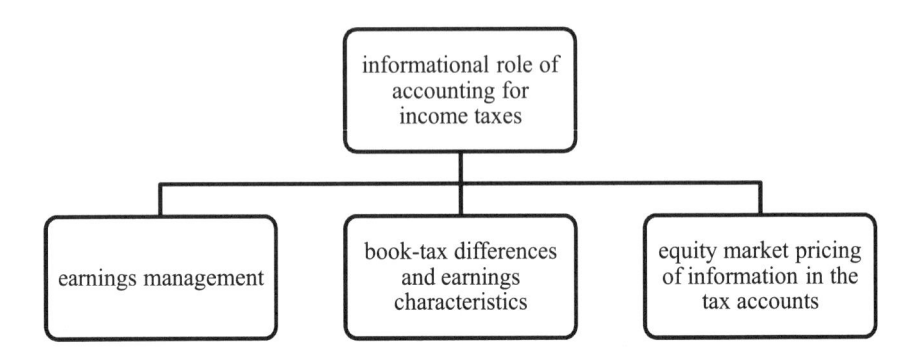

Darstellung 22: Teilbereiche informational role of income taxes

Arbeiten zum *earnings management* stellen den bedeutendsten Teilbereich dar.[404] Sie beschäftigen sich mit der Frage, ob und wie Unternehmen diskretionäre Spielräume bei der Bilanzierung von Ertragsteuern zur Steuerung des financial reporting incomes nutzen. In diesem Zusammenhang wurden verschiedene steuerliche Posten (tax accounts) des financial reporting untersucht. Dazu zählen vor allem Wertberichtigungen auf aktive latente Steuern (valuation allowances) und Rückstellungen für steuerliche Risiken (tax contingencies).[405] In beiden Bereichen bestehen erhebliche diskretionäre Spielräume dem Grunde und der Höhe nach. Beispielsweise sind Wertberichtigungen auf aktive latente Steuern dann vorzunehmen, wenn sie voraussichtlich nur eingeschränkt mit zukünftigen steuerpflichtigen Gewinnen verrechenbar sind.[406] Sie hängen damit von den subjektiven und kaum nachprüfbaren Einschätzungen des Managements über die Gewinnentwicklung des Unternehmens ab. Das Management ist in der Lage, die Bildung von Wertberichtigungen und damit des financial reporting income zu beeinflussen. Ähnlichen Spielraum hat das Management bei der Bildung von Rückstellungen für steuerliche Risiken. Diese sind zu bilden, soweit das Management erwartet, dass in der Steuererklärung deklarierte Posten (tax position) einer Überprüfung durch die Finanzbehörden nicht standhalten. Das können beispielsweise Verrechnungspreise

---

[404] Vgl. hierzu und zu den folgenden Ausführungen ausführlich *Graham/Raedy/Shackelford* (2012), S. 418–424; *Hanlon/Heitzman* (2010), S. 133–135.

[405] Ein kleiner Teil der Forschung betrachtet darüber hinaus den Spielraum bei der Klassifizierung von Gewinnen ausländischer Tochtergesellschaften als permanent reinvestierte Mittel (permanently reinvested earnings). Vgl. dazu *Krull* (2004). Andere Untersuchungen beschäftigen sich mit der Dokumentation von earnings management durch die Betrachtung des Sammelpostens Steueraufwand in der Gewinn- und Verlustrechnung. Vgl. z. B. *Dhaliwal/Gleason/Mills* (2004).

[406] Die Bilanzierung von Ertragsteuern nach US-GAAP ist im FASB ASC topic 740 geregelt. Erläuterungen zu den spezifischen Regelungen finden sich bei *Bragg* (2011), S. 856–867. Vgl. auch *Graham/Raedy/Shackelford* (2012), S. 415–418; *Hanlon/Heitzman* (2010), S. 169–171.

4 Tax planning research

oder als steuerfrei deklarierte Transaktionen sein. Die Rückstellungsbildung hängt damit von den subjektiven und kaum nachprüfbaren Einschätzungen des Managements ab, ob und inwieweit einzelne tax positions einer zukünftigen Überprüfung standhalten.[407] Sowohl valuation allowance und tax contingency beinhalten somit diskretionäre Spielräume, die das Management zur Steuerung des financial reporting income nutzen kann.

Die Ergebnisse verschiedener empirischer Untersuchungen zum earnings management sind gemischt. Es konnte gezeigt werden, dass diskretionäre Spielräume bei der valuation allowance und tax contingency genutzt werden, um die Gewinnerwartungen von Analysten zu erfüllen. Sie werden aber nicht verwendet, um andere Ziele zu erreichen, wie z. B. zur Einkommensglättung (income smoothing) oder Vermeidung von Verlusten.[408]

Der zweite Teilbereich *book-tax differences and earnings characteristics* beschäftigt sich damit, ob und in welchem Ausmaß der Steueraufwand und andere steuerbezogene Publizitätserfordernisse Informationen über die aktuelle und zukünftige Gewinn- und Ertragslage eines Unternehmens beinhalten.[409] Hinter dieser Sichtweise steckt die Vermutung, dass das taxable income eine alternative Erfolgsgröße darstellt, die den Investoren zusätzliche entscheidungsnützliche Informationen liefern kann. Auf Grund spezifischer gesetzlicher Regelungen ist es im Gegensatz zum financial reporting income weit weniger anfällig für Manipulationen des Managements.[410] Die Verwendung des taxable income als Benchmark bzw. die zwischen financial reporting und taxable income bestehenden book-tax differences können daher Informationen zur Qualität des financial reporting income liefern.[411]

Da Informationen zum taxable income (bzw. zu den daraus abgeleiteten book-tax differences) öffentlich nicht verfügbar sind, muss es aus den Jahresabschlussdaten (fi-

---

[407] Der Spielraum des Managements zeigt sich beispielsweise bei der Bewertung. Diese regelt FASB ASC topic 740-10-30-7 wie folgt: „A tax position (…) shall initially and subsequently be measured as the largest amount of tax benefit that is greater than 50 percent likely of being realized upon settlement with a taxing authority that has full knowledge of all relevant information."

[408] Vgl. z. B. *Frank/Rego* (2006) (valuation allowance) und *Cazier et al.* (2011) (tax contingency).

[409] Vgl. hierzu und zu den folgenden Ausführungen ausführlich *Graham/Raedy/Shackelford* (2012), S. 424–426; *Hanlon/Heitzman* (2010), S. 131–133.

[410] So ist u. a. die Bildung von Rückstellungen im Rahmen der steuerlichen Gewinnermittlung stark eingeschränkt. Beispielsweise dürfen Rückstellungen für zukünftige Garantieleistungen nicht gebildet werden. Erst im Zeitpunkt der Zahlung sind sie als Aufwendungen für steuerliche Zwecke abzugsfähig. Vgl. Sec. 461(h) IRC, sowie die Erläuterungen von *Gertzman* (2007), S. 4-94 bis 121.

[411] Allerdings ist zu berücksichtigen, dass book-tax differences nicht nur durch earnings management, sondern auch durch tax planning Aktivitäten entstehen können. Eine Möglichkeit Unternehmen zu identifizieren, deren book-tax differences hauptsächlich auf earnings management zurückzuführen sind, findet sich bei *Ayers/Jiang/Laplante* (2009), S. 23–25.

4 Tax planning research

nancial statement data) abgeleitet werden. Dies geschieht regelmäßig anhand des im financial reporting ausgewiesenen Steueraufwands. Dieser setzt sich aus dem tatsächlichen (current tax expense) und latenten Steueraufwand (deferred tax expense) zusammen. Grundsätzlich können *zwei* Vorgehensweisen unterschieden werden, je nachdem ob die gesamten book-tax differences (temporäre und permanente) oder nur temporäre book-tax differences ermittelt werden sollen. Im *ersten* Fall dient der tatsächliche Steueraufwand als Schätzung für die geschuldeten Steuern. Anhand des Ertragsteuersatzes (tax rate) lässt sich daraus das geschätzte taxable income mit Hilfe der folgenden Formel bestimmen: estimated taxable income = current tax expense / tax rate. Die mit diesem estimated taxable income berechneten book-tax differences (book income − taxable income) beinhalten sowohl temporäre als auch permanente Differenzen. Im *zweiten* Fall werden book-tax differences anhand des latenten Steueraufwands geschätzt.[412] Mit Hilfe des latenten Steueraufwands und des Ertragsteuersatzes lassen sich temporäre book-tax differences wie folgt ermitteln: temporary book-tax differences = deferred tax expense / tax rate.[413]

Die bisher durchgeführten empirischen Untersuchungen stehen mit den oben dargelegten Überlegungen im Einklang. Sie lassen den Schluss zu, dass book-tax differences Informationen über die zukünftige Vermögens- und Ertragslage beinhalten. Unternehmen mit hohen book-tax differences weisen grundsätzlich eine niedrigere Qualität ihrer Ergebnisse (earnings quality) aus. Diese spiegelt sich in geringeren Ergebniswachstumsraten (earnings growth) sowie in einer fehlenden Gewinnstetigkeit (earnings persistence) wider.[414]

Inwieweit die im financial reporting enthaltenen steuerlichen Informationen von den Marktteilnehmern bei der Preisbildung berücksichtigt werden, ist Inhalt des Teilbereichs *equity market pricing of information in the tax accounts*.[415] Ihm werden Studien zugerechnet, die sich mit dem Ausweis latenter Steuern und Rückstellungen für steuerliche Risiken und deren Einfluss bzw. Relevanz für die Aktienpreisbildung beschäftigen.[416] Weitere Studien untersuchen, ob das geschätzte taxable income bzw. die book-

---

[412] Diese Vorgehensweise wird bei der Ermittlung der Grenzsteuersätze verwendet. Vgl. dazu bereits Kapitel 4.2.2.5.

[413] Vgl. zu diesen Vorgehensweisen z. B. *Graham/Raedy/Shackelford* (2012), S. 428; *Scholes et al.* (2009), S. 41 f.; *Hanlon* (2005), S. 145 (Fn. 19), 151; *Hanlon/Laplante/Shevlin* (2005), S. 415 f., sowie die Diskussion bei *Hanlon* (2003).

[414] Vgl. z. B. *Lev/Nissim* (2004) (earnings growth); *Hanlon* (2005) (earnings persistence).

[415] Vgl. hierzu und zu den folgenden Ausführungen ausführlich *Graham/Raedy/Shackelford* (2012), S. 426–431; *Hanlon/Heitzman* (2010), S. 131–133.

[416] Vgl. z. B. *Ayers* (1998) (latente Steuern); *Frischmann/Shevlin/Wilson* (2008) (Rückstellungen für steuerliche Risiken).

4 Tax planning research

tax differences dem Markt relevante Informationen liefern.[417] Insgesamt lässt sich aus den Ergebnissen dieser Studien ableiten, dass der Markt die im financial reporting enthaltenden steuerlichen Informationen bei der Preisbildung berücksichtigt und diese somit relevante Informationen darstellen. Dies bedeutet auch, dass die in der Öffentlichkeit diskutierte Angleichung bzw. Maßgeblichkeit des financial reporting für die steuerliche Gewinnermittlung (book-tax conformity) einen Informationsverlust zur Folge hätte, da das taxable income als alternative Erfolgsgröße wegfallen würde.[418]

Insgesamt kann festgehalten werden, dass die Forschung zur informational role of accounting for income taxes einen bedeutenden Bereich des tax planning research ausmacht. Zudem wurde deutlich, dass enge Verbindungen zwischen financial accounting research und tax research in accounting bestehen.

4.2.3.3 Corporate tax avoidance

Corporate tax avoidance – im Folgenden kurz tax avoidance – ist ein junger Forschungsbereich des tax planning research, der sich mit dem corporate reporting gegenüber den Steuerbehörden beschäftigt. Der Begriff tax avoidance lässt sich wertneutral mit Steuervermeidung bzw. -umgehung ins Deutsche übersetzen. Inhaltlich beschäftigt es sich mit der Frage, warum einige Unternehmen Steuervermeidung stärker bzw. aggressiver betreiben als andere Unternehmen. *Shackelford/Shevlin* resümierten: „[L]ittle is known about (…) differences in the willingness of firms to avoid taxes. (…) What are the determinants of tax aggressiveness?" Sie sahen in diesem Bereich daher Potential für einen neuen Forschungsschwerpunkt des tax planning research: „We look forward to future studies that will further explain the determinants of tax planning."[419]

Nach *Hanlon/Heitzman* hat sich das tax avoidance research seither zu einem Forschungsschwerpunkt des tax planning research entwickelt.[420] Auslöser war vor allem die in den letzten Jahren wachsende Kluft zwischen den Ergebnissen des financial reporting und der steuerlichen Gewinnermittlung.[421] Der Begriff tax avoidance umfasst nach *Hanlon/Heitzman* alle Aktivitäten zur Reduzierung expliziter Steuern.[422] Die in

---

[417] Vgl. z. B. *Hanlon/Laplante/Shevlin* (2005); *Hanlon* (2005). Selbst wenn Informationen zum tatsächlichen taxable income vorliegen würden, muss auf das geschätzte taxable income zurückgegriffen werden, da nur öffentliche Informationen für die Marktteilnehmer relevant sein können.

[418] Vgl. zu dieser Diskussion *Hanlon/Shevlin* (2005); *Knott/Rosenfeld* (2003), S. 1057–1062.

[419] *Shackelford/Shevlin* (2001), S. 378 [beide Zitate]. Vgl. zu ersten Untersuchungen zur tax agressiveness Kapitel 4.2.2.2.

[420] Vgl. hierzu und den folgenden Ausführungen *Hanlon/Heitzman* (2010), S. 137–146.

[421] Vgl. *Desai/Dharmapala* (2009a), S. 169 f.; *Dyreng/Hanlon/Maydew* (2008), S. 63; *Shevlin* (2007), S. 90.

[422] Er beinhaltet somit sowohl reine Ausweichhandlungen (z. B. Einkommensverschiebungen) als auch reale Reaktionen (z. B. der Kauf von steuerfreien municipal bonds) der Steuerpflichtigen. Der Begriff *tax avoidance* ist somit weiter gefasst als der oben verwendete Begriff a*voidance res-*

4 Tax planning research

der Literatur üblicherweise vorgenommene Abgrenzung von legalen (*tax planning* bzw. *tax avoidance im engeren Sinne*) und illegalen Aktivitäten (*tax evasion* (Steuerhinterziehung)) wird nicht übernommen.[423] Ob eine Aktivität legal oder illegal ist, lässt sich oftmals im Vorhinein nicht eindeutig feststellen. *Hanlon/Heitzman* betrachten daher die aggregierte Ebene und definieren tax avoidance als Oberbegriff, der sowohl legale als auch illegale Aktivitäten umfasst.[424] Einen Überblick über den Inhalt des Begriffs tax avoidance gibt die folgende Darstellung.

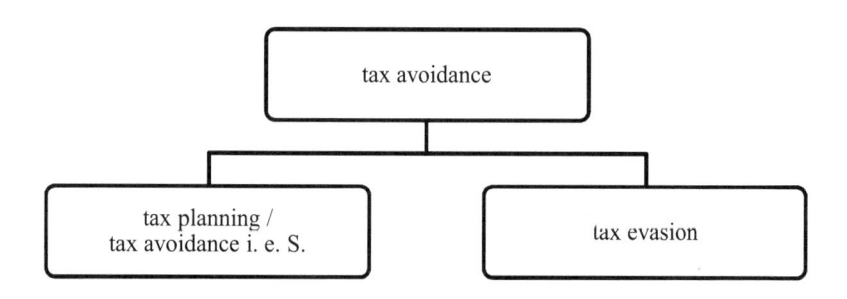

```
                    tax avoidance
                   /            \
      tax planning /              tax evasion
      tax avoidance i. e. S.
```

Darstellung 23: Begriffsinhalt tax avoidance

Die Forschung zur *(corporate)* tax avoidance baut auf der in der Finanzwissenschaft (public economics) ausführlich untersuchten *individual* tax avoidance auf.[425] Nach dem sog. *standard economic model of tax compliance* hängt die Steuervermeidung von Individuen grundsätzlich von Entdeckungs- und Bestrafungswahrscheinlichkeit (probability of detection and punishment), Strafhöhe (penalty size), Einkommenshöhe (level of income) und Steuersatz (tax rate) ab.[426] Zusätzliche Komplexität ergibt sich

---

ponse (Ausweichhandlung). *Tax avoidance* umfasst nach Hanlon/Heitzman alle Reaktionen der Steuerpflichtigen in der *hierarchy of behavioral responses* nach Slemrod. Vgl. hierzu nochmals Kapitel 3.3.2. Diese weite Definition ist der Messung von tax avoidance geschuldet, da eine differenzierte Messung anhand der üblichen Messgrößen nicht möglich ist.

[423] Vgl. z. B. *Scholes et al.* (2009), S. 5; *Rego* (2003), S. 808, 828; *Slemrod/Yitzhaki* (2002), S. 1428.

[424] Vgl. *Hanlon/Heitzman* (2010), S. 137 (Fn. 39). Ähnlich *Dyreng/Hanlon/Maydew* (2008), S. 62. Damit weist der Begriff *tax avoidance* enge Verbindungen zu weiten Definitionen des Begriffs *tax compliance* bzw. *tax non-compliance* auf. In der Volkswirtschaftslehre (economics) ist allerdings eine enge Definition üblich, die *tax non-compliance* mit *tax evasion* gleichsetzt. Vgl. auch die Diskussion bei *Kirchler* (2007), S. 21–23; *James/Alley* (2002), S. 29–33; *Cowell* (1990), S. 10–14.

[425] Einen Überblick über die Forschung zur individual tax avoidance in der Finanzwissenschaft geben *Slemrod* (2007); *Slemrod/Yitzhaki* (2002); *Andreoni/Erard/Feinstein* (1998).

[426] Dieses Modell geht zurück auf *Allingham/Sandmo* (1972). Vgl. auch *Slemrod* (2007), S. 35 f.; *Slemrod/Yitzhaki* (2002), S. 1429–1432.

4 Tax planning research

bei Unternehmen durch die Trennung von Eigentum und Kontrolle.[427] Grundsätzlich lassen sich zwei theoretische Sichtweisen unterscheiden.[428]

Die *erste* Sichtweise (sog. traditional view of tax avoidance) fokussiert sich auf die Anreize des Managements, tax avoidance Aktivitäten durchzuführen.[429] Denn es sind nicht die Anteilseigner (Prinzipale), sondern das Management (Agenten), das über tax avoidance Aktivitäten entscheidet. Es liegt eine Prinzipal-Agenten-Beziehung vor, die durch Interessenkonflikte und Informationsasymmetrien zwischen beiden Parteien gekennzeichnet ist. Aus Sicht der Anteilseigner sollte das Management alle tax avoidance Aktivitäten durchführen, die den Gewinn nach Steuern maximieren. Das Management verfolgt jedoch seine eigenen Interessen und hat einen Anreiz, seinen Arbeitseinsatz so gering wie möglich zu halten (shirking). Die Folge ist, dass die Interessen der Anteilseigner nur unzureichend erfüllt werden. Daher sollten Anreize für das Management geschaffen werden, sich im Interesse der Anteilseigner zu verhalten, wie z. B. die Vergütung auf Basis des Gewinns nach Steuern.[430] Investoren werden tax avoidance Aktivitäten somit positiv bewerten.

Die *zweite* Sichtweise umfasst neben Arbeitsanreizproblemen weitere Dimensionen der Prinzipal-Agenten-Beziehung zwischen Management und Anteilseignern.[431] Dieser sog. *corporate governance view of tax avoidance* berücksichtigt, dass der Agent auf Grund von Informationsasymmetrien weitere diskretionäre Handlungsspielräume für eigene Interessen nutzen kann. Tax avoidance beinhaltet oftmals die Verschleierung von Aktivitäten, um den eigentlichen Grund solcher Aktivitäten zu verbergen. Erkennen die Finanzbehörden, dass solche Aktivitäten nur durchgeführt wurden, um steuerliche Vorteile zu generieren, werden sie die steuerlichen Vorteile nicht gewähren.[432] Solche Verschleierungen erhöhen jedoch den Informationsvorsprung und damit den diskretionären Handlungsspielraum des Managements, den es für seine eigenen Interessen nutzen kann (sog. resource diversion). Tax avoidance Aktivitäten eröffnen somit Möglichkeiten zum opportunistischen Verhalten des Managements. Dazu zählt

---

[427] Vgl. hierzu *Slemrod* (2004), S. 883–888.

[428] Vgl. zu diesen beiden Sichtweisen und den folgenden Ausführungen *Kim/Li/Zhang* (2011), S. 642; *Hanlon/Heitzman* (2010), S. 138 f.; *Desai/Dharmapala* (2009a), S. 171 f.

[429] Diese Sichtweise geht zurück auf *Crocker/Slemrod* (2005); *Chen/Chu* (2005); *Slemrod* (2004). Vgl. zur Bezeichnung dieser Sichtweise *Desai/Dharmapala* (2009a), S. 175; *Desai/Dharmapala* (2009b), S. 538 f.

[430] Vgl. hierzu nochmals Kapitel 4.2.2.2. Vgl. allgemein zum hidden action Problem *Göbel* (2002), S. 102.

[431] Diese Sichtweise geht zurück auf *Desai/Dyck/Zingales* (2007); *Desai/Dharmapala* (2006). Vgl. auch *Desai/Dharmapala* (2009a), S. 171 f.

[432] Grundlage für die Versagung sind als Missbrauchsverhinderungsvorschriften die sog. *business-purpose* und *substance-over-form doctrine*. Vgl. hierzu *Scholes et al.* (2009), S. 25–27; *Weisbach* (2002). Eine vergleichbare Vorschrift in Deutschland findet sich im § 42 AO.

z. B. earnings management, um die eigenen Gehaltszahlungen zu erhöhen.[433] Inwieweit resource diversion eine Rolle spielt, hängt von den corporate governance Strukturen ab. In Unternehmen mit starken corporate governance Strukturen, wie z. B. Regelungen zum Schutz von Minderheitsanteilseignern oder der Überwachung des Managements, werden sie keine bzw. eine geringere Rolle spielen als bei Unternehmen mit schwachen corporate governance Strukturen. Dementsprechend sollten Investoren tax avoidance Aktivitäten in Abhängigkeit der corporate governance Strukturen unterschiedlich bewerten.

Nachdem die Definition und die theoretischen Grundlagen des tax avoidance research behandelt wurden, sollen nun die inhaltlichen Schwerpunkte der Forschung betrachtet werden. Dazu lässt sich das tax avoidance research in die Teilbereiche *measuring of tax avoidance*, *determinants of tax avoidance* und *consequences of tax avoidance* unterteilen (siehe die folgende Darstellung).[434]

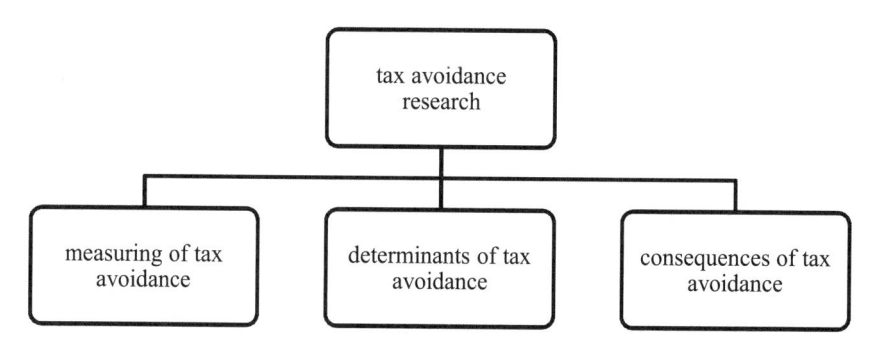

```
                    ┌──────────────────┐
                    │   tax avoidance  │
                    │     research     │
                    └──────────────────┘
                             │
         ┌───────────────────┼───────────────────┐
         │                   │                   │
┌──────────────────┐ ┌──────────────────┐ ┌──────────────────┐
│ measuring of tax │ │ determinants of tax│ │consequences of tax│
│    avoidance     │ │    avoidance     │ │    avoidance     │
└──────────────────┘ └──────────────────┘ └──────────────────┘
```

Darstellung 24: Teilbereiche tax avoidance

Die Diskussion um das *measuring of tax avoidance* beschäftigt sich mit den Möglichkeiten, tax avoidance anhand verschiedener Größen zu messen.[435] Nahezu alle Messgrößen verwenden das financial reporting income als Benchmark. Tax avoidance wird somit regelmäßig anhand der Unterschiede zwischen financial reporting income und taxable income gemessen.[436] Dies bedeutet gleichzeitig, dass die Messgrößen nur

---

[433] Vgl. auch das Beispiel bei *Desai/Dharmapala* (2009a), S. 172–176.

[434] Vgl. *Dyreng/Hanlon/Maydew* (2010), S. 1166 f.; *Hanlon/Heitzman* (2010), S. 137.

[435] Vgl. hierzu und den folgenden Ausführungen *Hanlon/Heitzman* (2010), S. 139–144.

[436] Dazu zählen die sog. *effective tax rates* (Verhältnis aus einer Schätzung der geschuldeten Steuern und pre-tax financial reporting income) und *book-tax differences* (Differenz aus financial reporting income und taxable income). Diese Vorgehensweise basiert auf der Annahme eines *tax and financial reporting tradeoffs*. Die aus Unternehmenssicht ideale tax avoidance Aktivität besteht darin, das taxable income zu reduzieren, ohne das financial reporting income negativ zu beeinflussen. Dies gilt zumindest für börsennotierte Unternehmen.

4 Tax planning research

solche tax avoidance Aktivitäten abbilden, die in beiden Rechenwerken unterschiedlich erfasst werden (sog. non-conforming tax avoidance). Conforming tax avoidance, die sowohl das financial reporting income als auch das taxable income reduzieren, können mit diesen Messgrößen nicht erfasst werden. Ein weiteres Problem besteht darin, die Unterschiede zwischen financial reporting income und taxable income zu identifizieren, die alleine auf tax avoidance (und nicht auf earnings management) zurückzuführen sind.[437] Da oftmals keine Informationen zum taxable income vorliegen, wird es regelmäßig anhand der vorliegenden Jahresabschlussdaten abgeleitet bzw. geschätzt.[438]

Auf Grund der Detailkenntnisse im Steuerrecht und im financial reporting kann das tax research in accounting einen entscheidenden Beitrag in diesem Bereich leisten: „As accounting tax researchers, we understand the corporate-level data, especially if it is derived from firm's financial statements, and we understand the complexity and interplay of the tax and financial accounting rules."[439] Ziel der Diskussion ist es, „to clarify the information that can be inferred from the different measures and clearly state what information cannot."[440] Hanlon/Heitzman diskutieren verschiedene Messgrößen in den sechs Kategorien *effective tax rate measures, long-run effective tax rates, book-tax differences, discretionary or „abnormal" measures of tax avoidance, unrecognized tax benefit* und *tax shelter firms*. In ihrer ausführlichen Diskussion über die Vor- und Nachteile verschiedener Messgrößen kommen sie zu dem Schluss, dass es von der Forschungsfrage abhängt, welche Messgrößen am besten geeignet sind, tax avoidance Aktivitäten zu messen. „We cannot overemphasize that not all measures are equally appropriate for every research question. (…) We have attempted to provide guidance on the appropriateness of certain measures for general types of research questions and samples."[441]

Im Bereich *determinants of tax avoidance* geht es um die Bestimmungsfaktoren für tax avoidance Aktivitäten.[442] In diesem Zusammenhang wurden verschiedene Faktoren auf einen Zusammenhang mit tax avoidance Aktivitäten hin untersucht. Diese lassen

---

[437] Vgl. z. B. die Vorgehensweise bei *Desai/Dharmapala* (2009b), S. 539–541; *Frank/Lynch/Rego* (2009); *Dyreng/Hanlon/Maydew* (2008).

[438] Eine Schätzung des taxable incomes wird auch zur Ermittlung des Grenzsteuersatzes und der book-tax differences im Rahmen der informational role of accounting for income taxes benötigt. Vgl. nochmals Kapitel 4.2.2.5 und 4.2.3.2.

[439] *Shevlin* (2007), S. 91 f.

[440] *Hanlon/Heitzman* (2010), S. 137.

[441] *Hanlon/Heitzman* (2010), S. 144. Einen komprimierten Überblick über die verschiedenen Messgrößen und ihre Aussagekraft gibt die Abbildung bei *Hanlon/Heitzman* (2010), S. 140.

[442] Vgl. hierzu und den folgenden Ausführungen *Hanlon/Heitzman* (2010), S. 144–146; *Hanlon/Mills/Slemrod* (2007).

4 Tax planning research

sich grundsätzlich in *firm-level characteristics*, *incentive effects* und *ownership structure* unterteilen.[443]

Im Bereich der *firm-level characteristics* finden sich Untersuchungen, die den Zusammenhang zwischen tax avoidance Aktivitäten und – regelmäßig aus den financial reporting abgeleiteten – Unternehmensmerkmalen dokumentieren. Beispielsweise untersucht *Rego* den Zusammenhang zwischen tax avoidance Aktivitäten und den drei Faktoren Unternehmensgröße (Erlöse), Profitabilität (Vorsteuergewinn) und Umfang der Auslandsaktivitäten (ausländisches Vermögen und Erlöse).[444] In Bezug auf die Unternehmensgröße dokumentiert *Rego* einen negativen Einfluss auf tax avoidance Aktivitäten. Dies steht im Einklang mit der Vermutung, dass Großunternehmen stärker im Fokus der Öffentlichkeit stehen und sich für ihre Aktivitäten rechtfertigen müssen.[445] Profitabilität und Umfang der Auslandsaktivitäten stehen hingegen in einem positiven Zusammenhang zu tax avoidance Aktivitäten, was den Schluss zulässt, dass profitable und im Ausland tätige Unternehmen mehr Ressourcen und Gelegenheiten aufweisen, um tax avoidance Aktivitäten durchzuführen.[446]

Untersuchungen zu *incentive structures* behandeln den Einfluss verschiedener Anreiz- und Vergütungsstrukturen auf tax avoidance Aktivitäten. Im Einklang mit dem *traditional view of tax avoidance* dokumentieren verschiedene Untersuchungen einen grundsätzlich positiven Zusammenhang zwischen leistungbezogenen Vergütungsstrukturen des Managements (z. B. Gehalt auf Basis des Nachsteuergewinns) und tax avoidance Aktivitäten.[447] *Desai/Dharmapala* hingegen berichten über einen negativen Zusammenhang zwischen leistungsbezogenen Vergütungen und tax avoidance Aktivitäten in Unternehmen mit schwachen corporate governance Strukturen.[448] Dies steht im Einklang mit dem *corporate governance view of tax avoidance*, wonach leistungsabhängige Vergütungen das Management dazu veranlassen, im Interesse der Anteilseigner zu handeln und somit opportunistisches Verhalten und damit verbundene verschleiernde tax avoidance Aktivitäten zu unterlassen.

---

[443] Vgl. auch *Rego/Wilson* (2012), S. 780; *Dyreng/Hanlon/Maydew* (2010), S. 1166 f.

[444] Vgl. hierzu und den folgenden Ausführungen *Rego* (2003).

[445] Vgl. auch *Watts/Zimmerman* (1978), S. 115 f. Allerdings dokumentieren z. B. *Wilson* (2009), S. 987, 993; *Dyreng/Hanlon/Maydew* (2008), S. 78 f., einen positiven Zusammenhang zwischen Unternehmensgröße und tax avoidance Aktivitäten.

[446] Weitere firm-level characteristics untersuchen z. B. *Lisowsky* (2010); *Wilson* (2009).

[447] Vgl. z. B. *Armstrong/Blouin/Larcker* (2012); *Rego/Wilson* (2012); *Phillips* (2003). Die Ergebnisse sind allerdings nicht eindeutig. Zum einen ist unklar, auf welcher Managementebene (z. B. Vorstand oder Bereichsleiter) leistungsbezogene Anreizstrukturen diesen positiven Zusammenhang hervorrufen. Zum anderen gilt dieser positive Zusammenhang nicht für alle untersuchten Messgrößen von tax avoidance.

[448] Vgl. *Desai/Dharmapala* (2006). Corporate governance wird zum einen durch den *governance index* von *Gompes/Ishii/Metrick* (2003) gemessen. Zum anderen dient der Anteil institutioneller Investoren als weitere Messgröße. Vgl. auch *Desai/Dharmapala* (2009b), S. 539.

4 Tax planning research

Ein weiterer Bestimmungsfaktor von tax avoidance Aktivitäten ist die *ownership structure* (Anteilseignerstruktur).[449] *Chen et al.* untersuchen dazu börsennotierte Familienunternehmen (family firms). Die Anteilseignerstruktur solcher Unternehmen ist dadurch gekennzeichnet, dass ein Großteil der Unternehmensanteile als auch der Unternehmensleitung im Besitz der Gründerfamilie ist.[450] *Chen et al.* dokumentieren einen negativen Zusammenhang zwischen der Anteilseignerstruktur von Familienunternehmen und tax avoidance Aktivitäten.[451] Ihre Ergebnisse führen sie auf den *corporate governance view of tax avoidance* zurück. Danach verzichten die dominanten Familienmanager auf steuerliche Vorteile, um nicht den Eindruck zu erwecken, dass sie die durch tax avoidance Aktivitäten entstehenden diskretionären Spielräume für ihre eigenen Interessen und damit zu Lasten der Minderheitsgesellschafter ausnutzen. Eine Untersuchung von *Badertscher/Katz/Rego* liefert Anhaltspunkte, dass private equity firms (Beteiligungsgesellschaften) als Anteilseigner einen signifikanten positiven Einfluss auf tax avoidance Aktivitäten des Beteiligungsunternehmens haben.[452]

Die Forschung zu den *consequences of tax avoidance* untersucht hauptsächlich wie der Markt bzw. Investoren tax avoidance Aktivitäten bewerten.[453] Verschiedene Untersuchungen dokumentieren den Zusammenhang zwischen Investorenbewertung und tax avoidance Aktivitäten in Abhängigkeit der corporate governance Strukturen. Die Ergebnisse dieser Untersuchungen stehen im Einklang mit dem *corporate governance view of tax avoidance*, wonach Investoren tax avoidance Aktivitäten in Unternehmen mit starker corporate governance Struktur positiv bewerten.[454]

---

[449] Diesem Bereich sind auch die bereits oben dargestellten Untersuchungen zu den Unterschieden zwischen privat gehaltenen Unternehmen (private firms) und börsennotierten Unternehmen (public firms) zuzuordnen. Diese Untersuchungen kommen zu dem Schluss, dass private firms intensiver tax avoidance Aktivitäten durchführen als public firms. Vgl. nochmals Kapitel 4.2.2.2.

[450] *Chen et al.* (2010), S. 42, definieren den Begriff *family firms* sehr weit: „[W]e define family firms as firms where members of the founding family continue to hold positions in top management, are on the board, or are blockholders of the company." Die auf Grund dieser Defintion identifizierten family firms werden nach *Chen et al.* (2010), S. 46, in rund zwei Drittel aller Fälle durch einen Vorstandsvorsitzenden aus der Gründerfamilie geleitet. Der Anteil der Familie am Unternehmen beträgt im Durchschnitt rund 20 %.

[451] Vgl. *Chen et al.* (2010). Eine ähnliche Untersuchung findet sich bei *McGuire/Wang/Wilson* (2011), die sich auf den Einfluss von Mehrheitsstimmrechten (Stimmrechtsmehrheit ohne Kapitalmehrheit) bezieht.

[452] Vgl. *Badertscher/Katz/Rego* (2011).

[453] Vgl. hierzu und den folgenden Ausführungen *Hanlon/Heitzman* (2010), S. 145 f. Tax avoidance Aktivitäten haben daneben auch potentielle Konsequenzen für andere Stakeholder, wie z. B. den Staat oder Gläubiger. Vgl. auch *Rego/Wilson* (2012), S. 777.

[454] Vgl. *Desai/Dharmapala* (2009b); *Wilson* (2009), S. 987–993. Ähnliche, wenn auch weniger eindeutige Ergebnisse finden sich bei *Hanlon/Slemrod* (2009). Eine weitere Untersuchung zu den consequences of tax avoidance aus Investorensicht findet sich bei *Kim/Li/Zhang* (2011).

4 Tax planning research

Insgesamt kann festgehalten werden, dass das tax avoidance research einen aktiven Forschungsbereich im tax planning research darstellt. Die theoretischen Grundlagen für das tax avoidance research wurden in der Finanzwissenschaft gelegt, die sich bislang hauptsächlich mit dem tax avoidance research beschäftigt hat. Das tax research in accounting fokussiert sich im Rahmen des tax avoidance research auf die Bereiche, in denen institutionelle Details von besonderer Bedeutung sind. Dazu zählt insbesondere das measuring of tax avoidance anhand von Informationen im financial reporting.

4.2.3.4 Effect of taxes and the book-tax tradeoff on real corporate decisions

Der Bereich *effect of taxes and the book-tax tradeoff on real corporate decisions* beschäftigt sich mit der Koordination bzw. dem Zusammenspiel von Steuern und financial reporting in Bezug auf die realen wirtschaftlichen Aktivitäten eines Unternehmens, wie z. B. Investitions- oder Standortwahlentscheidungen.[455] Es wurde bereits angedeutet, dass sich dieser Bereich als Teilbereich den *tax and non-tax tradeoffs* zurechnen lässt. Bevor auf die inhaltlichen Schwerpunkte der Forschung eingegangen wird, soll im Folgenden diese Zuordnung einer genaueren Betrachtung unterzogen werden. Dazu wird zunächst gezeigt, was die Forschung zu den *tax and non-tax tradeoffs* umfasst und wie sie sich strukturieren lässt.

Wie bereits im Rahmen der Diskussion der Forschungsbereiche in *Shackelford/Shevlin* dargestellt, beschäftigt sich die Forschung im Bereich der *tax and non-tax tradeoffs* allgemein mit der Koordination von Steuern und nicht steuerlichen Faktoren im Rahmen von Entscheidungen.[456] Es geht mithin darum festzustellen, *(1)* ob Steuern für Entscheidungen relevant sind, und *(2)* wenn nicht, warum dies der Fall ist (Do taxes matter? If not, why not?). Diese Forschung lässt sich anhand der betrachteten *Reaktionen* (responses) und *non-tax tradeoffs* weiter strukturieren. Diese Unterteilung wird im Folgenden näher erläutert.

In Bezug auf die *erste* Fragestellung, d. h. ob Steuern für Entscheidungen relevant sind, kann die Forschung anhand der betrachteten *Reaktionen* bzw. Entscheidungen unterteilt werden. In der Diktion von *Slemrod* lassen sich die Reaktionen Steuerpflichtiger in *Ausweichhandlungen* (avoidance responses) und *reale Änderungen der wirtschaftlichen Aktivitäten* (real responses) unterteilen.[457] Die Unterteilung der Forschung anhand der betrachteten *non-tax tradeoffs* hat ihren Ursprung in der Anwendung des Merkmals „all costs", d. h. der Frage warum Steuern in bestimmten Situationen nicht relevant sind (zweite Fragestellung). Danach sind neben steuerlichen Vorteilen alle relevanten non-tax costs bzw. tradeoffs zu berücksichtigen. Zu den bedeutendsten non-tax costs bzw. tradeoffs gehören die *financial reporting costs* und *agency costs*. Damit

---

[455] Vgl. hierzu und den folgenden Ausführungen *Hanlon/Heitzman* (2010), S. 129, 146–160.

[456] Vgl. nochmals Kapitel 4.2.2.2.

[457] Vgl. nochmals Kapitel 3.3.2.

4 Tax planning research

lässt sich die Forschung anhand der betrachteten *non-tax tradeoffs* in *financial reporting costs* und *agency costs* unterteilen. Eine anhand dieser beiden Merkmale (Reaktionen und non-tax tradeoffs) strukturierte Forschung zu den *tax and non-tax tradeoffs* umfasst grundsätzlich alle Quadranten (I-IV) der folgenden Darstellung.

		non-tax tradeoffs	
		financial reporting costs	agency costs
responses	avoidance	I	II
responses	real	III	IV

Darstellung 25: Strukturierung des tax and non-tax tradeoffs research

Die *bisherige* Forschung zu den *tax and non-tax tradeoffs* beschäftigt sich jedoch nicht mit allen Quadranten gleichermaßen. In Bezug auf die untersuchten *Reaktionen* beschränkt sich die Forschung auf *Ausweichhandlungen* (erste Fragestellung). Das sind die Handlungen, die lediglich darauf abzielen, die realen wirtschaftlichen Aktivitäten anders darzustellen, aber nicht die *realen wirtschaftlichen Aktivitäten* selbst zu ändern. Der Fokus liegt auf *reporting and accounting choice responses*.[458] „When accountants say that taxes matter, they are usually referring to (...) reporting changes".[459] In Bezug auf die betrachteten *non-tax tradeoffs* (zweite Fragestellung) befasst sich die Forschung fast ausschließlich mit den *financial reporting costs*, d. h. dem book-tax tradeoff. Der Schwerpunkt der bisherigen Forschung liegt damit auf dem *ersten* Quadranten der obigen Darstellung. Es gab zwar Untersuchungen zu realen wirtschaftlichen Aktivitäten, wie z. B. Vergütung, Kapitalstruktur und Desinvestitionen, „[h]owever, the implications beyond a book-tax tradeoff were not generally emphasized or at times even discussed".[460] *Shackelford/Slemrod/Sallee* beschreiben die bisherige Forschung wie folgt: „In their empirical work, they [tax research accountants] rely almost solely on financial accounting data, often focusing on the coordination of tax and accounting choices with particular attention to differences in book and tax reporting (...). Often

---

[458] Zusätzlich werden *timing responses* untersucht, die allerdings nicht im Fokus der Betrachtungen stehen.
[459] *Shackelford/Slemrod/Sallee* (2009), S. 2.
[460] *Hanlon/Heitzman* (2010), S. 129 (Fn. 4).

4 Tax planning research

understanding the tension between book and tax is an end in and of itself. The underlying real decision is largely irrelevant. For example, many LIFO book-tax tradeoff studies ignore the implications for production decisions."[461]

Der neue Teilbereich *effect of taxes and the book-tax tradeoff on real corporate decisions* beschäftigt sich ebenfalls hauptsächlich mit den *financial reporting costs* (booktax tradeoff). Er unterscheidet sich von der bisherigen Forschung allerdings in Bezug auf die untersuchten *Reaktionen*. Der Schwerpunkt liegt auf Änderungen der *realen wirtschaftlichen Aktivitäten* (Realentscheidungen). Es geht vor allem darum, den Einfluss von Steuern auf die Realentscheidungen eines Unternehmens festzustellen (erste Fragestellung) und in diesem Zusammenhang das Zusammenspiel von Steuern und financial reporting zu betrachten (zweite Fragestellung). Der Fokus liegt damit auf dem *dritten* Quadranten der obigen Darstellung. Insofern lässt sich der Teilbereich *effect of taxes and the book-tax tradeoff on real corporate decisions* unter die Rubrik *tax and non-tax tradeoffs* subsumieren. Hanlon/Heitzman beschreiben die Bedeutung dieses Forschungsbereichs wie folgt: „The effect of taxes and the tradeoff or interactive effect of taxes and financial accounting implications (or (...) agency costs) on real corporate decisions is an area where accounting researchers are contributing and should continue to focus."[462]

Nachdem der neue Teilbereich *effect of taxes and the book-tax tradeoff on real corporate decisions* der Rubrik der *tax and non-tax tradeoffs* zugerechnet wurde, wird im Folgenden auf die inhaltlichen Schwerpunkte der Forschung eingegangen. *Hanlon/Heitzman* betrachten in ihren Ausführungen schwerpunktmäßig die drei Teilbereiche bzw. Realentscheidungen *investment, capital structure* und *organizational form* (siehe die folgende Darstellung auf der nächsten Seite).[463]

---

[461] Shackelford/Slemrod/Sallee (2009), S. 1 f. Weitere Beispiele finden sich bei Shackelford/Slemrod/Sallee (2011), S. 464–466.

[462] Hanlon/Heitzman (2010), S. 147.

[463] Daneben behandeln *Hanlon/Heitzman* (2010), S. 157–160, unter der Rubrik „other topics" verschiedene Teilbereiche, die eine untergeordnete Rolle in der Forschung spielen.

4 Tax planning research

```
          ┌─────────────────────┐
          │  effect of taxes and │
          │ the book-tax tradeoff│
          │  on real corporate   │
          │      decisions       │
          └──────────┬───────────┘
       ┌─────────────┼─────────────┐
┌──────┴─────┐ ┌─────┴──────┐ ┌────┴────────────┐
│ investment │ │ capital    │ │ organizational  │
│            │ │ structure  │ │ form            │
└────────────┘ └────────────┘ └─────────────────┘
```

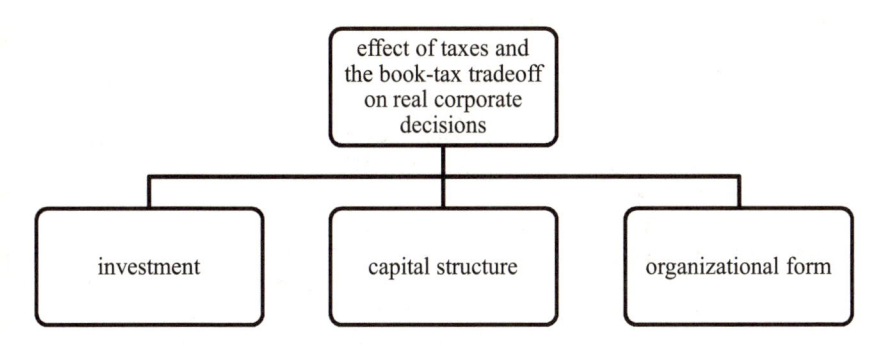

Darstellung 26: Teilbereiche effect of taxes and the book-tax tradeoff on real corporate decisions

Der Bereich *investment* (Investition) spielte im tax research in accounting bislang keine bedeutende Rolle.[464] Bisher beschäftigten sich nahezu ausschließlich die Disziplinen economics und finance mit dem Einfluss von Steuern auf Investitionen.[465] Nach dem *standard economic approach* wird angenommen, dass Steuern Investitionsentscheidungen beeinflussen, wenn sie sich auf die Kapitalwertrangfolge von Investitionen auswirken.[466] Relevant sind somit alleine die finanziellen Konsequenzen einer Investition. Wie die Investition im financial reporting abgebildet wird, spielt annahmegemäß keine Rolle. „Traditional financial economists would argue that the "paper" (…)[effects] recognized on financial statements should not affect corporate decision making."[467]

Tatsächlich spielt das financial reporting für Unternehmen aus verschiedensten Gründen (z. B. Kapitalmarktdruck) eine wichtige Rolle.[468] *Shackelford/Slemrod/Sallee* argumentieren, dass „contrary to the standard assumption of economic analysis, public corporations care not only about the expected present value of their after-tax cash flows, but also about how the transactions that give rise to these cash flows are depicted in their financial accounts."[469] Dementsprechend erweitern sie den *standard economic approach* um *financial reporting considerations*.[470] Die Entscheidung, eine

---

[464] Vgl. hierzu und den folgenden Ausführungen *Hanlon/Heitzman* (2010), S. 147–151. Ähnlich *Wagner* (2004), S. 242.

[465] Vgl. z. B. den Überblick bei *Hassett/Hubbard* (2002) sowie die Erweiterungen bei *Hassett/Newmark* (2008).

[466] Vgl. *Shackelford/Slemrod/Sallee* (2011), S. 461, 482.

[467] *Graham/Hanlon/Shevlin* (2011), S. 138.

[468] Vgl. *Shackelford/Slemrod/Sallee* (2011), S. 464–466; *Graham/Harvey/Rajgopal* (2005).

[469] *Shackelford/Slemrod/Sallee* (2011), S. 461.

[470] Vgl. *Shackelford/Slemrod/Sallee* (2011), S. 472–480. Ähnlich *Edgerton* (2011).

4 Tax planning research

Investition durchzuführen, hängt dann nicht mehr alleine vom Kapitalwert der Cashflows ab, sondern auch vom Einfluss der Investition auf das financial reporting income. Entsprechend wird vermutet, dass Investitionen, die Flexibilität bzw. diskretionäre Spielräume für das financial reporting (earnings management) schaffen, unter sonst gleichen Umständen attraktiver sind als andere Investitionen. „As long as book income has value to public corporations, real decisions that facilitate book earnings management are more attractive than otherwise".[471]

In Übereinstimmung mit dieser Vermutung dokumentieren *Graham/Hanlon/Shevlin*, dass diskretionäre Spielräume im financial reporting neben steuerlichen Aspekten eine bedeutende Rolle einnehmen, wenn es darum geht, eine Entscheidung über den Investitionsstandort (investment location) und die Rückführung oder Reinvestition ausländischer Gewinne (profit repatriation or reinvestment) zu treffen.[472] Ebenso findet *Edgerton* Anzeichen dafür, dass steuerliche Investitionsförderungen, die gleichzeitig das financial reporting income positiv beeinflussen (z. B. Investitionszulagen), wirksamer sind als vergleichbare Investitionsförderungen, die keinen Einfluss auf das financial reporting haben (z. B. Sonderabschreibungen).[473] *Shackelford/Slemrod/Sallee* kommen letztlich zu dem Schluss, dass „standard empirical research designs may lead to biased estimates of the effect of tax system changes to the extent they ignore the relevant accounting issues", weshalb „ignoring these book considerations can lead economists to be surprised at the corporate behavioral response to tax policy".[474]

Der Bereich *capital structure* beschäftigt sich allgemein mit der Frage, inwieweit die steuerlichen Vorteile von Fremdkapital einen Einfluss auf die Kapitalstruktur haben.[475] Die Ausführungen von *Hanlon/Heitzman* fokussieren sich auf Messprobleme bei der empirischen Forschung zur Kapitalstruktur. Dazu gehört zum einen die Ermittlung

---

[471] *Shackelford/Slemrod/Sallee* (2011), S. 491.

[472] Vgl. *Graham/Hanlon/Shevlin* (2011).

[473] Vgl. *Edgerton* (2011). (Steuerfreie) Investitionszulagen wirken sich grundsätzlich als Ertrag positiv auf das financial reporting income aus. Sonderabschreibungen wirken sich hingegen auf Grund der Berücksichtigung von latenten Steuern nicht auf das financial reporting income aus. Vgl. auch *Edgerton* (2011), S. 10–12, 14 (Fn. 11).

[474] *Shackelford/Slemrod/Sallee* (2011), S. 488 f.

[475] Vgl. nochmals Kapitel 4.2.2.3. Einen ausführlichen und aktuellen Überblick geben *Graham/Leary* (2011). Shackelford/Shevlin behandeln den Bereich capital structure sowohl bei den tax and nontax tradeoffs (*Shackelford/Shevlin* (2001), S. 334) als auch bei den taxes and asset prices (*Shackelford/Shevlin* (2001), S. 346–348). Letztere Darstellung dient hauptsächlich der Hinführung zum Konzept der tax capitalization. „[T]he seminal finance papers", so *Shackelford/Shevlin* (2001), S. 348, „are the foundation for the current tax research in accounting known as (…) tax capitalization studies."

oder Schätzung des ökonomischen *Grenzsteuersatzes* und zum anderen die Messung der *Verschuldung* anhand von Informationen aus dem financial reporting.[476]

Die Ermittlung bzw. Schätzung des ökonomischen *Grenzsteuersatzes* und die damit verbundenen Probleme wurden bereits im Rahmen der Ausführungen zu *Shackelford/Shevlin* ausführlich behandelt, weshalb an dieser Stelle auf eine erneute Betrachtung verzichtet wird.[477] Neben dem Grenzsteuersatz spielt die Messung der *Verschuldung* für die Forschung eine bedeutende Rolle. Der Einfluss von Steuern auf die Kapitalstruktur wird regelmäßig anhand der in den financial statements (Bilanzen) abgebildeten *Verschuldung* (Verhältnis von Fremd- zum Gesamtkapital) untersucht bzw. gemessen. Allerdings bilden die financial statements nicht alle ökonomischen Verbindlichkeiten ab, sondern nur jene, die nach den Vorschriften zum financial reporting abzubilden sind. Nicht ausgewiesen werden sog. *off-balance sheet liabilities*, wie z. B. Verbindlichkeiten aus Operating-Leasingverträgen.[478] Um negative Auswirkungen aus der Erhöhung der Verschuldung zu vermeiden (z. B. auf die Bonitätsbeurteilung), haben Unternehmen einen Anreiz, Verbindlichkeiten außerhalb der financial statements auszuweisen. So äußert sich *Bragg* wie folgt über die Vorteile des (Operating-) Leasing: „Leasing offered two attractive advantages: (typically) 100 % financing, coupled with (very often) off-the-books obligations."[479] Dies führt zu einer fehlerhaften Messung der tatsächlichen Verschuldung und damit zu Problemen bei der Interpretation empirischer Zusammenhänge zwischen steuerlichen Vorteilen und Verschuldung. Die Abbildung von Kapitalstrukturentscheidungen im financial reporting sollte daher explizit als weiterer Einflussfaktor berücksichtigt werden. Bislang ist dies nicht geschehen. „[U]nderstanding to what extent off-balance sheet financing affects the analysis of taxes on the choice between debt and equity is an open question."[480]

Unter der Überschrift *organizational form* wird der Einfluss von Steuern auf die Rechtsformwahl behandelt. Die Ausführungen beschäftigen sich allgemein mit den steuerlichen als auch außersteuerlichen Vor- und Nachteilen verschiedener Rechtsformen, wie sie teilweise bereits im Rahmen der Erläuterungen zu *Shackelford/Shevlin* dargestellt wurden.[481] Eine Erweiterung um den Einfluss von financial reporting considerations auf die Rechtsformwahl wurde von *Hodder/McAnally/Weaver* vorge-

---

[476] Vgl. hierzu und den folgenden Ausführungen *Hanlon/Heitzman* (2010), S. 152–155. Vgl. auch *Graham/Leary* (2011), S. 321–323.

[477] Vgl. nochmals Kapitel 4.2.2.5.

[478] Allerdings sind Informationen im Anhang (notes) anzugeben. Vgl. zur Klassifizierung und Bilanzierung von Leasingverträgen *Bragg* (2011), S. 771–791; *Pellens et al.* (2011), S. 661–676.

[479] *Bragg* (2011), S. 747. Ähnlich *Pellens et al.* (2011), S. 655.

[480] *Hanlon/Heitzman* (2010), S. 155.

[481] Vgl. nochmals Kapitel 4.2.2.2.

nommen.[482] Sie untersuchen u. a. inwieweit die mit einem Rechtsformwechsel zwingend verbundende Auflösung bzw. Abschreibung aktiver latenter Steuern die Rechtsformwechselentscheidung von Banken beeinflusst. Sind aktive latente Steuern vorhanden, wirkt sich ein Rechtsformwechsel negativ auf das Eigenkapital und damit auf die Erfüllung regulatorischer Eigenkapitalanforderungen einer Bank aus. In ihrer Untersuchung dokumentieren sie einen negativen Zusammenhang zwischen aktiven latenten Steuern und der Entscheidung für einen Rechtsformwechsel. Dieses Ergebnis steht im Einklang mit der Vermutung, dass financial reporting considerations Realentscheidungen beeinflussen.

Insgesamt bleibt festzuhalten, dass die Untersuchung des Einflusses von Steuern auf Realentscheidungen einen bedeutenden, wenn auch jungen Forschungsbereich darstellt. Bislang beschäftigten sich nahezu ausschließlich die Disziplinen economics und finance mit Steuerwirkungen auf Realentscheidungen. Gegenüber der Forschung in diesen Disziplinen zeichnet sich das tax research in accounting durch eine Fokussierung auf institutionelle Details aus. Es geht insbesondere um den gemeinsamen Einfluss von Steuern und financial reporting auf Realentscheidungen. Die Kenntnis der Vorschriften zur Abbildung von wirtschaftlichen Aktivitäten im financial reporting und deren Bedeutung spielt dabei eine wichtige Rolle. Hier weist die Forschung enge Verbindungen zum financial accounting research auf. Darüber hinaus ist das tax research in accounting in der Lage, die aus den Informationen des financial reporting abgeleiteten Messgrößen verschiedener wirtschaftlicher Aktivitäten zu interpretieren und Probleme aufzuzeigen, wie z. B. bei der Messung der Verschuldung. *Hanlon/Heitzman* fassen den Beitrag des tax research in accounting wie folgt zusammen. „Measurement issues are important, and institutional knowledge of financial accounting behind estimates (…) becomes crucial. In addition, (…) [i]f financial reporting effects are important, the effect on accounting earnings likely provides incentives or disincentives (…) that could have implications for interpretation of the results."[483]

4.2.3.5 Taxes and asset prices

Der Bereich *taxes and asset prices* wurde von *Shackelford/Shevlin* übernommen und beschäftigt sich allgemein mit dem Einfluss von Steuern auf die Vermögenspreisbildung.[484] Im Gegensatz zu *Shackelford/Shevlin* beschränken *Hanlon/Heitzman* ihre Ausführungen auf den Einfluss der *Investorenbesteuerung* (investor-level taxes).[485] Der Einfluss von Steuern auf die Vermögenspreisbildung und Struktur von *Fusionen und Übernahmen* (mergers and acquisitions) wird an dieser Stelle nicht betrachtet. Stattdessen behandeln *Hanlon/Heitzman* Fusionen und Unternehmensübernahmen in

---

[482] Vgl. *Hodder/McAnally/Weaver* (2003).
[483] *Hanlon/Heitzman* (2010), S. 148.
[484] Vgl. nochmals Kapitel 4.2.2.3.
[485] Vgl. hierzu und den folgenden Ausführungen *Hanlon/Heitzman* (2010), S. 160–168.

4 Tax planning research

der Kategorie der weniger bedeutsamen „other topics" im Bereich *effect of taxes and the book-tax tradeoff on real corporate decisions*.[486]

Analog zu *Shackelford/Shevlin* unterteilen *Hanlon/Heitzman* ihre Ausführungen in *dividend taxation* und *capital gains taxation*. Ihre Ausführungen weisen große Übereinstimmungen zu *Shackelford/Shevlin* auf, auch wenn ihre Ausführungen (insbesondere im Bereich der Dividendenbesteuerung) detaillierter ausfallen. Obwohl sich die Forschung speziell durch die Identifizierung empirischer und theoretischer Probleme weiterentwickelt hat,[487] steht die Forschung noch am Anfang und im Endergebnis haben sich die Erkenntnisse gegenüber *Shackelford/Shevlin* nicht fundamental verändert. „The evidence is still mixed", so *Hanlon/Heitzman* und „[t]here is a lot we do not know."[488]

4.3 Forschungsmethoden

Nachdem zuvor die theoretische Basis und die inhaltlichen Schwerpunkte des tax planning research systematisiert und strukturiert wurden, geht es an dieser Stelle um die Betrachtung der verwendeten Forschungsmethoden. Wie bereits oben ausgeführt, spielt im accounting research das *empirical research* und hier insbesondere das *archival research* eine dominante Rolle.[489] Im Rahmen der empirischen Forschung steht die systematische Überprüfung der aus Theorien abgeleiteten Hypothesen anhand der Wirklichkeit im Vordergrund. Sie ist somit auf theoretisch fundierte Hypothesen angewiesen, weshalb das *theoretical research* als Hypothesenlieferant ebenfalls eine wichtige Rolle einnimmt. Inwieweit dies auch für das tax planning research gilt, wird folgend geprüft.

Eine Untersuchung von Veröffentlichungen im *Journal of the American Taxation Association* von *Hutchison/White* kommt in der Kategorie des tax planning research zu dem Ergebnis, dass die empirischen Forschungsmethoden und insbesondere „the archival approach dominated this category".[490] Ebenso zeigen verschiedene Untersuchungen von Veröffentlichungen in den für das tax planning research relevanten Top Accounting-Zeitschriften (Journal of Accounting and Economics, Journal of Accounting Research, The Accounting Review), dass das *archival research* alle anderen Forschungsmethoden dominiert.[491] An zweiter Stelle folgt (mit Abstand) das *theoretical research*, da es die theoretische Basis für das *empirical research* darstellt. Andere em-

---

[486] Vgl. *Hanlon/Heitzman* (2010), S. 158 f.

[487] Vgl. zusammenfassend die „thoughts for future research" von *Hanlon/Heitzman* (2010), S. 166.

[488] *Hanlon/Heitzman* (2010), S. 164 [erstes wörtliches Zitat], 168 [zweites wörtliches Zitat].

[489] Vgl. nochmals Kapitel 3.2.2.3.

[490] *Hutchison/White* (2003), S. 106. Vgl. auch *Shevlin* (1999), S. 430.

[491] Vgl. *Kachelmeier* (2011), S. 2206; *Coyne et al.* (2010), S. 638 f.; *Oler/Oler/Skousen* (2010), S. 661 f.

4 Tax planning research

pirische Forschungsmethoden, d. h. *experimental research*, *survey research* und *field study research*, finden nahezu nicht statt.[492]

Die Dominanz des *empirical research* bzw. des *archival research* im tax planning research spiegelt sich bei *Shackelford/Shevlin* wider. Sie machen bereits in der Überschrift ihres Artikels klar, worum es im tax planning research geht: *empirical tax research*. Im ersten Satz ihres Artikels wird deutlich, was *Shackelford/Shevlin* im Detail unter *empirical tax research* verstehen. „This paper traces the development of *archival* (…) income tax research in accounting."[493] Empirical tax research lässt sich für *Shackelford/Shevlin* auf das archival tax research reduzieren.[494] Andere empirische Forschungsmethoden spielen im tax planning research keine Rolle, weshalb *Shackelford/Shevlin* im weiteren Verlauf des Artikels empirical tax research synonym für archival tax research verwenden. Tatsächlich sind die von *Shackelford/Shevlin* dargestellten empirischen Untersuchungen fast ausschließlich dem archival research zuzuordnen.[495] *Theoretical tax research* wird behandelt, soweit es für das empirical tax research als theoretisches Fundament von Relevanz ist, steht selbst aber nicht im Vordergrund.[496] Das tax planning research greift zumeist auf mikroökonomische Theorien in den Bereichen economics und finance zurück. Die Bedeutung des theoretical tax research für das empirical tax research zeigt sich in der Forderung, mehr theoretische Forschung zu betreiben. „[A]dditional theoretical guidance is needed", so *Shackelford/Shevlin*, da durch „developing new theory or importing theories from related fields, hypothesis testing of competing theories will enable the field to mature."[497]

Ein vergleichbares Bild ergibt die Betrachtung von *Hanlon/Heitzman*. Ihr Artikel ist insgesamt breiter angelegt, da er sich allgemein mit dem *tax research* beschäftigt. Eine genauere Betrachtung der von *Hanlon/Heitzman* diskutierten Arbeiten zeigt aber auch hier, dass ein Großteil dieser Arbeiten dem *empirical tax research* und hier fast ausschließlich dem *archival tax research* zuzurechnen ist.[498] *Theoretical tax research* ist daneben als theoretische Basis für das empirical tax research von Bedeutung. Als Antwort auf die Forderung von *Shackelford/Shevlin* nach mehr theoretical tax research

---

[492] Vgl. insbesondere *Kachelmeier* (2011), S. 2206; *Merchant/Van der Stede* (2006), S. 121; *Hutchison/White* (2003), S. 106 f.

[493] *Shackelford/Shevlin* (2001), S. 321 [Hervorhebung nicht im Original]. Kritisch zu dieser Einschränkung *Maydew* (2001), S. 391 f.

[494] So auch *Shevlin* (2007), S. 87; *Stone* (2002), S. 2. Ähnlich *Kachelmeier* (2011), S. 2205 f.

[495] Zu den Ausnahmen zählen z. B. *Cloyd/Pratt/Stock* (1996) (survey research); *Davis/Swenson* (1993) (experimental research); *Wilson* (1993) (field study research).

[496] Vgl. z. B. *Shackelford/Verrecchia* (2002); *Lang/Shackelford* (2000); *Miller* (1977).

[497] Vgl. *Shackelford/Shevlin* (2001), S. 376. Ähnlich *Shevlin* (2007), S. 92; *Maydew* (2001), S. 399; *Shevlin* (1999), S. 438.

[498] Zu den Ausnahmen zählen z. B. *Graham/Hanlon/Shevlin* (2011) (survey research); *Phillips* (2003) (survey research).

hat sich die theoretische Basis in einigen Bereichen weiterentwickelt.[499] Die Bedeutung des theoretical tax research für das empirical tax research wird von *Hanlon/Heitzman* ebenfalls herausgestellt. Sie fordern, dass das „tax research in accounting needs more theory", da „almost every applied field could benefit from a stronger theoretical foundation."[500]

4.4 Zwischenergebnis

Das tax planning research basiert auf der mikroökonomischen Perspektive des Scholes/Wolfson-Framework und ist daher dem economics based accounting research zuzurechnen. Effektive Steuerplanung setzt nach diesem Framework die Berücksichtigung der drei Merkmale all parties, all taxes und all costs voraus. Schwerpunktmäßig beschäftigt sich die Forschung mit diesen Merkmalen im Zusammenhang mit Unternehmensentscheidungen.

In Bezug auf die Themenschwerpunkte erweitern *Hanlon/Heitzman*, im Vergleich zu *Shackelford/Shevlin*, das *tax planning research* um den Forschungsbereich *corporate reporting*, der die beiden Bereiche *informational role of accounting for income taxes* und *tax avoidance* umfasst. Beide wurden von *Shackelford/Shevlin* als „potentially new areas of research" identifiziert. Tatsächlich ist ein Großteil der heutigen Forschung einem dieser Teilbereiche, d. h. entweder *earnings management, book-tax differences and earnings characteristics* und *equity market pricing of information in the tax accounts* (informational role of accounting for income taxes) oder *measuring, determinants* und *consequences* (tax avoidance), zuzurechnen.

Der Forschungsbereich *tax and non-tax tradeoffs* stellte bei *Shackelford/Shevlin* den Forschungsschwerpunkt dar. Die Forschung beschränkte sich allerdings auf *reporting and accounting choices*, d. h. auf Ausweichhandlungen bezüglich der Abbildung der realen wirtschaftlichen Aktivitäten eines Unternehmens. Änderungen der wirtschaftlichen Aktivitäten als Reaktion auf tax and non-tax tradeoffs spielen erst seit kurzem eine Rolle. Seitdem liegt ein besonderes Augenmerk auf dem Einfluss von tax and non-tax tradeoffs auf *real decisions* in der Form von *investment, capital structure* und *organizational form*.

Taxes and asset prices ist weiter ein aktiver Forschungsbereich, wobei der Schwerpunkt weiterhin auf der Untersuchung von *equity prices and investor taxes*, d. h. der *dividend tax capitalization* und *capital gains tax capitalization*, liegt. Untersuchungen zu *mergers and acquisitions* sind von geringerer Bedeutung.

---

[499] Vgl. z. B. im Bereich „tax and non-tax tradeoffs" *Shackelford/Slemrod/Sallee* (2011) und im Bereich „tax avoidance" *Desai/Dyck/Zingales* (2007); *Desai/Dharmapala* (2006); *Crocker/Slemrod* (2005). Vgl. auch *Hanlon/Heitzman* (2010), S. 168 f.

[500] *Hanlon/Heitzman* (2010), S. 168 [beide wörtlichen Zitate].

4 Tax planning research

Weggefallen ist der Forschungsbereich des *multijurisdictional research*, den *Shackelford/Shevlin* als eigenen Schwerpunkt identifizierten. Allerdings machten sie deutlich, dass vor allem pragmatische Gründe dafür sprechen, jurisdiktionsübergreifende Betrachtungen als einen eigenen Bereich aufzufassen und aus den anderen Forschungsbereichen auszuklammern. Im Gegensatz dazu integrieren *Hanlon/Heitzman* das multijurisdictional research in die anderen Forschungsbereiche. Jurisdiktionsübergreifende Untersuchungen spielen weiterhin eine bedeutende Rolle, auch wenn sie keinen eigenen Forschungsbereich mehr darstellen. Gleichermaßen behandeln *Hanlon/Heitzman* themenübergreifende *methodological issues* nicht – wie *Shackelford/Shevlin* – separat, sondern an den Stellen, wo sie von besonderer Bedeutung sind.[501]

Einen abschließenden Überblick über die Entwicklung der Themenschwerpunkte bzw. Forschungsbereiche des *tax planning research* sowie einen systematischen und strukturierten Überblick über die aktuellen Forschungsbereiche geben die beiden folgenden Darstellungen auf den nächsten beiden Seiten.

Im Hinblick auf die Forschungsmethoden bleibt festzuhalten, dass das tax planning research schwerpunktmäßig empirical tax research darstellt, wobei fast ausschließlich archival research betrieben wird. Theoretical research dient als Ausgangspunkt für das empirical research, steht selbst jedoch nicht im Vordergrund der Forschung. Im Ganzen wird hier der Einfluss des accounting research im Allgemeinen bzw. des financial accounting research im Speziellen auf die Vorgehensweise im tax planning research deutlich.

---

[501] Vgl. z. B. die Ermittlung des Grenzsteuersatzes im Rahmen der Ausführungen zur capital structure.

4 Tax planning research

Themenschwerpunkte		Shackelford/ Shevlin	Hanlon/ Heitzman
corporate reporting	informational role of accounting for income taxes	Potentieller neuer Forschungsbereich	earnings management, book-tax differences and earnings characteristics und equity market pricing of information in the tax accounts
	tax avoidance	Potentieller neuer Forschungsbereich	measurement, determinants und consequences
tax and non-tax tradeoffs		reporting and accounting choices und financial reporting costs	real decisions und financial reporting costs
taxes and asset prices		mergers and acquisitions, dividend tax und capital gains tax capitalization	dividend tax und capital gains tax capitalization
multijurisdictional research		geographical income shifting	Integriert in andere Forschungsbereiche

Darstellung 27: Entwicklung des tax planning research

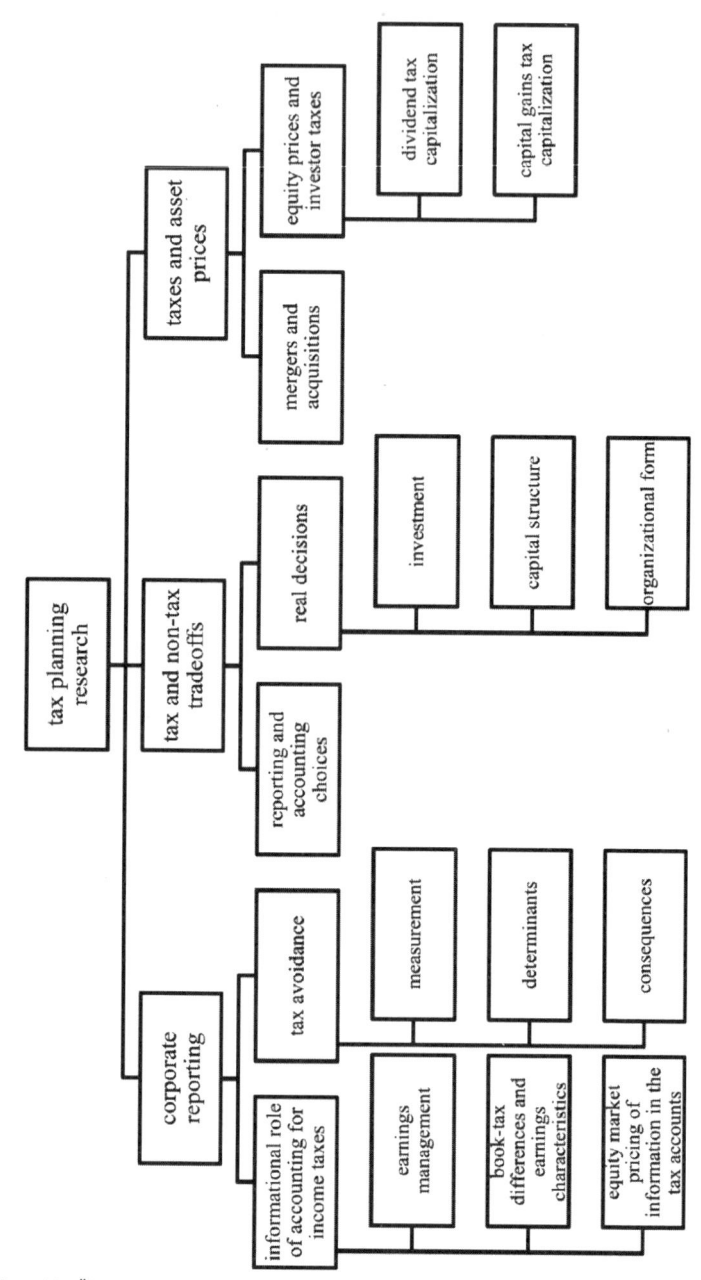

4 Tax planning research

Darstellung 28: Überblick über die Forschungsbereiche des tax planning research

5 Tax compliance research

5.1 Theoretische Basis: Standard economic model of tax compliance

Tax compliance research hat seinen Ursprung in der Finanzwissenschaft (public economics), die sich ausführlich mit der Steuervermeidung von *Individuen* beschäftigt.[502] Basis ist das sog. *standard economic model of tax compliance*, wonach die Steuervermeidung von Individuen alleine von finanziellen Überlegungen bestimmt wird.[503] Dieses Modell dient als *Ausgangspunkt* nahezu sämtlicher Forschung im tax compliance.[504] Daher soll es im Folgenden einer näheren Betrachtung unterzogen werden.

Im standard economic model of tax compliance wird ein rationales Individuum (annahmegemäß) seinen vom Einkommen abhängigen Erwartungsnutzen maximieren, indem es die Vorteile einer erfolgreichen Steuervermeidung mit den Nachteilen einer Bestrafung bei Entdeckung abwägt. D. h. Steuervermeidung wird betrieben, wenn die erwarteten Vorteile die erwarteten Nachteile der Steuervermeidung übersteigen und zwar solange, bis der erwartete marginale Nutzenzuwachs den erwarteten marginalen Kosten der Steuervermeidung entspricht.[505] Der einzige Grund, warum Individuen in diesem Modell Steuern zahlen, sind die finanziellen Auswirkungen einer Bestrafung bei Entdeckung der Steuervermeidung. *Alm* beschreibt das standard economic model of tax compliance formal wie folgt:

> *„In its simplest form, an individual is assumed to receive a fixed amount of income I, and must choose how much of this income to report to the tax authorities and how much to underreport. The individual pays taxes at rate t on every dollar R of income that is reported, while no taxes are paid on underreported income. However, the individual may be audited with a fixed probability p; if audited, then all underreported income is discovered, and the individual must pay a penalty at rate f on each dollar that he or she was supposed to pay in taxes but did not pay. The individual's income I_C if caught underreporting equals $I_C = I - tR - f[t(I - R)]$, or income less taxes paid on reported income less penalties on unreported*

---

[502] Einen Überblick über die Forschung zur individual tax compliance in der Finanzwissenschaft geben *Slemrod* (2007); *Slemrod/Yitzhaki* (2002); *Andreoni/Erard/Feinstein* (1998).

[503] Dieses mikroökonomische Modell geht zurück auf *Allingham/Sandmo* (1972). In der Literatur wird auch von „standard economic-of-crime model of compliance" oder „deterrence model of tax compliance" gesprochen. Vgl. *Alm/Torgler* (2011), S. 636 f.; *Slemrod* (2007), S. 35–38; *Slemrod/Yitzhaki* (2002), S. 1429–1432; *Hasseldine/Li* (1999), S. 94 f.

[504] Vgl. *Alm* (2012), S. 60; *Alm/Torgler* (2011), S. 636; *Alm* (1999), S. 747.

[505] Vgl. zur analytischen Herleitung neben *Allingham/Sandmo* (1972), S. 324–327, auch *Sandmo* (2005), S. 646–648; *Slemrod/Yitzhaki* (2002), S. 1429–1432. Vgl. auch die Ausführungen bei *Cuccia* (1994a), S. 84–86; *Weck-Hannemann/Pommerehne* (1989), S. 518–523.

5 Tax compliance research

taxes; if underreporting is not caught, income I_N is $I_N = I - tR$, or income less taxes paid on reported income. The individual is assumed to choose reported income to maximize expected utility, or $EU(I) = pU(I_C) + (1 - p)U(I_N)$, where E is the expectation operator and utility $U(I)$ is a function only of income."[506]

Das Ausmaß der Steuervermeidung, und damit die Höhe des deklarierten Einkommens R, hängt innerhalb des standard economic model of tax compliance somit von vier exogenen Parametern ab: *Entdeckungs- und Bestrafungswahrscheinlichkeit p* (probability of detection and punishment), *Strafrate f* (penalty rate), *Einkommenshöhe I* (level of income) und *Steuersatz t* (tax rate).[507]

Welchen Einfluss eine Veränderung einer der vier Parameter auf das Ausmaß der Steuervermeidung eines Individuums hat, wird im Folgenden erläutert.[508] Steigt im Modell die *Entdeckungs- und Bestrafungswahrscheinlichkeit p*, erhöhen sich die erwarteten Kosten bzw. Nachteile aus der Entdeckung der Steuervermeidung, da es wahrscheinlicher wird, dass diese erkannt und bestraft wird. Dementsprechend wird das Ausmaß der Steuervermeidung zurückgehen und das deklarierte Einkommen R steigt. Einen ähnlichen Effekt hat ein Anstieg der *Strafrate f* zur Folge. Die erwarteten Kosten der Steuervermeidung wachsen, weshalb das Ausmaß der Steuervermeidung zurückgeht und das deklarierte Einkommen R steigt. Entdeckungs- und Bestrafungswahrscheinlichkeit (Kontrollen) und Strafrate (Strafen) haben im Modell somit einen eindeutig abschreckenden Effekt auf das Ausmaß der Steuervermeidung. Die Wirkung von Einkommen und Steuersatz hängt hingegen von weiteren Annahmen über die Risikoneigung von Individuen ab. Eine Erhöhung des *Einkommens I* hat eine höhere absolute Steuervermeidung $I-R$ zur Folge, solange von der (plausiblen) Annahme abnehmender absoluter Risikoaversion ausgegangen wird. Wie sich das Ausmaß der Steuervermeidung bzw. das deklarierte Einkommen R relativ zum Einkommen I entwickelt, hängt von der relativen Risikoaversion ab. Je nachdem welche Annahmen über die relative Risikoaversion getroffen werden, kann das Verhältnis steigen, konstant bleiben oder sinken.[509] Die Wirkungsrichtung des Parameters Einkommenshöhe ist somit unklar. Die Erhöhung des *Steuersatzes t* hat im Modell einen negativen Effekt auf das Ausmaß der Steuervermeidung, d. h. das deklarierte Einkommen R steigt. Begründet wird dies mit einem sinkenden Nachsteuereinkommen, was unter der Annah-

---

[506] *Alm* (2012), S. 60 [im Original teilweise kursiv].
[507] Vgl. auch *Allingham/Sandmo* (1972), S. 327–330, sowie *Kirchler* (2007), S. 106; *Hasseldine/Li* (1999), S. 94.
[508] Vgl. hierzu und den folgenden Ausführungen insbesondere *Allingham/Sandmo* (1972), S. 327–330, sowie *Yitzhaki* (1974). Vgl. auch *Sandmo* (2005), S. 646 f.; *Beckmann* (2003), S. 19–23; *Slemrod/Yitzhaki* (2002), S. 1429–1431; *Cowell* (1985), S. 167–172.
[509] Vgl. zur absoluten und relativen Risikoaversion *Kruschwitz/Husmann* (2012), S. 65–73. Vgl. auch *Allingham/Sandmo* (1972), S. 328 f., sowie *Slemrod/Yitzhaki* (2002), S. 1431.

me abnehmender absoluter Risikoaversion zu einem geringeren (weniger risikoreichen) Ausmaß der Steuervermeidung führt.[510] Die folgende Darstellung fasst die Wirkungsrichtung der vier Paramater im standard economic model of tax compliance auf das Ausmaß der Steuervermeidung zusammen.[511]

Parameter	Wirkung auf Ausmaß der Steuervermeidung
Entdeckungs- und Bestrafungswahrscheinlichkeit p	negativ
Strafrate f	negativ
Einkommenshöhe I	unklar
Steuersatz t	negativ

Darstellung 29: Wirkungsrichtung der exogenen Parameter auf das Ausmaß der Steuervermeidung

Empirische Untersuchungen zur Wirkung der exogenen Parameter auf das Ausmaß der Steuervermeidung zeigen allerdings auf, dass dieses einfache Modell nicht in der Lage ist, das tatsächliche Ausmaß der Steuervermeidung von Individuen ausreichend zu erklären.[512] In Bezug auf die *Entdeckungs- und Bestrafungswahrscheinlichkeit* legen empirische Untersuchungen zwar die Vermutung nahe, dass die Entdeckungs- und Bestrafungswahrscheinlichkeit grundsätzlich einen negativen Einfluss auf das Ausmaß der Steuervermeidung ausübt. Entgegen der Vorhersagen des Modells ist der Einfluss allerdings schwach ausgeprägt.[513] Gleiches gilt für die *Strafhöhe* als Determinante für Steuervermeidung. Empirisch konnte lediglich eine schwach negative Wirkung auf das

---

[510] Dieser Effekt ergibt sich allerdings nur, wenn, wie im obigen Modell, die Strafhöhe von der „hinterzogenen" Steuer $t(I-R)$ abhängt. Sollte die Strafhöhe vom „hinterzogenen" Einkommen $I-R$ abhängen, tritt neben dem oben beschriebenen Einkommens- ein gegenläufiger Substitutionseffekt auf. Der Gesamteffekt ist dann unklar. Vgl. dazu *Allingham/Sandmo* (1972), S. 329 f., sowie *Yitzhaki* (1974). Vgl. auch *Sandmo* (2005), S. 647.

[511] Eine ähnliche Übersicht findet sich bei *Pommerehne/Weck-Hannemann* (1992), S. 447; *Weck-Hannemann/Pommerehne* (1989), S. 522.

[512] Vgl. hierzu und den folgenden Ausführungen *Kirchler* (2007), S. 107–116; *Kirchler et al.* (2010); *Alm/Jacobson* (2007), S. 134 f.; *Alm* (1999), S. 753, 756 f.; *Andreoni/Erard/Feinstein* (1998), S. 838–843; *Pommerehne/Weck-Hannemann* (1992), S. 446–458.

[513] Vgl. auch den ausführlichen Überblick von *Fischer/Wartick/Mark* (1992).

5 Tax compliance research

Ausmaß der Steuervermeidung nachgewiesen werden. „Insgesamt kommen alle Studien zum Ergebnis, daß der abschreckende Effekt von Strafen und Kontrollen, soweit er überhaupt dem Vorzeichen nach bestätigt werden konnte, in quantitativer Hinsicht recht bescheiden ist."[514] Zudem liegt in vielen Ländern die *Entdeckungs- und Bestrafungswahrscheinlichkeit* unter zwei Prozent ($p < 0,02$) und die *Strafhöhe* für nicht deklariertes Einkommen übersteigt selten die „hinterzogene" Steuer ($f < 2$).[515] Setzt man diese Werte in das standard economic model of tax compliance ein, sollten rationale Individuen (unabhängig von den anderen Parametern) kein Einkommen deklarieren, da die finanziellen Anreize Steuervermeidung zu betreiben mögliche Sanktionen übersteigen.[516] Die Frage ist daher nicht, warum Individuen Steuervermeidung betreiben, sondern warum Individuen überhaupt Steuern zahlen.[517]

In Bezug auf die *Einkommenshöhe* sind die Ergebnisse empirischer Untersuchungen widersprüchlich. Sie deuten sowohl auf eine positive als auch negative Wirkung auf das Ausmaß der Steuervermeidung hin.[518] Empirische Untersuchungen zum *Steuersatz* weisen entgegen der im Modell postulierten negativen Wirkungsrichtung auf einen positiven Effekt auf das Ausmaß der Steuervermeidung hin. *Kirchler et al.* fassen die empirischen Untersuchungen zum standard economic model of tax compliance wie folgt zusammen: „Most of its parameters have unstable and unclear effects and it is hard to draw definite conclusions".[519]

---

[514] *Pommerehne/Weck-Hannemann* (1992), S. 457 [im Original teilweise kursiv].

[515] Vgl. *Alm/Torgler* (2011), S. 637, 648 (Fn. 3); *Andreoni/Erard/Feinstein* (1998), S. 820. Die Entdeckungs- und Bestrafungswahrscheinlichkeit wird häufig mit der Wahrscheinlichkeit einer Prüfung von Steuererklärungen (audit probability) gleichgesetzt. Die Prüfungswahrscheinlichkeit unterschätzt allerdings die Wahrscheinlichkeit einer Entdeckung und Bestrafung, soweit Dritte Informationen über das Einkommen eines Individuums an die Finanzbehörden weiterleiten. Beispielsweise informiert der Arbeitgeber die Finanzbehörden über das an seinen Angestellten gezahlte Gehalt. Wird dieses Einkommen nicht deklariert, so liegt die Entdeckungs- und Bestrafungswahrscheinlichkeit eher bei 100 Prozent als bei zwei Prozent. Vgl. hierzu *Slemrod* (2007), S. 38 f.; *Andreoni/Erard/Feinstein* (1998), S. 821; *Fischer/Wartick/Mark* (1992), S. 6 f.

[516] Vgl. z. B. *Alm* (2012), S. 61 (Fn. 5); *Alm/Torgler* (2011), S. 637, 648 (Fn. 4); *Sandmo* (2005), S. 649; *Slemrod/Yitzhaki* (2002), S. 1431. Beträgt die Strafrate beispielsweise das Doppelte der „hinterzogenen" Steuer, d. h. $f = 2$, muss die Entdeckungs- und Bestrafungswahrscheinlichkeit über 50 Prozent liegen, d. h. $p > 0,5$, damit Individuen nach dem standard economic model of tax compliance ein Einkommen R deklarieren.

[517] Vgl. z. B. *Alm/McClelland/Schulze* (1992).

[518] Bei empirischen Untersuchungen ist darauf zu achten, wie die Steuervermeidung gemessen wird, d. h. ob sie als absolute oder relative Steuervermeidung gemessen wird. Absolut sollte die Steuervermeidung mit steigendem Einkommen zunehmen, wohingegen der relative Effekt ungewiss ist. Vgl. auch *Roth/Scholz/Witte* (1989), S. 116 f.; *Weck-Hannemann/Pommerehne* (1989), S. 520, 527.

[519] *Kirchler et al.* (2010), S. 24.

5 Tax compliance research

„These limitations", so *Alm*, „have led researchers to expand the basic model, in a search for other factors that may better explain why people pay taxes (…) and that may add to the realism of the analysis."[520] Zunächst wurde das standard economic model of tax compliance um nicht berücksichtigte *ökonomische* Faktoren erweitert. Dazu zählen z. B. die endogene Ermittlung der Entdeckungs- und Bestrafungswahrscheinlichkeit, alternative Ausgestaltungen der Strafraten und Steuersätze und die Berücksichtigung von Arbeitsangebotsentscheidungen.[521] Allerdings verändern diese ökonomischen Erweiterungen nichts an der grundsätzlichen Aussage des standard economic model of tax compliance: „These extensions (..) retain the basic – and limiting – result: individuals focus exclusively on the financial incentives of the evasion gamble, and individuals pay taxes solely because they fear detection and punishment."[522]

Die Unzufriedenheit über die Erklärungskraft des standard economic model of tax compliance führte schließlich zu seiner Erweiterung um *außerökonomische bzw. psychologische* Faktoren.[523] Im Gegensatz zum *economics based tax planning research* spielt der Realismus der standardökonomischen Verhaltensannahmen im tax compliance research eine bedeutende Rolle. Tax compliance research ist *behavioral tax research*.[524] Das standardökonomische Verhaltensmodell dient als Ausgangspunkt, um systematische Abweichungen von seinen Annahmen zu untersuchen und durch psychologische Verhaltenshypothesen zu berücksichtigen. Insofern basiert die Forschung nicht alleine auf ökonomischen, sondern vor allem auf psychologischen Theorien über das tatsächliche Verhalten von Individuen.[525] Als „Teilbereich" der behavioral economics fußt es im Wesentlichen auf psychologischen Theorien mit dem Ziel, das tatsächliche Entscheidungsverhalten von Individuen im Zusammenhang mit der Besteuerung zu erklären.[526] Diese Weiterentwicklung soll im Folgenden einer genaueren Betrachtung unterzogen werden.

---

[520] *Alm* (2012), S. 62. Vgl. auch *Torgler* (2002), S. 661.

[521] Vgl. ausführlich *James* (2006), S. 591; *Sandmo* (2005); *Slemrod/Yitzhaki* (2002), S. 1429–1436; *Alm* (1999), S. 745; *Andreoni/Erard/Feinstein* (1998).

[522] *Alm/Torgler* (2011), S. 638 [im Original teilweise kursiv]. Vgl. speziell zum accounting research *Alm* (1991).

[523] Vgl. *Alm* (2012), S. 62; *James* (2006), S. 592; *Alm* (1991).

[524] Vgl. *Davis* (1995), S. 114 f.; *Outslay* (1995), S. 52; *Fischer/Wartick/Mark* (1992), S. 1.

[525] Vgl. auch *Gillenkirch/Arnold* (2008), S. 128; *Outslay* (1995), S. 52. Einen Überblick über psychologische Theorien geben *Koonce/Mercer* (2005), S. 179–189.

[526] Vgl. *Gillenkirch/Arnold* (2008), S. 128; *Waller* (2002), S. 107; *O'Neil/Samelson* (2001), S. 104; *Outslay* (1995), S. 52.

5.2 Themenschwerpunkte

5.2.1 Allgemeiner Überblick

Zu den inhaltlichen Schwerpunkten des tax compliance research in accounting existieren eine Reihe von Übersichtsartikeln (einen Überblick gibt die folgende Darstellung auf der nächsten Seite).[527] Diese beschäftigen sich regelmäßig mit einzelnen Teilbereichen oder einem kurzen Überblick über die Forschung. Umfassende Arbeiten zum state of the art des gesamten tax compliance research in accounting liegen – mit Ausnahme von *O'Neil/Samelson* – nicht vor.[528]

Grundsätzlich beschäftigt sich die Forschung damit zu erklären, welche Faktoren einen Einfluss auf den Willen bzw. die Bereitschaft von Individuen zur Befolgung von steuerlichen Deklarations- und Dokumentationspflichten (tax compliance) ausüben.[529] Es geht mithin darum, das Entscheidungsverhalten der *Steuerpflichtigen* im Rahmen des tax compliance Prozesses zu erklären (taxpayers decision making).

---

[527] Daneben existieren Übersichtsartikel in anderen Bereichen, die auch für das tax compliance research in accounting von Bedeutung sein können. Dazu zählen beim taxpayers decision making insbesondere die Beiträge aus den Bereichen economics und psychology von *Alm* (2012); *Kirchler* (2007); *McCaffery/Slemrod* (2006); *Sandmo* (2005); *Slemrod/Yitzhaki* (2002); *Torgler* (2002); *Andreoni/Erard/Feinstein* (1998), sowie beim tax professionals decision making Beiträge aus anderen Bereichen des accounting research (wie z. B. managerial accounting und auditing) von *Birnberg* (2011); *Bonner* (2008); *Arnold/Sutton* (1997); *Ashton/Ashton* (1995a).

[528] Vgl. *O'Neil/Samelson* (2001).

[529] So *Shevlin* (1999), S. 431.

5 Tax compliance research

Jahr	Autor(en)	Titel	Quelle	Schwerpunkt(e)
1986	Jackson/ Milliron	Tax compliance research: Findings, problems and prospects	Journal of Accounting Literature	Taxpayers decision making
1994	Cuccia	The economics of tax compliance: What do we know and where do we go?	Journal of Accounting Literature	Taxpayers decision making
1995	Davis	A perspective on experimental tax research	Journal of the American Taxation Association	Überblick/ Systematisierung der Forschung
1995	Outslay	The state of behavioral tax research: An editor's perspective	Behavioral tax research: Prospects and Judgment calls	Überblick/ Systematisierung der Forschung
1995	Shields/ Solomon/ Jackson	Experimental research on tax professionals' judgment and decision making	Behavioral tax research: Prospects and Judgment calls	Tax professionals decision making
1998	Roberts	Tax accountants' judgment/decision-making research: A review and synthesis	Journal of the American Taxation Association	Tax professionals decision making
2001	O'Neil/ Samelson	Behavioral research in taxation: Recent advances and future prospects	Advances in Accounting Behavioral Research	Überblick/ Systematisierung der Forschung
2003	Hite et al.	Tax practitioners and tax compliance	Contemporary issues in taxation research	Tax professionals decision making
2005	Hasseldine	Behavioural studies of tax practice	Taxation: An interdisciplinary approach to research	Überblick/ Systematisierung der Forschung

Darstellung 30: *Übersichtsartikel zum tax compliance research*

5 Tax compliance research

Eine Erweiterung des standard economic model of tax compliance stellt die Einbeziehung von *Steuerfachleuten/Steuerberatern* dar. „This (...) focus, has developed as an outgrowth of research on individual taxpayers' compliance (...) and is motivated by the role practitioners play in taxpayers' compliance reporting decisions"[530]. Die Befolgung der steuerlichen Pflichten hängt demnach nicht alleine von den Steuerpflichtigen ab. Steuerfachleute/Steuerberater üben als weitere am tax compliance Prozess beteiligte Partei einen potentiellen Einfluss auf das Ausmaß der Steuervermeidung von Individuen aus. „[Tax professionals] frequently affect the actual risks and rewards of compliance, transmit values, and affect the costs of compliance (...) by interpreting compliance requirements and offering judgments about the consequences of various actions."[531] Das Entscheidungsverhalten der Steuerfachleute/Steuerberater (tax professionals decision making) spielt im tax compliance research daher eine wichtige Rolle.[532]

Zur Systematisierung der Forschung bietet sich die Unterteilung anhand der am tax compliance Prozess beteiligten Personen an, d. h. zum einen *taxpayers decision making* und zum anderen *tax professionals decision making* (siehe die folgende Darstellung auf der nächsten Seite).[533] Beide Teilbereiche werden im Folgenden einer genaueren Betrachtung unterzogen.

---

[530] *Roberts* (1995), S. 81. Vgl. auch *Hasseldine* (2005), S. 143; *Shields/Solomon/Jackson* (1995), S. 77; *Schisler* (1995); *Cuccia* (1994a), S. 94–96; *Jackson/Milliron* (1986), S. 144.

[531] *Roth/Scholz/Witte* (1989), S. 171. Vgl. auch *Andreoni/Erard/Feinstein* (1998), S. 846 f.

[532] In der Literatur werden Steuerfachleute/Steuerberater auch als tax preparer, tax practitioner oder tax accountants bezeichnet. Diese Begriffe werden im Folgenden synonym verwendet.

[533] So auch *O'Neil/Samelson* (2001), S. 103–105; *Davis* (1995), S. 114–117; *Shields/Solomon/Jackson* (1995), S. 77. Neben Steuerpflichtigen und Steuerfachleuten/Steuerberatern sind darüber hinaus weitere Personen auf Seiten der Finanzverwaltung am tax compliance Prozess beteiligt. Vgl. *Hasseldine* (2005), S. 147; *Hasseldine/Li* (1999), S. 92–94; *Outslay* (1995), S. 71. Diese wurden im tax compliance research bislang vernachlässigt. Vgl. aber *Hite/Sawyer* (1998); *Roberts* (1995).

5 Tax compliance research

```
                    ┌─────────────────────────┐
                    │ tax compliance research │
                    └────────────┬────────────┘
                    ┌────────────┴────────────┐
         ┌──────────┴──────────┐   ┌──────────┴──────────┐
         │     taxpayers       │   │  tax professionals  │
         │   decision making   │   │   decision making   │
         └─────────────────────┘   └─────────────────────┘
```

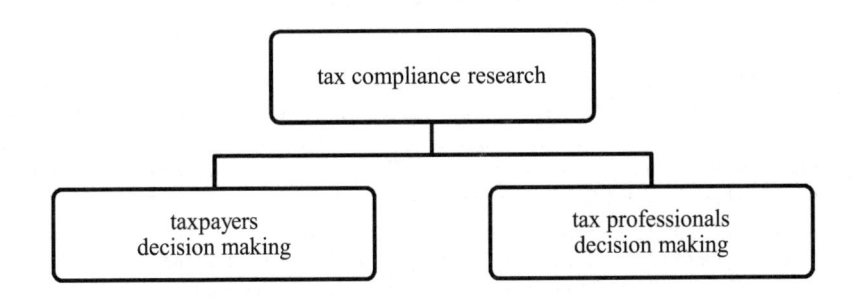

Darstellung 31: Teilbereiche des tax compliance research

5.2.2 Teilbereiche des tax compliance research

5.2.2.1 Taxpayers decision making

Wie soeben erläutert, behandelt das tax compliance research systematische Abweichungen von den standardökonomischen Verhaltensannahmen bzw. dem darauf basierenden standard economic model of tax compliance, welche durch neue psychologische Verhaltenshypothesen berücksichtigt werden. Daher bietet es sich an, die Forschung anhand der beiden Kernannahmen *Motivation* und *Rationalität* (Urteilsbildung und Auswahl) des standardökonomischen Verhaltensmodells darzustellen.[534]

In Bezug auf die *Motivation* wird im standardökonomischen Verhaltensmodell von streng eigennützigem Handeln von Individuen ausgegangen. Im tax compliance research wird diese Annahme unter der Rubrik *tax morale* bzw. *tax ethics* (Steuermoral bzw. Steuerethik) einer genaueren Betrachtung unterzogen.[535] Ausgangspunkt ist die Erkenntnis, dass Individuen tatsächlich nicht immer ihr Eigeninteresse verfolgen. „Individuals do not always behave as the selfish, rational, self-interested individuals portrayed in the standard neoclassical paradigm, but rather are often motivated by many other factors that have as their main foundation some aspects of morality, social norms, altruism, fairness, or the like, factors we broadly (…) classify as 'ethics'."[536]

---

[534] Vgl. hierzu nochmals Kapitel 2.2.2.1.
[535] Vgl. z. B. *Alm/Torgler* (2011); *Cullis/Jones/Lewis* (2010); *Beckmann* (2003), S. 87. Beide Begriffe werden im Folgenden synonym verwendet. Ähnlich *Alm/Torgler* (2006), S. 228. Einen ausführlichen und disziplinübergreifenden Überblick über Einflüsse auf die Motivation von Individuen gibt *Kirchler* (2007), S. 28–102.
[536] *Alm/Torgler* (2011), S. 636. Ähnlich *Birnberg* (2011), S. 7; *James* (2006), S. 592.

5 Tax compliance research

Steuermoral umfasst damit alle Aspekte, die ein Abweichen vom streng eigennützigen Handeln von Individuen im Rahmen des tax compliance Prozesses erklären können.[537]

Grundsätzlich gilt, dass Individuen neben ihrem Eigeninteresse auch *soziale Präferenzen* besitzen und somit bei ihren Entscheidungen das Verhalten anderer Personen berücksichtigen. Dieses Verhalten kommt in den Modellen der Ungleichheitsaversion und Reziprozität zum Ausdruck, in denen Fairness bzw. Gerechtigkeit eine wichtige Rolle spielen. Den Effekt von *Fairness bzw. Gerechtigkeitsüberlegungen* auf tax compliance Entscheidungen untersuchen im accounting beispielsweise *Maroney/Rupert/Anderson*.[538] Sie gehen davon aus, dass die wahrgenommene Fairness bzw. Gerechtigkeit der Besteuerung von Einkünften einen entscheidenden Einfluss auf tax compliance Entscheidungen ausüben. Nehmen Steuerpflichtige die Besteuerung von Einkünften als unfair bzw. ungerecht wahr, werden sie versuchen diese Ungleichheit durch Steuervermeidung abzubauen, um zu einer gefühlt gerechteren Besteuerung zu gelangen. Entsprechend ihrer Vermutungen dokumentieren sie einen negativen Zusammenhang zwischen empfundener Fairness bzw. Gerechtigkeit und dem Ausmaß an Steuervermeidung. Weitere empirische Studien untersuchen den Einfluss der wahrgenommenen Fairness der Beziehung zwischen Steuerpflichtigen und Staat (exchange equity) und der Beziehung der Steuerpflichtigen einer Einkommensgruppe untereinander (horizontal equity).[539] Ihre Ergebnisse legen die Vermutung nahe, dass exchange equity und horizontal equity die finanziellen Effekte des standard economic approach of tax compliance unter bestimmten Voraussetzungen überlagern und daher einen Einfluss auf tax compliance Entscheidungen ausüben. Beispielsweise wirkt sich eine als unfair wahrgenommene Beziehung zwischen Steuerpflichtigen und Staat (exchange inequity) nur dann positiv auf das Ausmaß an Steuervermeidung aus, wenn gleichzeitig die Beziehung der Steuerpflichtigen untereinander als unfair betrachtet wird (horizontal inequity). Insgesamt kommen sie zu dem Ergebnis, dass Fairness- und Gerechtigkeitsüberlegungen mit den finanziellen Effekten des standard economic model of tax compliance interagieren und sich durch ihre Berücksichtigung das tatsächliche Verhalten von Individuen besser erklären lässt.

Neben Fairness- und Gerechtigkeitsüberlegungen besitzen *soziale Normen* (social norms), verstanden als allgemein akzeptierte Verhaltensregeln, die durch informelle soziale Sanktionen aufrechterhalten werden, einen bedeutenden Einfluss auf die Steuermoral von Individuen.[540] Demnach wird ein Individuum, solange es davon ausgeht,

---

[537] Ähnlich *Cullis/Jones/Lewis* (2010), S. 36, die Steuermoral definieren als „difference between tax compliance and compliance that would be predicted with reference to instrumental self-interest."

[538] Vgl. *Maroney/Rupert/Anderson* (1998). Einen ausführlichen (interdisziplinären) Überblick über den Einfluss von Fairness gibt *Kirchler* (2007), S. 73–96.

[539] Vgl. *Kim/Evans/Moser* (2005); *Moser/Evans/Kim* (1995).

[540] Vgl. *Alm* (2012), S. 64; *Fehr/Gächter* (1998), S. 854; *Elster* (1989), S. 99 f. Solche Sanktionen können beispielsweise aus „hochgezogenen Augenbrauen" bis hin zur sozialen Ächtung durch andere Individuen bestehen. Vgl. *Elster* (1989), S. 104. *Camerer/Fehr* (2004), S. 56; *Fehr/Gächter*

5 Tax compliance research

dass andere Steuerpflichtige ehrlich ihre Steuern zahlen (Steuerehrlichkeit ist die soziale Norm), sich ebenfalls „ehrlich" verhalten. Umgekehrt wird es Steuervermeidung betreiben, wenn es davon ausgeht, dass Steuervermeidung die soziale Norm ist und somit ein weit verbreitetes Phänomen darstellt.[541]

Entsprechend der vorherigen Überlegungen dokumentieren empirische Untersuchungen im accounting grundsätzlich einen signifikanten Einfluss von sozialen Normen auf tax compliance Entscheidungen.[542] Allerdings besteht keine Einigkeit darüber, was soziale Normen im Detail ausmacht. Daher beschäftigen sich weitere Untersuchungen mit der genaueren Bestimmung sozialer Normen. Sie „disaggregieren" das Konzept sozialer Normen, indem sie verschiedene Arten sozialer Normen identifizieren. Darüber hinaus beschäftigen sie sich sowohl mit der Messung als auch mit dem Einfluss der disaggregierten sozialen Normen auf tax compliance Entscheidungen.[543]

In Bezug auf die Annahme der *Rationalität* von Individuen im standardökonomischen Verhaltensmodell ist zwischen den Anforderungen im Rahmen der *Urteilsbildung* und *Auswahl* zu unterscheiden. Die *Urteilsbildung* beschäftigt sich mit den Prozessen wie Wahrscheinlichkeiten über Ereignisse von Individuen gebildet werden. Rationale Individuen werden annahmegemäß konsistente Ereigniswahrscheinlichkeiten bilden, indem sie die Regeln der Wahrscheinlichkeitstheorie beachten.[544]

Im tax compliance research steht die Bildung der *Entdeckungs- und Bestrafungswahrscheinlichkeit* (probability of detection and punishment) im Vordergrund.[545] Individuen orientieren sich bei ihren Entscheidungen an der wahrgenommenen Wahrscheinlichkeit, die oftmals von der objektiven Entdeckungs- und Bestrafungswahrscheinlichkeit abweicht. Sie neigen dazu, die Entdeckungs- und Bestrafungswahrscheinlichkeit zu überschätzen.[546] Damit spielen subjektive Wahrscheinlichkeiten im tax compliance

---

(1998), S. 854, sehen die Ungleichheitsaversion und Reziprozität als bedeutende Sanktionen zur Durchsetzung von sozialen Normen an.

[541] Vgl. *Alm* (2012), S. 64; *Frey/Torgler* (2007), S. 137.

[542] Vgl. z. B. *Blanthorne/Kaplan* (2008); *Bobek/Hatfield* (2003); *Kaplan/Newberry/Reckers* (1997); *Hanno/Violette* (1996). Vgl. auch den Überblick von *Bobek/Hageman/Kelliher* (2011), S. 38, 40–43; *Bobek/Roberts/Sweeney* (2007), S. 50–53, sowie den ausführlichen und disziplinübergreifenden Überblick von *Kirchler* (2007), S. 58–73. Eine theoretische Analyse des Einflusses von sozialen Normen findet sich bei *Davis/Hecht/Perkins* (2003).

[543] Vgl. *Bobek/Hageman/Kelliher* (2011*); Bobek/Roberts/Sweeney* (2007).

[544] Vgl. nochmals Kapitel 2.2.2.1.

[545] Neben der Bildung der Entdeckungs- und Bestrafungswahrscheinlichkeit wird auch die Urteilsbildung über Grenzsteuersätze betrachtet. Vgl. z. B. *Rupert/Fischer* (1995), sowie für Deutschland *Hundsdoerfer/Sichtmann* (2009). Diese Untersuchungen beziehen sich jedoch regelmäßig nicht auf tax compliance Entscheidungen von Individuen.

[546] Vgl. *Andreoni/Erard/Feinstein* (1998), S. 844–846; *Fischer/Wartick/Mark* (1992), S. 12–14.

research eine erhebliche Bedeutung.[547] Wie bereits oben gezeigt, verwenden Individuen bei der Bildung subjektiver Wahrscheinlichkeiten eine Vielzahl einfacher Urteilsheuristiken, die zu systematischen Verzerrungen bei der Urteilsbildung führen können.

Im Rahmen der Ermittlung der Entdeckungs- und Bestrafungswahrscheinlichkeit legen die Ergebnisse empirischer Untersuchungen die Vermutung nahe, dass die subjektive Entdeckungs- und Bestrafungswahrscheinlichkeit von früheren Erfahrungen über steuerliche Prüfungen beeinflusst wird, obwohl diese Erfahrungen bei rein zufälligen steuerlichen Prüfungen keine Rolle spielen sollten.[548] Die Berücksichtigung früherer Erfahrungen im Rahmen der Urteilsbildung lässt sich als Anwendung der Repräsentativitätsheuristik interpretieren. Die eigenen Erfahrungen über den Eintritt eines Ereignisses werden als repräsentativ für die gesamte Population bzw. alle Individuen angesehen (insensitivity to sample size). Es kommt zu einer Überschätzung des Ereigniseintritts.[549] Bezogen auf das tax compliance bedeutet dies, dass die Erfahrung bzw. das Erlebnis einer steuerlichen Prüfung einen positiven Einfluss auf die subjektive Entdeckungs- und Bestrafungswahrscheinlichkeit ausübt. Die Urteilsbildung von Individuen, die kürzlich eine steuerliche Prüfung erlebt haben, wird somit systematisch nach oben verzerrt.

Die theoretische Integration der Wahrscheinlichkeitsermittlung erfolgt im tax compliance research u. a. durch die Stützungs-Theorie.[550] Im Einklang mit der Stützungs-Theorie dokumentieren *Pforsich/Gill/Sanders*, dass Steuerpflichtige, die detaillierte Beschreibungen eines steuerlichen Szenarios erhalten, die subjektive Entdeckungs- und Bestrafungswahrscheinlichkeit höher einschätzen, als Steuerpflichtige, die eine allgemeine Beschreibung erhalten haben. Darüber hinaus ergab sich ein negativer Ein-

---

[547] Vgl. z. B. *Christensen/Hite* (1997); *Carnes/Englebrecht* (1995). Die Bildung subjektiver Wahrscheinlichkeiten verstößt nicht grundsätzlich gegen die Anforderungen an die Urteilsbildung. Ein Verstoß liegt nur dann vor, wenn inkonsistente Wahrscheinlichkeiten gebildet werden.

[548] Vgl. *Guala/Mittone* (2005), S. 507 f.; *Spicer/Hero* (1985). Vgl. hierzu auch *Kirchler et al.* (2010), S. 21.

[549] Vgl. *Tversky/Kahneman* (1974), S. 1125. Daneben lässt sich diese Urteilsbildung anhand der Verfügbarkeitsheuristik (availability heuristics) erklären. Verfügbarkeit bedeutet, dass die Wahrscheinlichkeitsermittlung eines Ereignisses davon abhängt, wie einfach es einem Individuum fällt, sich an ähnliche Ereignisse zu erinnern. Je einfacher es fällt, sich an gleichgelagerte Ereignisse zu erinnern (leichte Verfügbarkeit), desto höher wird die einem Ereignis zugeordnete Wahrscheinlichkeit ausfallen. Beispielsweise wird die subjektive Wahrscheinlichkeit eines Verkehrsunfalls höher ausfallen, wenn kurz zuvor ein anderer Verkehrsunfall beobachtet wurde und ein ähnliches Ereignis somit leicht verfügbar ist. Dementsprechend wird eine kürzlich erlebte Steuerprüfung einen positiven Effekt auf die Ermittlung der Entdeckungs- und Bestrafungswahrscheinlichkeit haben. Vgl. zur Verfügbarkeitsheuristik *Tversky/Kahneman* (1974), S. 1127 f.

[550] Vgl. dazu nochmals Kapitel 2.2.2.1.

5 Tax compliance research

fluss der subjektiven Entdeckungs- und Bestrafungswahrscheinlichkeit auf das Ausmaß an Steuervermeidung.[551]

Die Anforderungen an die *Auswahl* als Teil der Rationalität werden im tax compliance research zumeist im Zusammenhang mit Darstellungseffekten (framing effects) behandelt.[552] Nach dem standardökonomischen Verhaltensmodell hat die Darstellung von inhaltlich identischen Handlungsalternativen keinen Einfluss auf deren Auswahl.[553] Tatsächlich wirkt sich die unterschiedliche Präsentation und Beschreibung von Handlungsalternativen auf deren Auswahl aus. Eine theoretische Integration dieser Darstellungseffekte erfolgt in der Prospekt-Theorie, wonach Handlungsalternativen nicht nach dem Vermögensendzustand (z. B. das absolute Einkommen), sondern relativ zu einem Referenzpunkt als Gewinne oder Verluste bewertet werden. Je nachdem welcher Referenzpunkt zu Grunde gelegt wird, werden identische absolute Größen unterschiedlich wahrgenommen, d. h. entweder positiv (Gewinne) oder negativ (Verluste). Beispielsweise wird ein Unternehmer sein erzieltes absolutes Einkommen relativ zu seinem geplanten Zieleinkommen (Referenzpunkt) bewerten. Bleibt sein Einkommen hinter den Erwartungen zurück, wird dies als Verlust bewertet. Liegt sein Einkommen über dem erhofften Einkommen, erfolgt eine Bewertung als Gewinn. Unterschiedliche Darstellungen identischer Situationen beeinflussen den zu Grunde gelegten Referenzpunkt und somit die Bewertung als Gewinn oder Verlust. In Gewinnsituationen wird sich ein Individuum risikoavers verhalten, in Verlustsituationen hingegen risikofreudig, da sich Verluste stärker auswirken als identische Gewinne (Verlustaversion). Referenzabhängigkeit und Verlustaversion sind zwei zentrale Bestandteile der Prospekt-Theorie.

Darstellungseffekte werden im tax compliance research zumeist im Zusammenhang mit der *Zahlungsposition* von Steuerpflichtigen am Ende des Jahres betrachtet (withholding position).[554] Annahmegemäß besteht die Zahlungsposition eines Steuerpflichtigen entweder aus einer Steuererstattung oder Steuernachzahlung. Eine Steuererstattung entsteht, soweit die Anrechnungsbeträge (z. B. einbehaltene Lohnsteuer, Einkommensteuervorauszahlungen) die festzusetzende Einkommensteuer übersteigen. Liegen die Anrechnungsbeträge unter der festzusetzenden Einkommensteuer, hat der Steuerpflichtige eine Steuernachzahlung zu leisten. Nach der Prospekt-Theorie wird vermutet, dass die Zahlungsposition einen Einfluss auf den Referenzpunkt eines Steuerpflichtigen hat.[555] Steuerpflichtige, die sich in der Situation einer Steuererstattung befinden, werden diese relativ zu ihrem Referenzpunkt (z. B. Einkommen abzüglich

---

[551] Vgl. *Pforsich/Gill/Sanders* (2010).

[552] Vgl. auch den ausführlichen Überblick bei *Kirchler* (2007), S. 129–151.

[553] Vgl. nochmals Kapitel 2.2.2.1.

[554] Vgl. *Iyer/Reckers/Sanders* (2010), S. 239.

[555] Vgl. z. B. *Dusenbury* (1994), S. 2 f.

5 Tax compliance research

der insgesamt (zu hoch) geleisteten Anrechnungsbeträge) als Gewinn bewerten. Dagegen werden Steuernachzahlungen relativ zum Referenzpunkt (z. B. Einkommen abzüglich der insgesamt (zu niedrig) geleisteten Abzugsbeträge) als Verluste betrachtet. Demnach werden Steuererstattungen und Steuernachzahlungen unterschiedlich bewertet, selbst wenn die absolute Höhe der festzusetzenden Einkommensteuer identisch ist.

Der Einfluss der Zahlungsposition auf tax compliance Entscheidungen lässt sich anhand der Prospekt-Theorie wie folgt beschreiben:[556] Steuerpflichtige, die sich subjektiv in einer Gewinnsituation befinden (Steuererstattung), werden sich in Bezug auf tax compliance Entscheidungen konservativ (geringe Risikobereitschaft) verhalten, da sie ihren Gewinn sichern wollen. Die Folge ist ein niedriges Ausmaß an Steuervermeidung bzw. hohe Steuerehrlichkeit. Dagegen werden Steuerpflichtige, die sich subjektiv in einer Verlustsituation befinden (Steuernachzahlung) eine höhere Risikobereitschaft aufweisen, da sie ihre Verluste ausgleichen möchten. Die Folge ist ein hohes Ausmaß an Steuervermeidung bzw. niedrige Steuerehrlichkeit. Die folgende Darstellung auf der nächsten Seite fasst den vermuteten Einfluss der Zahlungsposition auf tax compliance Entscheidungen zusammen.[557] Im Einklang mit diesen Vorhersagen der Prospekt-Theorie dokumentieren verschiedene empirische Untersuchungen, dass die Steuerehrlichkeit bei Steuererstattungen höher ausfällt als bei Steuernachzahlungen.[558]

---

[556] Vgl. *Kirchler* (2007), S. 135 f.; *Elffers/Hessing* (1997), S. 291. Vgl. auch die theoretische Analyse von *Yaniv* (1999).

[557] Darstellung in Anlehnung an *Kirchler/Maciejovski* (2007), S. 225.

[558] Vgl. *Jackson/Hatfield* (2005); *Schisler* (1996); *Dusenbury* (1994); *White/Harrison/Harrell* (1993); *Schepanski/Kelsey* (1990). Vgl. zu weiteren empirischen Untersuchungen den Überblick bei *Kirchler* (2007), S. 136–151; *Kirchler/Maciejovski* (2007), S. 224–226.

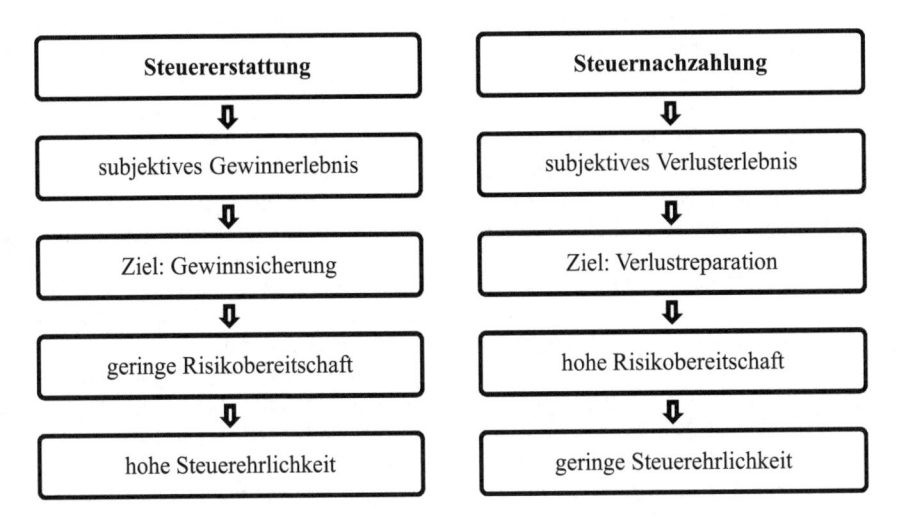

```
┌─────────────────────────────┐          ┌─────────────────────────────┐
│     Steuererstattung        │          │     Steuernachzahlung       │
└─────────────────────────────┘          └─────────────────────────────┘
              ⇩                                        ⇩
┌─────────────────────────────┐          ┌─────────────────────────────┐
│  subjektives Gewinnerlebnis │          │  subjektives Verlusterlebnis│
└─────────────────────────────┘          └─────────────────────────────┘
              ⇩                                        ⇩
┌─────────────────────────────┐          ┌─────────────────────────────┐
│   Ziel: Gewinnsicherung     │          │   Ziel: Verlustreparation   │
└─────────────────────────────┘          └─────────────────────────────┘
              ⇩                                        ⇩
┌─────────────────────────────┐          ┌─────────────────────────────┐
│   geringe Risikobereitschaft│          │   hohe Risikobereitschaft   │
└─────────────────────────────┘          └─────────────────────────────┘
              ⇩                                        ⇩
┌─────────────────────────────┐          ┌─────────────────────────────┐
│   hohe Steuerehrlichkeit    │          │  geringe Steuerehrlichkeit  │
└─────────────────────────────┘          └─────────────────────────────┘
```

Darstellung 32: Steuerehrlichkeit in Gewinn- und Verlustsituationen

Neben der Betrachtung von Darstellungseffekten im Zusammenhang mit der Zahlungsposition von Steuerpflichtigen, beschäftigen sich Untersuchungen mit dem Einfluss weiterer Faktoren auf den Referenzpunkt eines Steuerpflichtigen. Zu den untersuchten Einflussfaktoren zählt u. a. die Art und Weise wie das Einkommen erwirtschaftet wurde.[559] Unterschieden wird zwischen der Situation, in der das Einkommen durch einen relativ hohen Arbeits- und Zeitaufwand erwirtschaftet wurde (earned income) und einer Situation, in der das Einkommen dem Steuerpflichtigen ohne großen Aufwand zugeflossen bzw. geschenkt wurde (endowed income). Es wird vermutet, dass die Art und Weise der Einkommenserzielung den Referenzpunkt der Steuerpflichtigen verschiebt und folglich tax compliance Entscheidungen beeinflusst. Im Einklang mit diesen Vermutungen dokumentieren empirische Untersuchungen einen signifikanten Einfluss der Einkommenserzielung auf tax compliance Entscheidungen.[560]

---

[559] Vgl. *Boylan* (2010); *Boylan/Sprinkle* (2001). Daneben untersuchen *Iyer/Reckers/Sanders* (2010) den Einfluss des Vorjahresgewinns auf den Referenzpunkt. *Vines/Wartick* (2003) wiederum betrachten Darstellungseffekte im Zusammenhang mit ökonomisch identischen Gesetzesregelungen (direkte Subventionen gegenüber Sonderabschreibungen).

[560] Vgl. *Boylan* (2010); *Boylan/Sprinkle* (2001).

5.2.2.2 Tax professionals decision making

Wie bereits oben dargestellt, entwickelte sich die Forschung zum tax professionals decision making aus dem taxpayers compliance research. Dahinter steht die Vermutung, dass tax professionals die tax compliance Entscheidungen von Steuerpflichtigen beeinflussen. Tatsächlich zeigen empirische Untersuchungen, dass Steuerpflichtige den Empfehlungen von Steuerfachleuten/Steuerberatern eine große Bedeutung beimessen und somit in ihren Entscheidungen beeinflusst werden können.[561] Im Fokus der Forschung steht daher die Frage, welche Faktoren die Empfehlungen (aggressiv oder konservativ) von Steuerberatern beeinflussen.

Nach dem standardökomischen Verhaltensmodell wird ein Steuerberater seine Empfehlungen so gestalten, dass er seinen Erwartungsnutzen maximiert. Dieser ergibt sich beispielsweise aus den erhobenen Gebühren abzüglich der für die Dienstleistungen aufgewendeten Kosten.[562] Zu diesen Kosten zählen neben den für die Beratung anfallenden Kosten auch potentielle Strafen, die der Steuerberater im Falle einer steuerlichen Prüfung für bereits im Vorhinein nicht aufrechtzuerhaltende (aggressive) Posten an das Finanzamt zu leisten hat (preparer penalty).[563] In diesem Modell wird ein Steuerberater alleine die finanziellen Auswirkungen seiner Empfehlungen berücksichtigen. Dementsprechend sollten Strafen einen negativen Einfluss auf das Ausmaß an Aggressivität der Empfehlungen ausüben. Höhere Strafen haben c. p. einen negativen Einfluss auf den Erwartungsnutzen, dem der Steuerberater durch weniger aggressive Empfehlungen und damit niedrigere potentielle Strafzahlungen entgehen kann. Empirische Untersuchungen sind allerdings nicht in der Lage, einen eindeutig negativen Effekt von Strafzahlungen auf die Aggressivität von Empfehlungen zu dokumentieren.[564] Daher wird im Folgenden die Forschung anhand der systematischen Abweichungen von den Annahmen des standardökonomischen Verhaltensmodells dargestellt.[565]

---

[561] Vgl. *Tan* (1999), S. 439–441; *Hite/McGill* (1992), S. 393–396. Eine theoretische Analyse des Einflusses von Steuerfachleuten/Steuerberatern findet sich bei *Klepper/Mazur/Nagin* (1991); *Reinganum/Wilde* (1991). Im Folgenden wird verkürzt nur noch von Steuerberatern gesprochen.

[562] Vgl. z. B. *Anderson/Cuccia* (2000), S. 59–62; *Cuccia* (1994b), S. 43–45.

[563] Um einer Strafe zu entgehen, müssen die in der Steuererklärung deklarierten Posten grundsätzlich mit mehr als 50 %iger Wahrscheinlichkeit (more likely than not) einer Überprüfung durch fachkundige Dritte standhalten. Ansonsten hat der Steuerberater eine Strafe i. H. von 50 % der mit dieser Steuererklärung im Zusammenhang stehenden Gebühren, mindestens 1.000 $, zu zahlen (Sec. 6694 IRC). Einen ausführlichen Überblick über Strafen für eine unangemessen aggressive Steuerberatung geben *Hansen/White* (2012), S. 140 f.

[564] Einen negativen Effekt dokumentieren *Anderson/Cuccia* (2000), wohingegen die Ergebnisse von *Hansen/White* (2012); *Cuccia* (1994b); *Reckers/Sanders/Wyndelts* (1991), keine bzw. schwache und sogar gegenläufige Effekte berichten.

[565] Eine alternative Systematisierung des tax professionals decision making findet sich bei *Roberts* (1998), S. 81–84. Er unterteilt die Forschung anhand der Prozesse bzw. Faktoren in einem ökonomisch-psychologischen Modell (economic psychology processing model). Dieses Model „of tax

5 Tax compliance research

In Bezug auf die *Motivation* wird im standardökonomischen Verhaltensmodell von streng eigennützigem Handeln von Individuen ausgegangen. Diese Annahme wird in der Forschung unter der Rubrik *advocacy, fairness or ethics* einer genaueren Betrachtung unterzogen.[566] Unter *advocacy* wird die Einstellung des Steuerberaters verstanden, sich den Interessen seines Mandanten verpflichtet zu fühlen. Es beschreibt inwieweit der Steuerberater bereit ist, im Sinne seines Mandanten als dessen Interessenvertreter zu handeln und somit neben seinen eigenen Interessen auch die Interessen seiner Mandanten zu berücksichtigen.[567] Die Ergebnisse verschiedener empirischer Untersuchungen stehen mit dem advocacy Konzept grundsätzlich im Einklang. Steuerberater verhalten sich nicht streng eigennützig, sondern begreifen sich zugleich als Interessenvertreter und berücksichtigen die Interessen ihrer Mandanten bei ihren Entscheidungen.[568] Beispielsweise dokumentieren *Hansen/White* einen positiven Zusammenhang zwischen advocacy und der Entscheidung eine vom Mandanten bevorzugte aggressive Position in die Steuererklärung aufzunehmen.[569]

---

accountants' decision making (..) incorporates the individual psychological factors and the economic factors that have been theorized to influence tax accountants' [decision making]" (*Roberts* (1998), S. 82). Grundsätzlich lassen sich in diesem Modell die drei Hauptbereiche *individuell psychologische Faktoren* (individual psychological factors), *Umfeldfaktoren* (environmental factors) und *aufgabenspezifische Faktoren* (task factors) unterscheiden. Ursprünglich unterteilt *Roberts* (1998), S. 81–84, die Einflussfaktoren in fünf Bereiche ein. Kognitive Prozesse (cognitive processes) und Aufgabenziel bzw. -ausgang (task output) werden an dieser Stelle jedoch nicht als eigenständige Bereiche angesehen, sondern den individuell psychologischen Faktoren (kognitive Prozesse) und den aufgabenspezifischen Faktoren (Aufgabenziel bzw. -ausgang) zugeordnet. Ähnlich *Bonner* (2008), S. 13 f. *Individuell psychologische Faktoren* beinhalten die Fähigkeiten und Einstellungen eines Steuerberaters sowie dessen kognitive Prozesse. Dazu zählen beispielsweise Moral- und Fairnessvorstellungen. *Umfeldfaktoren* befassen sich mit den Umständen unter denen Entscheidungen getroffen werden, insbesondere finanzielle Faktoren. Hierzu zählen alle Faktoren, die nach dem standardökonomischen Verhaltensmodell relevant sind. *Aufgabenspezifische Faktoren* beschreiben die charakteristischen Merkmale einer Aufgabe. Hierunter fallen beispielsweise Darstellungseffekte. Vgl. ausführlich zu den einzelnen Faktoren *Bonner* (2008), S. 52–255; *Roberts* (1998), S. 81–84.

[566] Vgl. *Roberts* (1998), S. 90 f.

[567] *Davis/Mason* (2003), S. 56; *Mason/Levy* (2001), S. 127, definieren advocacy als „state of mind in which one feels one´s primary loyalty belongs to the taxpayer. It is exhibited by a desire to represent the taxpayer zealously within the bounds of the law, and by a desire to be a fighter on behalf of the taxpayer."

[568] Allerdings ist fraglich, inwieweit Steuerberater die Interessen ihrer Mandanten richtig einschätzen. Steuerpflichtige (Individuen) erwarten von ihren Steuerberatern primär Deklarationshilfe, um eine korrekte Steuererklärung zu gewährleisten. Aggressive Steuerberatung, in der Form von Steuerminimierung, steht nicht im Fokus, wenn es darum geht, einen Steuerberater zu konsultieren. Vgl. z. B. *Sakurai/Braithwaite* (2003), S. 380–382; *Tan* (1999), S. 439–441; *Hite/McGill* (1992), S. 393–396. Vgl. auch den Überblick bei *Hite et al.* (2003), S. 18–25. Tatsächlich setzen Steuerberater oftmals advocacy mit Steuerminimierung gleich, mit der Folge, dass Steuerberater aggressivere Empfehlungen geben als von den Mandanten gewünscht. Vgl. z. B. *Stephenson* (2007).

[569] Vgl. *Hansen/White* (2012). Ähnliche Ergebnisse finden sich bei *Bobek/Hageman/Hatfield* (2010), die allerdings eine mandantenspezifische advocacy (client-specific advocacy) verwenden, d. h. die

5 Tax compliance research

Ebenso wird der Einfluss *ethischer Aspekte*, wie Fairness und Moral, auf Entscheidungen untersucht. *Cruz/Shafer/Strawser* dokumentieren einen signifikanten Einfluss verschiedener ethischer Aspekte auf die Entscheidung, eine vom Mandanten bevorzugte aggressive Position in die Steuererklärung aufzunehmen. Sie kommen zu dem Ergebnis, dass „perceptions of justice, fairness, morality, and acceptability to one's family influence tax practitioners' willingness to advocate aggressive reporting decisions."[570]

In Bezug auf die *Rationalitätsannahme* beschäftigt sich die Forschung im Rahmen der *Urteilsbildung* mit dem sog. *Bestätigungsfehler* (confirmation bias). Unter Bestätigungsfehler wird allgemein die Tendenz zur Suche nach und Übergewichtung von Informationen verstanden, die eine ausgewählte Alternative bzw. Hypothese belegen.[571] Individuen neigen dazu, bestätigenden Informationen einen höheren Stellenwert beizumessen als ablehnenden Informationen, was zu Verzerrungen bei der Urteilsbildung führen kann.[572] Zurückgeführt wird der Bestätigungsfehler u. a. auf die Verwendung von Urteilsheuristiken. Grundsätzlich fällt es Individuen leichter an hypothesenähnliche bzw. -bestätigende Ereignisse zu denken, was dazu führt, dass diese Ereignisse präsenter bzw. leichter verfügbar sind. In der Folge wird die Wahrscheinlichkeit des Eintritts bestätigender Ereignisse überschätzt. Ein Individuum geht davon aus, dass die bestätigenden Ereignisse in großer Zahl auftreten und somit repräsentativ sind.[573]

Eine empirische Untersuchung zum Bestätigungsfehler im Rahmen der Urteilsbildung wurde von *Johnson* vorgenommen.[574] In ihrer Untersuchung ging es darum festzustellen, ob Steuerberater Gerichtsurteile in einer für den Mandanten vorteilhaften Art und Weise interpretieren, d. h. ob sie den für den Mandanten positiven Urteilen eine höhere Relevanz beimessen als negativen Urteilen. Speziell ging es um die Bewertung von vier Gerichtsurteilen im Zusammenhang mit einer unklaren steuerlichen Regelung über die Abzugsfähigkeit von Aufwendungen. Die den Gerichtsurteilen zugrundeliegenden Sachverhalte waren immer identisch. Lediglich der Ausgang der Verfahren wurde so manipuliert, dass in einer Gruppe zwei Urteile zu einem für den Mandanten positiven und zwei Urteile zu einem negativen Ergebnis kamen. In der zweiten Gruppe

---

Einstellung eines Steuerberaters gegenüber einem bestimmten Mandanten. Im Gegensatz zur generellen Einstellung des Steuerberaters gegenüber dem Mandanten (general client advocacy), wird die client-specific advocacy unter Umständen durch mandantenspezifische ökonomische Anreize beeinflusst. Beispielsweise kann die wirtschaftliche Bedeutung des Mandanten einen positiven Einfluss auf die client-specific advocacy ausüben. Insofern ist eine client-specific advocacy mit dem Eigeninteresse durchaus vereinbar.

[570] *Cruz/Shafer/Strawser* (2000), S. 234.
[571] Vgl. *Nickerson* (1998), S. 175 f.; *Klayman* (1995), S. 385 f.; *Fiedler* (1983), S. 282.
[572] Vgl. *Snyder/Swann* (1978).
[573] Vgl. *Chapman/Johnson* (1999), S. 119–121; *Snyder/Swann* (1978), S. 1210 f.
[574] Vgl. *Johnson* (1993).

wurde der Verfahrensausgang umgekehrt, d. h. die bislang positiven Urteile kamen zu einem negativen Ausgang und die bisher negativen Urteile kamen zu einem positiven Ausgang. In Übereinstimmung mit den Vermutungen zum Bestätigungseffekt dokumentiert *Johnson*, dass positive Urteile eine höhere Relevanz für Steuerberater bei der Entscheidungsfindung aufweisen als negative Urteile. Als Folge wird die vom Steuerberater geschätzte Wahrscheinlichkeit, dass eine für den Mandanten positive Interpretation der steuerlichen Regelungen einer gerichtlichen Überprüfung standhält, positiv beeinflusst.[575]

Die Anforderungen an die Rationalität in der Form der *Auswahl* werden im Zusammenhang mit Darstellungseffekten betrachtet. Die theoretische Integration dieser Effekte erfolgt anhand der Prospekt-Theorie. Demnach können unterschiedliche Darstellungen identischer Handlungsalternativen den zu Grunde gelegten Referenzpunkt beeinflussen und damit, ob ihre Konsequenzen als Gewinn oder Verlust wahrgenommen werden. In Gewinnsituationen wird sich ein Individuum risikoavers verhalten, in Verlustsituationen hingegen risikofreudig.

Newberry/Reckers/Wyndelts betrachten Darstellungseffekte im Zusammenhang mit der *Art der Mandantenbeziehung* (client condition).[576] Um Darstellungseffekte zu identifizieren, untersuchen sie die Entscheidung eines Steuerberaters, eine vom Mandanten gewünschte aggressive Position in die Steuererklärung aufzunehmen. Sollte der Steuerberater entgegen des Willens des Mandanten die aggressive Position ablehnen, besteht die Gefahr den Mandanten zu verlieren. Sie variieren die Darstellung identischer Handlungsalternativen, indem sie die Mandantenbeziehung zum einen als „langjähriger Bestandsmandant" und zum anderen als „potentieller Neumandant" beschreiben. Sie vermuten, dass alleine die unterschiedliche Darstellung der Mandantenbeziehung einen Einfluss auf den Referenzpunkt eines Steuerberaters ausübt, da oftmals der Status quo als Referenzpunkt zu Grunde gelegt wird.[577] Im Falle der langjährigen Mandantenbeziehung beinhaltet der Referenzpunkt somit die bestehende Mandantenbeziehung (z. B. Einkommen inklusive der Mandantengebühren). Bei einer potentiellen Neumandantenbeziehung ist diese jedoch nicht im Referenzpunkt berücksichtigt (z. B. Einkommen exklusive der Mandantengebühren). Damit unterscheiden sich die Referenzpunkte, je nachdem welche Mandantenbeziehung vorliegt. Dementsprechend sollten Steuerberater das mögliche Ende einer langjährigen Mandantenbeziehung relativ zum Referenzpunkt als Verlust bewerten. Indessen wird eine möglicherweise nicht zustande gekommene Neumandantenbeziehung relativ zum Referenzpunkt als entgangener Gewinn bewertet. Folglich sollten sich Steuerberater

---

[575] Ähnlich *Kadous/Magro/Spilker* (2008); *Cloyd/Spilker* (1999). Diese Arbeiten befassen sich jedoch schwerpunktmäßig mit der Informationsbeschaffung und nicht mit der Informationsbewertung. Vgl. zu dieser Unterscheidung auch *Klayman* (1995).

[576] Vgl. *Newberry/Reckers/Wyndelts* (1993).

[577] Vgl. z. B. *Kahneman/Knetsch/Thaler* (1991).

bei Bestandsmandanten (Verlustsituation) risikofreudig und bei Neumandanten (Gewinnsituation) risikoavers verhalten. Die folgende Darstellung fasst den vermuteten Einfluss der Mandantenbeziehung auf das tax professionals decision making zusammen.

Bestandsmandant	Neumandant
⇩	⇩
subjektives Verlusterlebnis	subjektives Gewinnerlebnis
⇩	⇩
Ziel: Verlustreparation	Ziel: Gewinnsicherung
⇩	⇩
hohe Risikobereitschaft	geringe Risikobereitschaft
⇩	⇩
hohe Aggressivität	geringe Aggressivität

Darstellung 33: Aggressivität von Empfehlungen in Gewinn- und Verlustsituationen

Tatsächlich stehen die Ergebnisse der Untersuchung von *Newberry/Reckers/Wyndelts* mit diesen Vermutungen im Einklang. Bei Bestandskunden sind Steuerberater eher bereit, eine aggressive und damit risikoreiche Position in die Steuererklärung aufzunehmen als bei Neumandanten.[578]

5.3 Forschungsmethoden

Nachdem zuvor die theoretische Basis und die inhaltlichen Schwerpunkte des tax compliance research analysiert wurden, geht es im Folgenden um die Betrachtung der verwendeten Forschungsmethoden. Insgesamt spielen im accounting research die empirischen Forschungsmethoden bzw. das *empirical research* eine dominante Rolle.[579] Die empirische Forschung beschäftigt sich mit der systematischen Überprüfung der

---

[578] Ähnlich *Schisler* (1994), der zum Ergebnis kommt, dass sich Steuerberater zumindest bei Meinungsverschiedenheiten mit langjährigen Bestandsmandanten (Verlustsituation aus der Sicht des Steuerberaters) entsprechend der Prospekt-Theorie verhalten.

[579] Vgl. nochmals Kapitel 3.2.2.3.

5 Tax compliance research

aus Theorien abgeleiteten Hypothesen anhand der Wirklichkeit. Das *theoretical research* dient ihr als Hypothesenlieferant und nimmt daher eine wichtige Rolle ein. Inwieweit sich diese allgemeinen Aussagen zu den Forschungsmethoden auf das tax compliance research übertragen lassen, wird im Folgenden überprüft.

In Bezug auf die im tax compliance research verwendeten Forschungsmethoden kommen Untersuchungen von Veröffentlichungen in Accounting Zeitschriften zu dem Ergebnis, dass im tax compliance research überwiegend die empirische Forschungsmethode des *experimental research* zur Anwendung kommt.[580] Tax compliance research ist somit empirical research und zwar schwerpunktmäßig experimental research. An zweiter Stelle folgt mit Abstand die empirische Forschungsmethode des *survey research*. Andere empirische Forschungsmethoden, d. h. *archival research* und *field study research*, spielen keine bedeutende Rolle.[581] Das *theoretical research* steht nicht im Fokus des tax compliance research. Es wird behandelt, soweit es für das empirical tax research als theoretisches Fundament von Relevanz ist, spielt selbst aber keine führende Rolle.[582]

Die Dominanz der experimental research method im tax compliance research gilt sowohl für das taxpayers als auch das tax professionals decision making.[583] Dies deckt sich mit der Charakterisierung des tax compliance research durch *Outslay* als „a broad array of experimental research".[584] Die Fokussierung auf die experimental research method ist u. a. auf die Nähe der Forschung zu psychologischen Ansätzen zurückzuführen. Das tax compliance research beschränkt sich nicht auf die Berücksichtigung psychologischer Verhaltenshypothesen im Rahmen ihrer theoretischen Basis. Es übernimmt darüber hinaus auch die in der Psychologie übliche Forschungsmethode des experimental research.[585]

---

[580] Vgl. zu den Forschungsmethoden z. B. für das Journal of the American Taxation Association *Hutchison/White* (2003), S. 107 f., oder auch *Hasseldine* (2005), S. 145 f.; *O'Neil/Samelson* (2001). Vgl. allgemein auch *Birnberg* (2011), S. 5; *Koonce/Mercer* (2005), S. 175 f. Unter dem in der Literatur verwendeten Begriff *behavioral research methods* werden regelmäßig Experimente verstanden. Vgl. *Hageman* (2008), S. 9.

[581] Vgl. aber z. B. *Jackson et al.* (2005) (archival research).

[582] Vgl. zur Bedeutung des theoretical research für das experimental research *Libby/Bloomfield/Nelson* (2002), S. 794 f.; *Outslay* (1995), S. 63 f. Vgl. aber z. B. *Davis/Hecht/Perkins* (2003).

[583] Vgl. z. B *O'Neil/Samelson* (2001), sowie *Alm/Torgler* (2011), S. 639–642 (taxpayers decision making); *Roberts* (1998), S. 84 (tax professionals decision making).

[584] *Outlsay* (1995), S. 52.

[585] Vgl. *Bloomfield/Rennekamp* (2008), S. 7; *Waller* (2002), S. 103 f.

5.4 Zwischenergebnis

Seinen Ursprung hat das tax compliance research im standard economic model of tax compliance aus der Finanzwissenschaft, das alleine auf die finanziellen Aspekte von tax compliance Entscheidungen der Steuerpflichtigen abstellt. Dieses Standardmodell war allerdings nicht in der Lage, das tatsächliche Verhalten von Steuerpflichtigen hinreichend zu erklären. Daher wurden die standardökonomischen Verhaltensannahmen einer Überprüfung unterzogen und durch realistischere psychologische Verhaltenshypothesen ersetzt. Beispielsweise wird nicht mehr davon ausgegangen, dass sich Steuerpflichtige an objektiven Wahrscheinlichkeiten (Entdeckungs- und Bestrafungswahrscheinlichkeit) orientieren, sondern subjektive Wahrscheinlichkeiten im Einklang mit der Stützungs-Theorie bilden, was zu systematischen Urteilsverzerrungen führen kann. Die bisherigen psychologischen Erweiterungen des Standardmodells ermöglichen das Verhalten von Steuerpflichtigen besser zu erklären, als dies alleine mit dem Standardmodell möglich ist.[586]

Aus der ursprünglichen Forschung zum taxpayers decision making, hat sich die Forschung zum tax professionals decision making entwickelt. Ausgangspunkt war die Vermutung, dass Steuerberater tax compliance Entscheidungen von Steuerpflichtigen beeinflussen. Daher rückte das Entscheidungsverhalten der Steuerberater in den Fokus der Forschung. Die Entwicklung verlief ähnlich der Forschung zum taxpayers decision making. Das standardökonomische Verhaltensmodell war nicht in der Lage, das tatsächliche Verhalten von Steuerberatern hinreichend zu erklären. Daher wurden verschiedene Annahmen durch realistischere psychologische Verhaltenshypothesen ersetzt. Dadurch ist die Forschung in der Lage, das Verhalten von Steuerberatern besser zu erklären, als dies alleine mit dem Standardmodell möglich ist.

Gegenüber den Disziplinen economics und psychology zeichnet sich das tax research in accounting im tax compliance research durch die Kenntnis institutioneller Details aus. Dazu zählen insbesondere rechtliche Detailkenntnisse und die Vertrautheit mit dem Kontext und den Rahmenbedingungen unter denen tax compliance Entscheidungen getroffen werden. Diese gilt es, als Wettbewerbsvorteil gegenüber den anderen Disziplinen auszunutzen.[587]

Hinsichtlich der Forschungsmethoden ist festzustellen, dass das tax compliance research schwerpunktmäßig empirical tax research darstellt. Dieses wird vornehmlich als experimental research betrieben. Theoretical research dient lediglich als Ausgangspunkt und Hypothesenlieferant für das empirical research. Dies sind zumeist Theorien aus den Bereichen economics und psychology. Hier wird nochmals deutlich, dass tax compliance research behavioral tax research darstellt.

---

[586] Vgl. hierzu auch *Alm* (2012), S. 62–64; *Kirchler et al.* (2010), S. 25–28.
[587] Vgl. *O'Neil/Samleson* (2001), S. 133; *Roberts* (1998), S. 102; *Davis* (1995), S. 118; *Shields/Solomon/Jackson* (1995), S. 102; *Cuccia* (1994a), S. 110.

5 Tax compliance research

Insgesamt bleibt festzuhalten, dass die Forschung zum tax compliance research disziplinübergreifend ausgestaltet ist.[588] Sowohl im Bereich des taxpayers decision making als auch im tax professionals decision making spielen ökonomische und psychologische Ansätze eine bedeutende Rolle. Systematische Abweichungen von den standardökonomischen Verhaltensannahmen werden durch neue psychologische Verhaltenshypothesen berücksichtigt, um die Erklärungskraft der Forschung zu erhöhen. Tax compliance research ist somit behavioral tax research. Insofern lässt sich das tax compliance research anhand der Kernannahmen des standardökonomischen Verhaltensmodells (wie in der folgenden Darstellung) zusammenfassen.

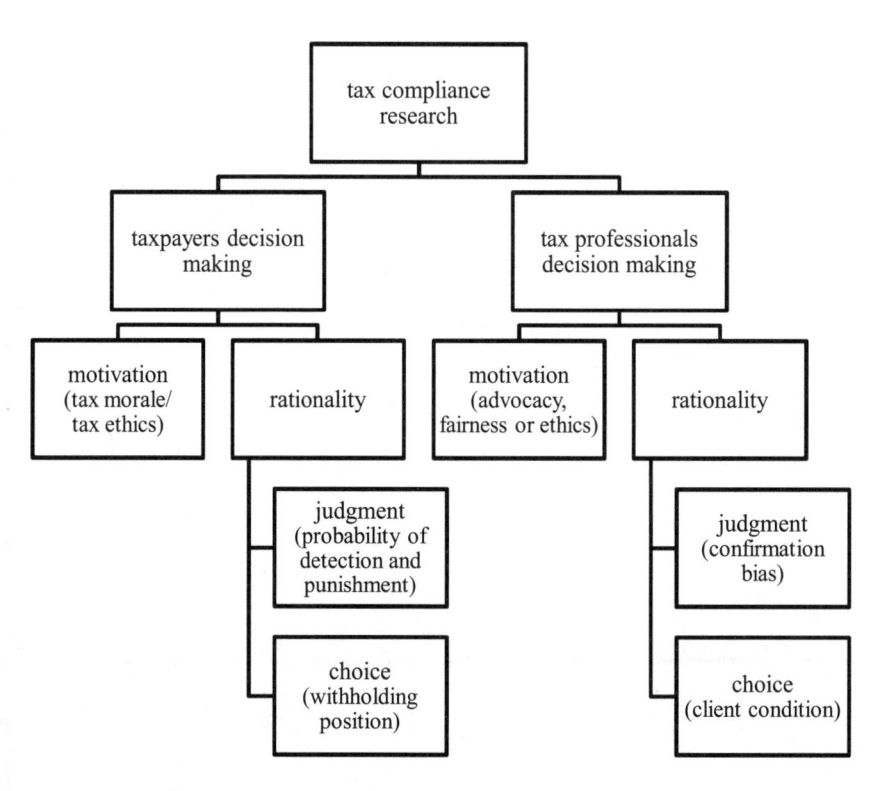

Darstellung 34: Überblick über die Forschungsbereiche des tax compliance research

Im folgenden Kapitel wird untersucht, inwieweit die theoretische Basis und die verwendeten Forschungsmethoden im tax planning und tax compliance research mit den in Kapitel 2 abgeleiteten Anforderungen an die empirische Forschung im Einklang

---

[588] Vgl. auch *Hasseldine* (2005), S. 145.

stehen. Dazu werden zunächst die Anforderungen an die Beschaffenheit von Theorien (theoretische Basis) und im Anschluss daran die Anforderungen an die Prüfung von Theorien (Forschungsmethoden) analysiert.

6 Kritische Würdigung der Forschung und Implikationen

6.1 Anforderungen an das tax planning research

6.1.1 Beschaffenheit von Theorien: Theoretische Basis

Wie bereits eingangs erläutert, werden nach dem in dieser Arbeit vertretenen Wissenschaftsverständnis Theorien aufgestellt, um reale Tatbestände erklären zu können.[589] Damit Theorien dies leisten können, sollten sie eine möglichst hohe Erklärungskraft und damit einen hohen Informationsgehalt aufweisen. Aussagen, die logisch wahr sind, können dies nicht leisten. Sie können die Wirklichkeit nicht erklären.

Theoretische Basis für das tax planning research ist das Scholes/Wolfson-Framework.[590] Es dient als Rahmen bzw. Ausgangspunkt der Forschung. Das Scholes/Wolfson-Framework basiert mit seinem mikroökonomischen Ansatz auf dem standardökonomischen Verhaltensmodell. Es fußt auf den Annahmen, dass Individuen in Entscheidungssituationen nur ihre eigenen Ziele verfolgen und ihren Nutzen unter Nebenbedingungen maximieren.[591] Das gilt unabhängig davon, welche theoretischen Ansätze im Detail im Rahmen des Scholes/Wolfson-Framework angewendet werden, wie z. B. die *agency theory* (tax avoidance), der *standard economic approach for real decisions* (tax and non-tax tradeoffs) oder der *traditional view* (taxes and asset prices).[592] Dieses Verhalten wird nicht als Hypothese über das mögliche Verhalten von Individuen angesehen, sondern als reine Annahme betrachtet. Die Geltung des Scholes/Wolfson-Framework wird vorausgesetzt und nicht in Frage gestellt. *Shackelford/Shevlin* charakterisieren das Scholes/Wolfson-Framework wie folgt:

> „The paradigm implicitly assumes that if all contractual parties, all taxes (explicit and implicit), and all non-tax costs can be identified and controlled, then the observed tax behavior will be rational and predictable. (...) The paradigm is so widely accepted in accounting that differences between predicted and actual are attributed to unspecified exclusion of an important party, tax, or non-tax cost. Contrary evidence is presumed to re-

---

[589] Vgl. nochmals Kapitel 2.1.

[590] Die Forschung zur informational role of accounting for income taxes basiert zwar nicht auf dem Scholes/Wolfson-Framework. Sie basiert jedoch als Teilbereich des financial accounting research auch auf dem standardökonomischen Verhaltensmodell.

[591] Vgl. auch *Macnaughton/Mawani* (2005), S. 168; *Maydew* (2001), S. 399; *Wilson* (1991), S. 64–66. Die Berücksichtigung aller Parteien im Rahmen des Scholes/Wolfson-Framework ist mit der Eigennutzannahme (nur die eigenen Ziele werden verfolgt) kompatibel. Andere Parteien werden nur berücksichtigt, um die eigenen Ziele zu erreichen.

[592] Vgl. zu diesen theoretischen Ansätzen z. B. *Crocker/Slemrod* (2005) (agency theory); *Shackelford/Slemrod/Sallee* (2011) (standard economic approach for real decisions); *Poterba/Summers* (1984), S. 20–25 (traditional view).

flect model misspecification or measurement error. No paper challenges the validity of the [Scholes/Wolfson] framework."[593]

Insofern trifft das Scholes/Wolfson-Framework der Vorwurf des Modellplatonismus. Sein Geltungsbereich wird auf die Fälle eingeschränkt, in denen die Voraussetzungen des standardökonomischen Verhaltensmodells erfüllt sind. Nach *Albert* ist der Informationsgehalt solcher Theorien gleich null, da sie sich auf logische Zusammenhänge beschränken: „Wenn irgendwelche Verhaltensmaximen auftauchen, dann werden sie sehr oft nicht als Hypothesen formuliert und behandelt, sondern als Annahmen über mögliches Verhalten von Wirtschaftssubjekten, deren logische Implikationen zu untersuchen seien. Damit rücken alle möglichen Fragen in den Vordergrund, die mit dem Informationsgehalt, der Erklärungskraft, dem prognostischen Wert und dem Bewährungsgrad möglicher Hypothesen wenig zu tun haben, nämlich Fragen des Ableitungszusammenhanges, der Formalisierbarkeit und der Plausibilität."[594]

Außerdem ist die Aussagekraft vieler auf dem Scholes/Wolfson-Framework aufbauenden Studien aus einem weiteren Grund problematisch. Es werden non-tax costs als nicht ausreichend spezifizierte ceteris-paribus-Klausel verwendet.[595] Hierbei handelt es sich um eine weitere Art des Modellplatonismus.[596] Diese Klausel kann man als Bestandteil der Wenn-Komponente einer Theorie ansehen, die folgende Struktur aufweist: Wenn keine bedeutenden non-tax costs auftreten, dann beeinflussen Steuern Entscheidungen. Unter diesen Umständen wird das Scholes/Wolfson-Framework gegenüber der Realität immunisiert und eine Falsifizierung wird unmöglich. Jedes Ergebnis ist dann mit dem Scholes/Wolfson-Framework vereinbar, da die nicht weiter spezifizierten non-tax costs ein unbeschränktes Alibi liefern. Ergeben empirische Untersuchungen etwa, dass Steuern eine entscheidende Rolle bei Entscheidungen spielen, wird dies als Anzeichen für unwesentliche non-tax costs aufgefasst. Ergeben empirische Untersuchungen hingegen, dass Steuern keinen wesentlichen Einfluss haben, wird dies als Anzeichen für bedeutende non-tax costs betrachtet. Egal welches Ergebnis eine empirische Untersuchung ergibt, es ist mit dem Scholes/Wolfson-Framework vereinbar, da eine unabhängige Quantifizierung der non-tax costs nicht vorgenommen wird bzw. schwierig ist.[597] Das Ziel muss daher sein, die non-tax costs explizit zu for-

---

[593] *Shackelford/Shevlin* (2001), S. 323.
[594] *Albert* (1967), S. 352 f.
[595] Ähnlich *Shevlin* (2007), S. 89; *Shackelford/Shevlin* (2001), S. 323; *Shevlin* (1999), S. 438.
[596] Vgl. dazu *Albert* (1967), S. 340–344, 354; *Albert* (1964), S. 31 f.
[597] Vgl. *Shackelford/Shevlin* (2001), S. 323, 326, 342; *Albert* (1967), S. 343.

6 Kritische Würdigung der Forschung und Implikationen

mulieren und in eine Untersuchung mit einzubeziehen.[598] Andernfalls liefern sie ein unbegrenztes Alibi und der Informationsgehalt solcher Aussagen ist gleich null.

Insgesamt kann festgehalten werden, dass das tax planning research die oben entwickelten Anforderungen an die Beschaffenheit von Theorien nicht erfüllt. Die Forschung ist nicht in der Lage, die Wirklichkeit zu erklären, da der Informationsgehalt der Aussagen gegen null tendiert. Hier wird deutlich, dass das im tax planning research verfolgte Wissenschaftsziel nicht mit dem in dieser Arbeit vertretenen Wissenschaftsziel übereinstimmt. Der Fokus des tax planning research liegt auf der Vorhersage des Verhaltens unter Steuereinfluss (instrumentalistische Sichtweise).[599] Unrealistische Annahmen stellen nach dieser Ansicht keinen kritikwürdigen Nachteil einer Theorie dar; einziges Kriterium ist das Eintreffen der Vorhersage. Die Erklärung der Wirklichkeit spielt keine Rolle. Das Ziel des tax planning research ist es „to predict general patterns of economic behavior. It was not intended to be an explanation of how individuals do (...) behave."[600] Verwandte Arbeiten aus dem Bereich der behavioral finance, die explizit die standardökonomischen Verhaltensannahmen in Frage stellen, haben bislang keinen Eingang in das tax planning research gefunden.[601]

6.1.2 Anwendung von Theorien: Forschungsmethoden

Im Rahmen der Anwendung von Theorien geht es insbesondere um die Prüfung ihrer eigenen Richtigkeit.[602] Sie besteht aus der Prüfung auf innere Konsistenz und aus der empirischen Prüfung von Aussagen. Die Prüfung auf innere Konsistenz fällt in den Anwendungsbereich des *theoretical research*, wohingegen die empirische Überprüfung von Aussagen in den Anwendungsbereich *des empirical research* fällt.[603] Wie oben ausgeführt, greift das tax planning research auf mikroökonomische Theorien aus den Bereichen economics und finance zurück (economics based research). Im Vordergrund des tax planning research steht das empirical research, d. h. die Prüfung von aus Theorien abgeleiteten Aussagen (Hypothesen) anhand der Wirklichkeit.

---

[598] Vgl. *Shevlin* (2007), S. 89; *Shevlin* (1999), S. 438. Ansätze zur Quantifizierung von non-tax costs finden sich bei *Dyreng* (2009); *Randolph/Salamon/Seida* (2005); *Erickson/Hanlon/Maydew* (2004); *Engel/Erickson/Maydew* (1999).

[599] Vgl. *Macnaughton/Mawani* (2005), S. 168. Vgl. auch *Williams* (2009), S. 276; *Baker/Bettner* (1997), S. 303. Vgl. nochmals zum Instrumentalismus Fn. 101.

[600] *Ryan/Scapens/Theobald* (2002), S. 79. Vgl. auch *Bloomfield* (2010), S. 27; *Waller* (1995), S. 32–37.

[601] Vgl. zu den Ergebnissen der behavioral finance, insbesondere im Bereich der behavioral corporate finance, *Neus/Walter* (2008), S. 25–30; *Baker/Ruback/Wurgler* (2007); *Barberis/Thaler* (2003).

[602] Vgl. nochmals Kapitel 2.1.3.2.

[603] Vgl. auch *Ryan/Scapens/Theobald* (2002), S. 132–141.

6 Kritische Würdigung der Forschung und Implikationen

Als bedeutendste Anforderung an ein Forschungsdesign im Rahmen der Überprüfung von Theorien anhand der Wirklichkeit wurde oben die *Validität* identifiziert, wobei zwischen der *internen* und *externen* Validität zu unterscheiden ist. Anhand beider Kriterien wird im Folgenden das *archival research* betrachtet.

Archival research basiert auf Sekundärdaten aus Datenbanken und Archiven, wobei es sich zumeist um finanzielle Daten, wie Börsenkurse oder Daten aus Jahresabschlüssen (z. B. Umsatz und Gewinn), handelt. Auf Grund der in den Datenbanken oftmals im großen Umfang (large-scale) verfügbaren Sekundärdaten über „natürliche Situationen", ist die *externe Validität* von archival research studies grundsätzlich als relativ hoch einzuschätzen. „Archival (..) research (..) examines large representative samples of naturally occuring phenomena."[604] Die Ergebnisse solcher Untersuchungen sind generalisierbar bzw. repräsentativ und daher über den Einzelfall hinaus anwendbar. Einschränkungen der externen Validität können sich allerdings z. B. hinsichtlich der Unternehmensgröße und Branchenzugehörigkeit ergeben, da in den Datenbanken zumeist nur große börsennotierte Unternehmen berücksichtigt werden und sich die Betrachtung oftmals auf einzelne Branchen beschränkt. Inwieweit sich die Ergebnisse solcher Untersuchungen verallgemeinern lassen, ist kritisch zu betrachten.[605]

Die Gewährleistung der *internen Validität* ist hingegen problematischer. D. h. ob die vermuteten Kausalzusammenhänge (z. B. Hypothesen in der Form: wenn X_1, dann Y) in dieser Form tatsächlich auftreten oder ob andere Einflussfaktoren eine Rolle spielen, ist im archival research schwierig zu beantworten.[606] Wie bereits oben ausgeführt, ist das *non-experimental research* und damit auch das archival research durch die fehlende direkte Kontrolle der (zu manipulierenden und anderen exogenen) unabhängigen Variablen gekennzeichnet.[607] Angenommen es soll in einer empirischen Untersuchung die Hypothese überprüft werden, dass Unternehmen mit signifikanten Auslandsaktivitäten mehr Möglichkeiten und Spielräume haben, Steuerplanung durchzuführen und damit mehr tax avoidance Aktivitäten betreiben als andere Unternehmen.[608] Es gilt somit die folgende Hypothese zu überprüfen: wenn „signifikante Auslandsaktivitäten" (X_1), dann „hohe tax avoidance Aktivitäten" (Y). Ergibt eine archival research study tatsächlich einen positiven Zusammenhang zwischen Auslandsaktivitäten und tax avoidance Aktivitäten eines Unternehmens, lassen sich jedoch keine belastbaren Aussagen zur überprüften Hypothese abgeben. Es ist unklar, ob tatsächlich X_1 oder aber ein anderer Einflussfaktor, wie z. B. die Unternehmensgröße (X_2), auf Y gewirkt haben. Es können lediglich Aussagen zur Korrelation beider Variablen, jedoch nicht zur

---

[604] Libby/Bloomfield/Nelson (2002), S. 778. Vgl. auch Smith (2011), S. 146; Hageman (2008), S. 4.
[605] Vgl. auch Wallace (1991), S. 29–31.
[606] Vgl. Smith (2011), S. 146 f.; Bloomfield/Anderson (2010), S. 114–116; Hageman (2008), S. 5 f.; Kerlinger/Lee (2000), S. 558–560; Wallace (1991), S. 21–25.
[607] Vgl. nochmals Kapitel 3.2.2.3.
[608] Vgl. hierzu Rego (2003).

6 Kritische Würdigung der Forschung und Implikationen

Kausalität im Sinne eines Ursache-Wirkungszusammenhangs abgegeben werden.[609] Das Hauptproblem besteht somit in Verzerrungseffekten durch alternative Einflussfaktoren, die konkurrierende Hypothesen (z. B. wenn X_2, dann Y) darstellen.[610]

Innerhalb des archival research stehen dem Forscher mehrere Möglichkeiten offen, der Problematik konkurrierender Hypothesen entgegenzutreten. Das Ziel ist es, die alternativen Einflussfaktoren (extraneous/confounding variables) zu kontrollieren, um Verzerrungseffekte auszuschließen. Um dieses Ziel zu erreichen, stehen grundsätzlich drei Möglichkeiten zur Verfügung, die einzeln oder kombiniert angewendet werden können. Das sind zum einen die *nachträgliche Verwendung multivariater statistischer Kontrollverfahren*, die *Verwendung von natürlichen Experimenten* und das *Matching*.[611]

Zu den verwendeten *multivariaten statistischen Kontrollverfahren* zählt insbesondere die multiple Regressionsanalyse.[612] „Multiple regression analysis can be conceived as a refined and powerful method of "controlling" [extraneous variables]".[613] Sie ermöglichen es, den Einfluss mehrerer unabhängiger Variablen auf die abhängige Variable festzustellen. Die Verwendung multivariater statistischer Kontrollverfahren setzt allerdings voraus, dass die potentiellen Drittvariablen bekannt sind und diese auch erhoben wurden.[614] Daneben sind die Kontrollverfahren nur unter bestimmten Bedingungen anwendbar.[615] Der Forscher benötigt somit vertiefte Kenntnisse im Bereich statistischer Analysemethoden. Diese, so *Hageman*, „represent a high barrier to entry for those not well trained in these methods, as those not well trained in statistical techniques are unlikely to succeed in conducting extensive statistical testing".[616]

Eine weitere Möglichkeit alternative Einflussfaktoren zu kontrollieren, stellen *natürliche Experimente* dar, die in der Literatur auch als Quasi-Experimente bezeichnet wer-

---

[609] Vgl. auch *Smith* (2011), S. 45–49; *Shadish/Cook/Campbell* (2002), S. 6 f.
[610] Vgl. *Shadish/Cook/Campbell* (2002), S. 54; *Campbell/Stanley* (1963), S. 36.
[611] Vgl. hierzu *Hageman* (2008), S. 5 f. Ähnlich *Diekmann* (2011), S. 359; *Bortz/Döring* (2006), S. 524–528; *Shadish/Cook/Campbell* (2002), S. 61–63; *Johnson* (2001), S. 6; *Kerlinger/Lee* (2000), S. 460–462; *Kinney* (1986), S. 341–345; *Abdel-khalik/Ajinkya* (1979), S. 32 f.
[612] Vgl. auch *Greene* (2012), S. 51–55; *Backhaus et al.* (2011), S. 56, 69; *Diekman* (2011), S. 734–738; *Kerlinger/Lee* (2000), S. 782 f. Vgl. zu weiteren Verfahren den Überblick bei *Schnell/Hill/Esser* (2011), S. 213–216, 436 f., 444–457; *Kerlinger/Lee* (2000), S. 787–822. Ausführliche Erläuterungen finden sich z. B. bei *Greene* (2012); *Backhaus et al.*(2011); *Kühnel/Krebs* (2010), S. 463–582; *Gaensslen/Schubö* (1976).
[613] *Kerlinger/Lee* (2000), S. 782.
[614] Vgl. *Diekmann* (2011), S. 724 f.
[615] Vgl. zu den Anwendungsbedingungen *Greene* (2012), S. 55–65; *Backhaus et al.* (2011), S. 84–97.
[616] *Hageman* (2008), S. 5 f. Eine Einführung in die statistischen Analysemethoden im tax research geben *Long/Parker* (1991).

den.[617] Im Rahmen eines natürlichen Experiments sorgt ein natürliches Ereignis für eine exogene Veränderung der (nicht direkt manipulierbaren) unabhängigen Variablen. Im tax research in accounting werden beispielsweise natürliche Ereignisse in der Form von Steuerrechtsänderungen betrachtet. Der Forscher hat somit zumindest indirekt Kontrolle über die unabhängige Variable. Dies erlaubt es, Vergleiche anzustellen, entweder über die Zeit im Sinne einer Vorher-Nachher-Betrachtung (longitudinal) oder zwischen Versuchs- und Kontrollgruppen (cross sectional).[618] Diese Vergleichsmöglichkeiten gestatten es, Aussagen über Kausalzusammenhänge zu treffen, da die Veränderung der abhängigen Variablen (Wirkung) der zeitlich vorgelagerten Manipulation der unabhängigen Variablen (Ursache) zugerechnet werden kann. Der Einfluss von Drittvariablen auf die unabhängige Variable kann zwar nicht ganz ausgeschlossen werden, wird aber unwahrscheinlicher.[619] Natürliche Experimente haben im tax research in accounting einen hohen Stellenwert. „Quasi-experimental opportunities (e. g. change in the tax law)", so *Shackelford/Shevlin*, „have directed tax research more than hypothesis testing of competing theories."[620] Im tax research in accounting geht es zumeist darum, so *Hanlon/Heitzman*, „to infer tax effects based on cross-sectional and time-series variation in U.S. taxes".[621]

Matching ist eine weitere Möglichkeit, alternative Einflussfaktoren zu kontrollieren.[622] Dazu werden den Teilnehmern in der Versuchsgruppe bezüglich bestimmter alternativer Einflussfaktoren identische Nicht-Teilnehmer in der Kontrollgruppe zugeordnet. Auf diese Weise werden die alternativen Einflussfaktoren konstant gehalten, da beide Gruppen in Bezug auf diese Einflussfaktoren identisch sind. Unterschiedliche Ausprägungen der abhängigen Variablen in den Kontroll- und Versuchsgruppen lassen sich somit auf die unabhängige Variable zurückführen. Die Vorgehensweise des Matching

---

[617] Vgl. z. B. *Meyer* (1995), S. 152; *Campbell/Stanley* (1963), S. 34–64. In der Literatur werden Quasi-Experimente und natürliche Experimente teilweise mit unterschiedlichen Inhalten belegt. Demnach unterscheiden sich Quasi-Experimente von natürlichen Experimenten durch den Einfluss auf die unabhängige Variable. Quasi-Experimente erlauben eine direkte Manipulation durch den Forscher, wohingegen in natürlichen Experimenten die unabhängige Variable oftmals nicht direkt manipulierbar ist, sondern natürliche (ungeplante) Ereignisse für eine Manipulation der unabhängigen Variablen sorgen. Vgl. *Remler/Van Ryzin* (2011), S. 428–433; *Schnell/Hill/Esser* (2011), S. 221–223; *Shadish/Cook/Campbell* (2002), S. 12–17.

[618] Einen Überblick über die im accounting research gängigen Formen natürlicher Experimente geben *Ryan/Scapens/Theobald* (2002), S. 124–127; *Abdel-khalik/Ajinkya* (1979), S. 32 f. Vgl. zur Analyse von Zeitreihen ausführlich *Shadish/Cook/Campbell* (2002), S. 171–206. Den natürlichen Experimenten lassen sich beispielsweise Event-Studien (event studies) zurechnen. Vgl. zu Event-Studien ausführlich *Campbell/Lo/MacKinlay* (1997), S. 149–180.

[619] Vgl. hierzu und den vorhergehenden Ausführungen *Remler/Van Ryzin* (2011), S. 428, 438–445; *Shadish/Cook/Campbell* (2002), S. 13–17; *Meyer* (1995).

[620] *Shackelford/Shevlin* (2001), S. 324. Vgl. auch *Maydew* (2001), S. 399 f.

[621] *Hanlon/Heitzman* (2010), S. 166. Vgl. auch *Hanlon/Heitzman* (2010), S. 147, 155, 164.

[622] Vgl. z. B. *Wilson* (2009).

6 Kritische Würdigung der Forschung und Implikationen

ist ähnlich der Logik multivariater statistischer Kontrollverfahren, die alternative Einflussfaktoren jedoch rechnerisch konstant halten.[623]

Im accounting research und damit auch im tax research in accounting spielt die Validität einer Untersuchung eine dominante Rolle. „The two primary criteria for evaluating the quality of research (...) are (...) internal validity (...) and external validity".[624] Untersuchungen, die den hohen technischen Anforderungen (insbesondere statistische Kontrollverfahren) an die empirische Forschung nicht gerecht werden, haben keine Chance in den Top Accounting-Zeitschriften veröffentlicht zu werden.[625] Die technische Qualität einer Untersuchung ist das „sine qua non" der Forschung. Nach *Inanga/Schneider*, wird das accounting research „dominated by sophisticated methodology, rather than theory."[626] Die theoretische Basis einer Untersuchung spielt somit eine untergeordnete Rolle. Daher verwundert es nicht, wenn *Shackelford/Shevlin* die aktivsten Forscher im tax planning research als „well trained empiricists" beschreiben, die um Theorien zu überprüfen, „take many observations and compress them into systematic statistical associations among variables."[627]

Eine Erklärung dafür, warum die Forschungsqualität hauptsächlich an einer technisch ausgefeilten Forschungsmethode festgemacht wird, liefert die von *Ellison* entwickelte „q-r theory". Nach diesem Ansatz lässt sich die Forschung anhand von zwei Qualitätsdimensionen unterteilen: q und r.[628] Das q steht für „the contribution inherent in the main ideas of the paper", und umfasst damit vor allem die theoretische Basis und den Forschungsbeitrag einer Untersuchung. Die q-Dimension kann daher vereinfacht als Qualitätsmaß für die Beschaffenheit von Theorien angesehen werden. Das r steht für „additional aspects of quality that may be improved when referees ask authors to generalize theoretical results, to check the robustness of empirical findings, (...) and so forth." Es gilt mithin festzustellen, „how well the research method has been applied and how sophisticated are the analytical methods"[629]. Die r-Dimension kann somit als

---

[623] Vgl. hierzu und den vorhergehenden Ausführungen *Remler/Van Ryzin* (2011), S. 445–447; *Diekman* (2011), S. 356–360; *Kerlinger/Lee* (2000), S. 461 f., 489–493. Vgl. zu statistischen Kontrollverfahren im Zusammenhang mit der Selektion von Versuchs- und Kontrollgruppen ausführlich *Tucker* (2010); *Gensler/Skiera/Böhm* (2005).

[624] *Abdel-khalik/Ajinkya* (1979), S. 47. Ähnlich *Ryan/Scapens/Theobald* (2002), S. 136–140.

[625] Vgl. auch *Shevlin* (1999), S. 428; *Enis* (1991). Einen Überblick darüber, wie eine typische empirische Untersuchung in den Top-Accounting Zeitschriften aufgebaut ist, findet sich bei *Gordon/Porter* (2009); *Abdel-khalik/Ajinkya* (1979), S. 79–100.

[626] *Inanga/Schneider* (2005), S. 227. Vgl. auch *Heck/Jensen* (2007), S. 126.

[627] *Shackelford/Shevlin* (2001), S. 324 [erstes wörtliches Zitat]; *Demski/Zimmerman* (2000), S. 344 [zweites wörtliches Zitat].

[628] Vgl. hierzu *Ellison* (2002), sowie zu den beiden folgenden wörtlichen Zitaten *Ellison* (2002), S. 999.

[629] *Moizer* (2009), S. 293.

6 Kritische Würdigung der Forschung und Implikationen

ein Qualitätsmaß für die Anwendung von Theorien betrachtet werden. Nach den oben gemachten Ausführungen zur Erfüllung der Anforderungen an empirische Forschung im tax planning research ist dementsprechend die q-Dimension schwach, die r-Dimension hingegen stark ausgeprägt.[630] Eine zentrale Rolle in der „q-r theory" nimmt der Begutachtungsprozess (review process) für Veröffentlichungen in den Top Accounting-Zeitschriften ein. Ob eine Arbeit veröffentlicht wird, hängt von den Einschätzungen der Gutachter (referees) ab. Sie begutachten eingereichte Arbeiten und machen Vorschläge, welche Änderungen für eine Veröffentlichung der Arbeit notwendig sind. Dabei wird angenommen, dass nachträgliche Überarbeitungen einer Arbeit sich alleine auf die r-Dimension auswirken, wohingegen die q-Dimension (main idea of the paper) sich im Begutachtungsprozess nicht verändert. Die Gutachter bilden ihre Qualitätsanforderungen hauptsächlich anhand der Anforderungen, die andere Gutachter an ihre eigenen Arbeiten anlegen. Geht man zusätzlich von einer Selbstüberschätzung (overconfidence) der Forscher aus, d. h. sie glauben ihre Arbeiten sind etwas besser als sie wirklich sind, werden die Gutachter die an ihre eigenen Arbeiten angelegten Qualitätsanforderungen höher einschätzen als sie es tatsächlich sind. Folglich werden sie diese „gefühlten" höheren Anforderungen auch an andere Arbeiten anlegen und Überarbeitungen eingereichter Arbeiten verlangen. Dies führt in einem langsamen aber stetigen Prozess zu höheren Anforderungen an die r-Dimension von Arbeiten.[631] Insgesamt kann festgehalten werden, dass die Anforderungen an die Prüfung von Theorien im archival research einen hohen Stellenwert einnehmen. Sie stellen zweifelsohne das bedeutendste Qualitätsmerkmal der Forschung dar. Daher ist das archival research insgesamt eine technisch ausgereifte Forschungsmethode, die von spezialisierten empirischen Forschern durchgeführt wird. Die oben aufgestellten Anforderungen an die Prüfung von Theorien sind daher weitestgehend erfüllt.

6.2 Anforderungen an das tax compliance research

6.2.1 Beschaffenheit von Theorien: Theoretische Basis

Grundsätzlich dienen Theorien dazu, reale Tatbestände zu erklären. Dazu sollten sie eine möglichst hohe Erklärungskraft und damit einen hohen Informationsgehalt besitzen. Bezogen auf das standardökonomische Verhaltensmodell bedeutet dies, dass seine Kernannahmen nicht als reine Annahmen, sondern als Hypothesen über das mögliche Verhalten von Individuen zu begreifen sind. Werden realistischere Verhaltenshypothesen berücksichtigt, lässt sich die Erklärungskraft ökonomischer Theorien erhöhen.[632]

Dies ist der Anknüpfungspunkt der Anwendung der behavioral economics auf das tax compliance research. „The underlying motivation for the introduction of behavioral

---

[630] Vgl. auch *Moizer* (2009), S. 293 f.; *Swanson* (2004).
[631] Vgl. auch *Moizer* (2009), S. 293.
[632] Vgl. nochmals Kapitel 2.2.2.1.

economics insights is dissatisfaction with the standard economic approach to analyzing individual behavior." Wie bereits erläutert, war das standardökonomische Verhaltensmodell nicht in der Lage, das Verhalten von Steuerpflichtigen und Steuerberatern ausreichend zu erklären. Individuen verhalten sich nicht so wie es das standardökonomische Verhaltensmodell vermutet. Sie handeln nicht immer streng eigennützig und maximieren ihren Erwartungsnutzen. „Behavioral economics uses these so-called „departures" from the standard economic assumptions as the starting point for developing (…) more realistic (..) theories of individual behavior."[633] Dazu werden systematische Abweichungen von den standardökonomischen Verhaltensannahmen untersucht und durch neue psychologische Verhaltenshypothesen berücksichtigt. Damit rücken alle Fragen zur Erklärungskraft von Theorien in den Vordergrund. Die Kritik des Modellplatonismus ist demnach auf die Forschung im tax compliance research nicht anwendbar. Sie beschränkt sich eben nicht auf reine Annahmen über das mögliche Verhalten von Individuen, deren logische Implikationen zu überprüfen sind.

Allerdings darf nicht übersehen werden, dass die Forderung nach realistischeren Verhaltenshypothesen auch Nachteile in der Form von steigender Komplexität der Modelle verursacht.[634] Im Vergleich zum Standardmodell bedeutet dies eine Verkomplizierung der Analyse durch zusätzliche psychologische Aspekte. Beispielsweise wird angenommen, dass Steuerpflichtige sich nicht an objektiven Wahrscheinlichkeiten orientieren, sondern subjektive Wahrscheinlichkeiten im Einklang mit der Stützungs-Theorie bilden. „[W]hen more complex dimensions of individual behavior are introduced, the theoretical results generally become more ambiguous, even intractable."[635] Zudem existieren keine allgemeingültigen psychologischen Theorien, die alle Anomalien des standardökonomischen Verhaltensmodells erklären können. Vielmehr werden für die Erklärung verschiedener Anomalien unterschiedliche theoretische Ansätze verwendet.[636] Trotz dieser Kritik am Vorgehen im tax compliance research ist die bisherige Forschung vor dem Hintergrund des hier vertretenden Wissenschaftsziels positiv zu beurteilen. Die bisherigen psychologischen Erweiterungen des Standardmodells ermöglichen das Verhalten von Steuerpflichtigen und Steuerberatern besser zu erklären, als dies alleine mit dem Standardmodell möglich ist.[637]

---

[633] Alm (2012), S. 62 [erstes Zitat], 63 [zweites Zitat].

[634] Vgl. dazu Alm (2012), S. 63 f.; Schröder (2004), S. 192–195; Tietzel (1985), S. 95; Abel (1979), S. 153–155.

[635] Alm (2012), S. 65.

[636] Vgl. zu dieser und weiterer Kritik Alm (2010), S. 637 f.; Rubinstein (2006).

[637] Vgl. hierzu auch Alm (2012), S. 62–64; Kirchler et al. (2010), S. 25–28.

6.2.2 Anwendung von Theorien: Forschungsmethoden

Die im Rahmen der Anwendung von Theorien durchgeführte Prüfung ihrer eigenen Richtigkeit besteht im Wesentlichen – neben der Prüfung auf innere Konsistenz im Rahmen des *theoretical research* – aus deren *empirischer* Prüfung. Im Rahmen des tax compliance research wird dazu vornehmlich das *experimental research* verwendet. Dieses wird im Folgenden anhand der Anforderungen an die *interne* und *externe* Validität einer genaueren Betrachtung unterzogen.[638]

Experimental research lässt sich allgemein definieren als wissenschaftliche Untersuchungen, in der die Versuchsleiter eine oder mehrere unabhängige Variablen manipulieren, andere exogene unabhängige Variablen kontrollieren und die Auswirkungen der Manipulation der unabhängigen Variablen auf die abhängigen Variablen beobachten.[639] Die Kontrolle exogener Variablen ist ein bedeutender Bestandteil des experimental research. Sie wird erreicht, indem mindestens zwei experimentelle Gruppen nach einem Zufallsverfahren gebildet werden (Versuchs- und Kontrollgruppe). Durch einen Vergleich von Versuchs- und Kontrollgruppe in einfachen und klar spezifizierten Situationen lassen sich die Einflüsse sämtlicher exogener Variablen auf die abhängigen Variablen ausblenden.[640] Experimental research ist somit in der Lage, Kausalzusammenhänge (z. B. Hypothesen in der Form: wenn X_1, dann Y) zu beleuchten.[641] Von daher ist die *interne Validität* experimenteller Forschung als relativ hoch einzuschätzen, da alternative Einflussfaktoren ausgeschlossen werden können. Statistische Kontrollverfahren sind grundsätzlich nicht notwendig.[642]

Problematischer ist hingegen die Generalisierbarkeit der Ergebnisse (*externe Validität*) des experimental research. Da es sich bei Experimenten regelmäßig um einfache und künstlich geschaffene Situationen handelt, lassen sich die Ergebnisse nicht ohne weiteres auf andere Situationen übertragen. D. h. es ist fraglich, inwieweit die Ergebnisse über den Einzelfall hinaus Gültigkeit besitzen.[643] In diesem Zusammenhang sind insbesondere die *Auswahl der Teilnehmer* und die *Motivation der Teilnehmer* (motiva-

---

[638] Eine ausführliche Betrachtung der ebenfalls im tax compliance research verwendeten Forschungsmethode des *survey research* findet sich bei *Van der Stede/Young/Chen* (2005).
[639] Vgl. *Maines/Salamon/Sprinkle* (2006), S. 85; *Shadish/Cook/Campbell* (2002), S. 12 f.; *Kerlinger/Lee* (2000), S. 466.
[640] Vgl. *Diekmann* (2011), S. 337–339; *Shadish/Cook/Campbell* (2002), S. 61; *Kerlinger/Lee* (2000), S. 473 f.
[641] Vgl. *Shadish/Cook/Campbell* (2002), S. 18.
[642] Vgl. auch *Bloomfield/Anderson* (2010), S. 114–116, 126; *Hageman* (2008), S. 9 f.; *Libby/Bloomfield/Nelson* (2002), S. 800; *Shadish/Cook/Campbell* (2002), S. 61 f.; *Burtless* (1995), S. 68–72. Vgl. zu „typischen Fehlern" im experimental research, die sich negativ auf die interne Validität auswirken *Outslay* (1995), S. 67–69.
[643] Vgl. *Hageman* (2008), S. 10 f.; *Kerlinger/Lee* (2000), S. 580 f.

6 Kritische Würdigung der Forschung und Implikationen

tion) von Relevanz. Daher werden beide Punkte im Folgenden einer genaueren Betrachtung unterzogen.[644]

Die *Auswahl der Teilnehmer* von Experimenten hat einen Einfluss darauf, inwieweit die Teilnehmer repräsentativ für die untersuchte Population sind, was wiederum die Generalisierbarkeit der Ergebnisse beeinflusst. Sind die Teilnehmer beispielsweise repräsentativ für die Gruppe der Steuerberater, lassen sich die Ergebnisse eines Experiments über den Einzelfall hinaus auf alle Steuerberater anwenden. Die Auswahl geeigneter Teilnehmer spielt somit eine bedeutende Rolle.[645]

Üblicherweise werden im experimental research aus Vereinfachungs- bzw. Verfügbarkeitsgründen *Studenten* als Teilnehmer ausgewählt.[646] Ihre Verwendung als Ersatz für Steuerpflichtige/Steuerberater ist in der Literatur allerdings umstritten, da nicht klar ist, inwieweit die Ergebnisse solcher Untersuchungen generalisierbar sind.[647] Auf der einen Seite sehen einige Autoren die Verwendung von Studenten als Teilnehmer in Experimenten kritisch.[648] Auf der anderen Seite legen verschiedene Untersuchungen die Vermutung nahe, dass die Verwendung von Studenten nur selten zu Verzerrungen führt. Sie verhalten sich – wenn auch nicht immer – wie andere potentielle Teilnehmer.[649] Die Verwendung von Studenten hat somit nicht per se einen negativen Einfluss auf die Generalisierbarkeit der Ergebnisse. Studenten stellen oftmals einen adäquaten und einfach verfügbaren Ersatz für Steuerpflichtige/Steuerberater dar. Eine gesunde Skepsis gegenüber ihrer Verwendung ist allerdings angemessen.[650]

Die Relevanz der *Motivation der Teilnehmer* im experimental research spiegelt sich in der Unterscheidung von Experimenten in *ökonomische Experimente* (experimental economics) und *psychologische Experimente* (experimental psychology) wider.[651] *Ökonomische Experimente* verwenden explizite finanzielle Anreize, um das Verhalten der Teilnehmer in Experimenten zu motivieren. Entsprechend wird den Teilnehmern auf der Grundlage ihres Verhaltens im Experiment Geld ausgezahlt. Der Kontext ökonomischer Experimente ist abstrakt. Realistische Situationen spielen für die Motivati-

---

[644] Vgl. hierzu und zu weiteren Punkten *Diekmann* (2011), S. 345 f.; *Alm* (2010), S. 641–643; *Hageman* (2008), S. 10–14; *Kerlinger/Lee* (2000), S. 580 f.; *Outslay* (1955), S. 65–70.

[645] Vgl. *Levitt/List* (2007), S. 165 f.; *O'Neil/Samelson* (2001), S. 127.

[646] Dies gilt insbesondere für das taxpayers decision making. Vgl. *Birnberg* (2011), S. 5 f.; *Hageman* (2008), S. 12; *O'Neil/Samelson* (2001), S. 106, 110 f., 116 f., 123; *Roberts* (1998), S. 107–117.

[647] Vgl. z. B. *Liyanarachchi* (2007); *O'Neil/Samelson* (2001), S. 129.

[648] Vgl. z. B. *Birnberg* (2011), S. 5 f.; *Levitt/List* (2007), S. 165; *O'Neil/Samelson* (2001), S. 129; *Maines* (1995), S. 96.

[649] Vgl. z. B. *Alm/Bloomquist/McKee* (2011); *Elliott et al.* (2007).

[650] Vgl. auch *Elliott et al.* (2007); *Liyanarachchi* (2007); *Libby/Bloomfield/Nelson* (2002), S. 800 f.

[651] Vgl. zu dieser Unterscheidung *Kachelmeier/King* (2002); *Camerer* (1997); *Bonner/Davis/Jackson* (1991). Vgl. zur experimental economics insbesondere *Smith* (1982); *Smith* (1976).

on der Teilnehmer keine Rolle. *Psychologische Experimente* verzichten hingegen auf finanzielle Anreize. Sie verwenden einen konkreten Kontext, d. h. realistische Situationen, um die Teilnehmer zu realistischem Verhalten zu motivieren.[652] Einen Überblick über die Unterschiede gibt die folgende Darstellung.

		Experimente	
		Ökonomische Experimente	**Psychologische Experimente**
Motivation	**Anreize**	finanzielle	keine
	Kontext	abstrakt	konkret/realistisch

Darstellung 35: Unterschiede zwischen ökonomischen und psychologischen Experimenten

In Bezug auf die externe Validität besitzen sowohl ökonomische als auch psychologische Experimente Schwächen.[653] Nach *Abdel-khalik* ist dafür der fehlende Realismus sowohl bei den Anreizen als auch beim Kontext verantwortlich: „Different studies ignore or omit different features of the dynamics and complexity of real life settings. These omissions inevitably lead to the inability to generalize beyond the specific considerations of the experiment."[654]

Die Schwächen ökonomischer Experimente liegen im Bereich des Kontexts. Es werden einfache und künstliche Situationen verwendet, die von den Versuchsleitern leicht zu kontrollieren sind. Dies hat einen positiven Einfluss auf die interne Validität der Ergebnisse.[655] Allerdings lassen sich diese über den abstrakten Einzelfall hinaus nicht

---

[652] Vgl. zu den Unterschieden ausführlich *Camerer* (1997), S. 316–322; *Mukherji* (1996), S. 219–221. Einen abstrakten Kontext in Bezug auf Fairnessüberlegungen verwenden beispielsweise Experimente zum Ultimatumspiel, wohingegen Experimente zur wahrgenommenen Fairness der Beziehung zwischen Steuerpflichtigen und Staat einen konkreten steuerlichen Kontext verwenden. Vgl. zu diesen Beispielen *Moser* (1998).
[653] Vgl. allgemein zu den Schwächen beider Ansätze *Smith* (1991).
[654] *Abdel-khalik* (1994), S. 217.
[655] So *Mukerji* (1996), S. 219: „The „context" is deliberately kept as abstract as possible; the instructions do not usually refer to accountants, auditors, analysts or accounting standards, and the language is sterile and abstract. Why? While a richer context might make the situation more concrete to the subjects, it also could result in their prior perceptions influencing their behavior in ways that we can not measure and control. This could lead to confounding effects."

6 Kritische Würdigung der Forschung und Implikationen

unbedingt auf realistische Situationen anwenden. Der Kontext spielt eine besondere Rolle, wenn es darum geht, Ergebnisse aus Experimenten zu generalisieren.[656] Psychologische Experimente weisen hingegen Schwächen im Bereich der Anreize auf. Sie verwenden einen realistischen Kontext, vernachlässigen jedoch die Bedeutung finanzieller Anreize. Ihre Ergebnisse beruhen oftmals auf hypothetischen Situationen, die keine finanziellen Auswirkungen für die Teilnehmer haben. Insofern ist fraglich, ob die Ergebnisse hypothetischer Situationen sich auf das tatsächliche Verhalten von Individuen in der Realität übertragen lassen.[657]

Die Validität der Ergebnisse einer Untersuchung spielt im tax research in accounting eine bedeutende Rolle. Experimente, die den Anforderungen an die interne und externe Validität nicht gerecht werden, haben keine Chance in den Top Accounting-Zeitschriften veröffentlicht zu werden.[658] Die interne Validität des experimental research ist als grundsätzlich hoch einzuschätzen, was jedoch zwangsläufig mit einer niedrigeren externen Validität verbunden ist. Die Diskussion über die Auswahl der Teilnehmer und die Vor- und Nachteile ökonomischer und psychologischer Experimente zeigt, dass sich die Forscher der Problematik der externen Validität bewusst sind und nach Lösungen suchen.[659] Beispielsweise lassen sich ökonomische und psychologische Experimente kombinieren, um so die externe Validität der Ergebnisse zu erhöhen.[660] Insgesamt bleibt festzuhalten, dass sich das experimental research zu einer etablierten Forschungsmethode entwickelt hat, die den Anforderungen an die Prüfung von Theorien in Form der Validität Rechnung trägt.

6.3 Abschließender Überblick über das tax research in accounting

Das Ziel der folgenden Ausführungen ist es, die Vorgehensweise im tax planning und tax compliance research zusammenzufassen und systematisch gegenüberzustellen. Dieser Vergleich dient als Ausgangspunkt für eine Diskussion der Forschung im tax research in accounting. Zunächst werden tax planning und tax compliance research

---

[656] Vgl. *Moser* (1998), S. 96.
[657] Vgl. *Kachelmeier/King* (2002), S. 228. Siehe auch *Schram* (2005), S. 226 „If the laboratory (...) incentives do not sufficiently mirror those of the outside-the-laboratory situation they intend to study, the loss of external validity may be significant."
[658] Vgl. *Outslay* (1995), S. 67–69.
[659] Vgl. die Empfehlungen von *Libby/Bloomfield/Nelson* (2002), S. 793–805.
[660] Vgl. z. B. *Moser* (1998).

6 Kritische Würdigung der Forschung und Implikationen

anhand der Dimensionen *Theoretische Basis, Themenschwerpunkte* und *Forschungsmethoden* betrachtet und gegenübergestellt.[661]

Die *Theoretische Basis* des tax planning research stellen economics und finance, und damit das standardökonomische Verhaltensmodell, dar. Im tax compliance research greift die Forschung ebenfalls auf die economics als Basisdisziplin zurück, nutzt diese jedoch lediglich als Ausgangspunkt. Im Gegensatz zum tax planning research berücksichtigt das tax compliance research systematische Abweichungen vom standardökonomischen Verhaltensmodell, indem es psychologische Verhaltenshypothesen beachtet. Insofern stellen die economics den Ausgangspunkt, die psychology hingegen den Schwerpunkt der theoretischen Basis des tax compliance research dar. Im Folgenden wird daher verkürzt von (schwerpunktmäßig) psychology based research gesprochen.

Der Rückgriff auf unterschiedliche Basisdisziplinen im tax planning und tax compliance research ist Ausdruck unterschiedlicher Wissenschaftsziele und damit wissenschaftstheoretischer Positionen. Entgegen der in dieser Arbeit eingenommenen realistischen Sichtweise, wonach das Wissenschaftsziel in der Erklärung der Wirklichkeit besteht, verfolgt das tax planning research eine instrumentalistische Sichtweise. Demnach besteht das Wissenschaftsziel in der Prognose bzw. Vorhersage zukünftigen Verhaltens. Abstrakte bzw. unrealistische Annahmen stellen nach dieser Position keinen kritikwürdigen Nachteil einer Theorie dar. Es wird eben nicht der Anspruch erhoben, Theorien zu entwickeln, die mit den tatsächlichen Zusammenhängen in der Wirklichkeit übereinstimmen. Im Gegensatz dazu verfolgt das tax compliance research – im Einklang mit der in dieser Arbeit vertretenen Sichtweise – die Erklärung der Wirklichkeit anhand von Theorien. Realistische Annahmen spielen nach dieser Position eine bedeutende Rolle.

In Bezug auf die *Themenschwerpunkte* lässt sich die Forschung auf oberster Ebene anhand der betrachteten *Subjekte* unterscheiden. Das tax planning research beschäftigt sich nahezu ausschließlich mit Unternehmensteuern, wohingegen sich das tax compliance research mit der Besteuerung natürlicher Personen beschäftigt. Daneben unterscheiden sich beide Bereiche anhand des *Aggregationslevels*. Das tax planning research befasst sich mit aggregiertem Marktverhalten als Resultat der Entscheidungen vieler Beteiligter, das tax compliance research mit dem individuellen Verhalten einzelner Personen. Diese Unterscheidungen spiegeln sich in den spezifischen inhaltlichen Schwerpunkten der Forschung in beiden Bereichen wider.

Als *Forschungsmethode* dominiert das archival research im tax planning research. Das experimental research stellt hingegen die bedeutendste Forschungsmethode im tax compliance research dar. Zurückzuführen ist die Dominanz der Forschungsmethoden auf die Basisdisziplinen der Forschung. Sowohl das tax planning als auch das tax

---

[661] Vgl. zu den folgenden Ausführungen und allgemein zu den Unterschieden zwischen economics und psychology based accounting research *Waller* (2002), S. 102–105.

6 Kritische Würdigung der Forschung und Implikationen

compliance research übernehmen neben den Theorien auch die Forschungsmethoden ihrer Basisdisziplinen. Im Falle des tax planning research ist dies die archival research method aus den economics. Das tax compliance research hingegen übernahm die experimental research method von seiner Basisdisziplin psychology. Die folgende Darstellung gibt einen Überblick über die Unterschiede zwischen tax planning und tax compliance research.

Merkmale	Aufgaben		tax planning research	tax compliance research
	Basisdisziplinen		economics	psychology
Theoretische Basis	Wissenschaftstheoretische Position	Sichtweise	Instrumentalismus	Realismus
		Ziel	Prognose	Erklärung
		Annahmen	abstrakt	realistisch
Themenschwerpunkte			Unternehmen, Marktverhalten	Natürliche Personen, Individualverhalten
Forschungsmethoden			archival research	experimental research

Darstellung 36: Unterschiede zwischen tax planning und tax compliance research

Die obige Analyse der Anforderungen an die empirische Forschung hat im tax planning research Schwächen im Bereich der Beschaffenheit von Theorien, d. h. ihrer theoretischen Basis, offen gelegt. Das tax compliance research erfüllt hingegen die Anforderungen an die Beschaffenheit von Theorien. In Bezug auf die Anforderungen an die Anwendung von Theorien zeichnen sich beide Bereiche grundsätzlich durch eine Erfüllung der Anforderungen aus. Das archival research im tax planning als auch das experimental research im tax compliance research entsprechen grundsätzlich den aufgestellten Anforderungen.

An dieser Stelle soll die Verbindung von theoretischer Basis und Forschungsmethode einer kritischen Betrachtung unterzogen werden. Grundsätzlich sind beide Forschungsdimensionen unabhängig voneinander, d. h. die Wahl der theoretischen Basis beeinflusst nicht automatisch die Forschungsmethode und umgekehrt. Economics bzw. psychology based research kann daher als theoretical, experimental, archival, field study oder survey research durchgeführt werden. Im accounting research bestehen

6 Kritische Würdigung der Forschung und Implikationen

zwischen theoretischer Basis und Forschungsmethode jedoch starke Verbindungen. Diese sind so eng, dass beide Dimensionen oftmals synonym verwendet werden. Demnach *ist* archival research gleich economics based research und experimental research *ist* gleich psychology based research.[662] Theoretische Basis und Forschungsmethode werden im accounting research bzw. im tax research in accounting im Speziellen auf eine Dimension verdichtet. Die Folge ist, dass sich zwei Forscherlager gegenüberstehen, die sich jeweils auf eine verdichtete Dimension spezialisiert haben. Entweder die Forscher konzentrieren sich auf economics based archival research oder aber auf psychology based experimental research.[663] Überlappungen zwischen beiden Forschungsrichtungen bestehen nur selten. Das tax compliance research nutzt zwar auch die economics als theoretische Basis, allerdings nur als ersten Ausgangspunkt, der um psychologische Verhaltenshypothesen ergänzt wird. Der Schwerpunkt liegt demnach auf den psychologischen Erweiterungen. Somit existieren im tax research in accounting zwei relativ autonome Forscherlager, die beide durch eine hohe Spezialisierung gekennzeichnet sind. Die folgende Darstellung auf der nächsten Seite fasst diese Zusammenhänge zusammen und zeigt gleichzeitig bislang nicht berücksichtigte Kombinationen von theoretischer Basis und Forschungsmethoden auf. Bislang beschränkt sich die Forschung auf zwei von zehn möglichen Kombinationen.

---

[662] Vgl. *Bloomfield/Rennekamp* (2008), S. 7; *Koonce/Mercer* (2005), S. 175 f.; *Waller* (2002), S. 103.
[663] Vgl. auch *Koonce/Mercer* (2005), S. 177.

6 Kritische Würdigung der Forschung und Implikationen

		Theoretische Basis	
		economics	psychology
Forschungsmethoden	theoretical	-	-
	experimental	-	tax compliance research
	archival	tax planning research	-
	field study	-	-
	survey	-	-

Darstellung 37: Theoretische Basis und Forschungsmethoden des tax research in accounting

Der Grund für diese Spezialisierung ist vor allem in der Ausgestaltung des Doktoranden- bzw. Ph.D.-Studiums zu suchen.[664] Das *zweistufige* Studium ist formalisiert und bereitet im hohen Maße auf eine wissenschaftliche Laufbahn vor.[665] Auf der *ersten* Stufe werden Seminare und Vorlesungen angeboten. Im Mittelpunkt steht die Vermittlung von Inhalten, die die Studenten auf eine eigenständige Forschungstätigkeit vorbereiten. Dazu zählen im Rahmen des accounting beispielsweise Kurse in Ökonometrie, Statistik und sozialwissenschaftlichen Forschungsmethoden.[666] Neben Klausuren werden in dieser Phase kleinere wissenschaftliche Arbeiten verlangt. Die *zweite* Stufe baut

---

[664] Vgl. *Koonce/Mercer* (2005), S. 177.

[665] Vgl. *Homburg* (1999), S. 207; *Outslay et al.* (1989), S. 97 f. Vgl. zum Aufbau eines Ph.D.-Studiums *Moes* (2004), S. 24 f.

[666] Vgl. den Überblick bei *Kinney* (2003), S. 41–43, und beispielsweise den Studienplan der *New York University* (2012) oder der *University of Texas at Austin* (2012). Vgl. zu den Anforderungen an die Verleihung eines Ph.D. im „accounting doctoral program with a concentration in taxation" *Outslay et al.* (1989).

auf den Kenntnissen der ersten Stufe auf und verlangt als eigenständige Forschungsarbeit die Anfertigung einer Dissertation.

Auf der ersten Stufe des Doktorandenstudiums werden die Grundlagen für die zukünftige Forschung gelegt. Hier müssen sich die Doktoranden entscheiden, welchem Forscherlager sie angehören möchten. „Accounting students typically choose one of two, largely non-overlapping fields of specialization – economics or psychology. This choice is often determined by the type of methodology the student expects to use in his or her research; students who wish to work with archival data take coursework in finance and economics, while those desiring to be experimentalists take psychology coursework. Thus, the typical (..) accounting researcher tends to be either knowledgeable about archival methods but not psychology theories or knowledgeable about psychology theories but not archival methods."[667] Daneben liegt der Fokus eines Doktorandenstudiums auf den Forschungsmethoden, wohingegen die theoretische Basis eine weniger bedeutende Rolle spielt. „Scientific research skills replaced accounting content in doctoral programs. Today, doctoral candidates in accountancy must have skills in mathematics, statistics, and scientific model building such as econometrics, psychometrics, and sociometrics."[668]

Die Folge dieser Spezialisierung ist eine relativ stark konzentrierte Forschung. Grundsätzlich sollte die Forschungsfrage die angemessene Forschungsmethode vorgeben. Im tax research in accounting spezialisiert sich der typische Forscher jedoch auf eine Forschungsmethode, d. h. entweder auf die archival oder die experimental research method. Dementsprechend wird die Forschungsmethode nicht von der Forschungsfrage bestimmt. Das Verhältnis von Forschungsfrage und Forschungsmethode wird vielmehr umgekehrt. Die vom Forscher beherrschte Forschungsmethode gibt die Forschungsfrage vor. „[Accounting researchers] concentrate on a set of tools to apply to solving problems, and may tend to see „accounting problems" as *only* those problems that can be solved by a particular specialized method."[669]

Triangulation, d. h. die Verwendung unterschiedlicher Forschungsmethoden in Bezug auf eine Forschungsfrage, findet grundsätzlich keine Anwendung.[670] Die Forschung beschränkt sich im tax planning auf das archival research bzw. im tax compliance auf das experimental research, obwohl „triangulation, or viewing the same phenomena from multiple perspectives, can enrich knowledge and understanding"[671]. Dies schränkt die Arbeit eines Forschers auf jene Bereiche ein, in denen eine spezielle Forschungsmethode anwendbar ist.

---

[667] *Koonce/Mercer* (2005), S. 177.

[668] *Heck/Jensen* (2007), S. 135. Vgl. auch *Demski* (2007), S. 155; *Kinney* (2003), S. 41–43.

[669] *Kinney* (2003), S. 43 [Hervorhebungen im Original]. Vgl. auch *Hageman* (2008), S. 2 f.

[670] Vgl. zum Begriff der Triangulation *Flick* (2010); *Scandura/Williams* (2000), S. 1249 f.

[671] *Waller* (2002), S. 104. Vgl. auch *Hageman* (2008), S. 3.

6 Kritische Würdigung der Forschung und Implikationen

Insgesamt lässt sich das *tax research in accounting* durch die drei Dimensionen Theoretische Basis, Themenschwerpunkte und Forschungsmethoden anhand des folgenden Würfels charakterisieren.

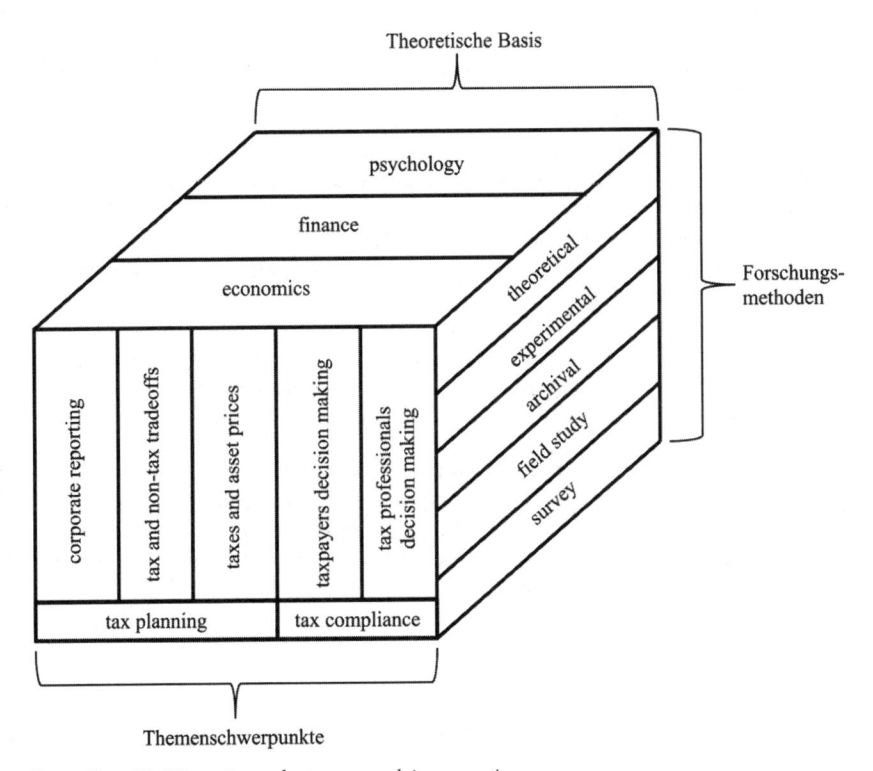

Darstellung 38: Dimensionen des tax research in accounting

Wie soeben dargestellt, beschränkt sich die Forschung im tax planning als auch im tax compliance research auf einzelne Zellen des Würfels, d. h. die Kombinationen tax planning/economics, finance/archival und tax compliance/psychology/experimental. Dies macht deutlich, wie eng die Forschung im Hinblick auf die theoretische Basis und die Forschungsmethoden im tax research in accounting ausgestaltet ist. Zugleich macht dies ersichtlich, welche Zellen bislang nicht besetzt wurden und somit potentielle Forschungsbereiche des tax research in accounting darstellen können.

6.4 Ergebnis

Nachdem das tax research in accounting dargestellt und analysiert wurde, geht es an dieser Stelle um die Ableitung von Implikationen für die Betriebswirtschaftliche Steuerlehre. Dazu ist zunächst darzulegen, inwieweit das tax research in accounting tatsächlich eine der Betriebswirtschaftlichen Steuerlehre vergleichbare Disziplin darstellt.

Die obigen Ausführungen haben gezeigt, dass das tax research in accounting eine hoch spezialisierte Disziplin darstellt. Unter dem Dach des accounting research verfolgt die Forschung einen eng gefassten positiven Forschungsansatz, der sich alleine damit beschäftigt „was ist". Gestaltungsempfehlungen spielen in der Forschung keine Rolle. Das tax research in accounting beschränkt sich damit auf das reine Erkenntnisinteresse, wie es in der Betriebswirtschaftlichen Steuerlehre ebenfalls innerhalb der Steuerwirkungslehre verfolgt wird. Die Betriebswirtschaftliche Steuerlehre konzentriert sich als angewandte Wissenschaft hingegen nicht allein auf das Erkenntnisinteresse, sondern verfolgt zusätzlich ein Gestaltungsinteresse. Das Ableiten von Gestaltungsempfehlungen an die Entscheidungsträger im Rahmen der Steuerplanungs- und Steuergestaltungslehre ist ein wichtiger Bestandteil der Betriebswirtschaftlichen Steuerlehre.[672]

Hinsichtlich der Aufgaben der Betriebswirtschaftlichen Steuerlehre lässt sich somit festhalten, dass sich das tax research in accounting auf die Steuerwirkungslehre beschränkt. Steuerplanungs- und Steuergestaltungslehre sind hingegen kein Bestandteil des tax research in accounting.[673] Einen Überblick über diese Zusammenhänge gibt die folgende Darstellung auf der nächsten Seite.

---

[672] Vgl. z. B. *Hundsdoerfer/Kiesewetter/Sureth* (2008), S. 63–66.

[673] Die Auslegung geltenden Rechts wird weder in der Betriebswirtschaftlichen Steuerlehre noch im tax research in accounting als eine Aufgabe der Forschung angesehen.

6 Kritische Würdigung der Forschung und Implikationen

			tax research in accounting
Aufgaben der Betriebswirtschaftlichen Steuerlehre	Erkenntnis	Steuerwirkungslehre	✓
	Gestaltung	Steuerplanungslehre	✗
		Steuergestaltungslehre	✗

Darstellung 39: Aufgaben der Betriebswirtschaftlichen Steuerlehre im Vergleich zum tax research in accounting

Unterschiede zwischen tax research in accounting und Betriebswirtschaftlicher Steuerlehre zeigen sich zudem in der wissenschaftlichen Einordnung beider Disziplinen. Das tax research in accounting ist Teilbereich des betriebswirtschaftlichen Spezialgebiets des accounting research. Es ist somit einer Speziellen Betriebswirtschaftslehre zuzurechnen, in der die vertiefte Behandlung eines Bereichs im Vordergrund steht. Die Betriebswirtschaftliche Steuerlehre ist hingegen Teil der Allgemeinen Betriebswirtschaftslehre. Sie ist keine Spezielle Betriebswirtschaftslehre und umfasst alle institutionalen und funktionalen Bereiche der Betriebswirtschaftslehre. Insofern wirkt sie als Bindeglied zwischen den Speziellen Betriebswirtschaftslehren. In den USA existiert eine solche Allgemeine Betriebswirtschaftslehre nicht. Tax research in accounting und Betriebswirtschaftliche Steuerlehre sind daher in unterschiedliche Forschungsrahmen eingebettet.[674]

Aus diesen Differenzen zwischen beiden Disziplinen ergeben sich zwangsläufig unterschiedliche Forschungsschwerpunkte. Eine allgemeine bzw. pauschale Annäherung der Forschung in der Betriebswirtschaftlichen Steuerlehre an das tax research in accounting ist daher nicht sinnvoll. Es ist vielmehr eine differenzierte Betrachtung vorzunehmen.

Das tax research in accounting *ist* empirische Forschung. Innerhalb ihres eng gefassten positiven Forschungsansatzes zeichnet sich das tax research in accounting durch eine hohe Spezialisierung, insbesondere hinsichtlich der Forschungsmethoden aus. Das sind zum einen hauptsächlich die archival research method im economics based tax

---

[674] Vgl. zu den Unterschieden zwischen deutscher und US-amerikanischer Betriebswirtschaftslehre Homburg (1999), S. 200.

planning research und zum anderen die experimental research method im psychology based tax compliance research. Die Dominanz beider Forschungsmethoden i. V. m. der verwendeten theoretischen Basis hat dazu geführt, dass innerhalb des tax research in accounting beide spezialisierten Forscherlager relativ autonom nebeneinander stehen.

Die empirische Forschung ist hingegen nur *eine* Aufgabe der Betriebswirtschaftlichen Steuerlehre. Alleine in diesem Bereich kann das tax research in accounting einen Beitrag zur Fortentwicklung der Betriebswirtschaftlichen Steuerlehre leisten. In Bezug auf die anderen Aufgaben der Betriebswirtschaftlichen Steuerlehre „schweigt" das tax research in accounting. Aber auch im Hinblick auf die empirische Forschung hat die Analyse des tax research in accounting gezeigt, dass die Forschung nicht ohne weiteres in die Betriebswirtschaftliche Steuerlehre übernommen werden sollte. Als Maßstab dienen die oben abgeleiteten Anforderungen an die empirische Forschung. Hierbei hat sich gezeigt, dass im tax research in accounting ein hohes Augenmerk auf die Anforderungen an die Anwendung von Theorien und damit die Forschungsmethoden gelegt wird. Die Forschungsmethoden spielen eine bedeutende Rolle. Das tax research in accounting kann in dieser Hinsicht als technisch ausgereifte, wenn auch einseitig spezialisierte Forschung angesehen werden. Die Beurteilung der Anforderungen an die Beschaffenheit von Theorien, d. h. deren theoretische Basis, spielt hingegen in der Forschung eine untergeordnete Rolle. Insbesondere im tax planning research sollte ein stärkeres Augenmerk auf die theoretische Basis der Forschung gelegt werden. Wie das aussehen könnte, macht das tax compliance research als behavioral accounting research vor.

Ansatzpunkte zur Fortentwicklung der Betriebswirtschaftlichen Steuerlehre sind damit vorwiegend im Bereich der Forschungsmethoden zu finden. Eine stärkere Ausrichtung an der internationalen Forschung ist in diesem Bereich wünschenswert.[675] Hierbei darf allerdings nicht übersehen werden, dass es sich im tax research in accounting regelmäßig um eine spezialisierte Forschung handelt, in der die Forschungsmethode im Vordergrund steht. „Researchers in this area are well-trained empiricists with an understanding of tax law."[676] Vertreter der Betriebswirtschaftlichen Steuerlehre, die sich mit allen Aufgaben der Betriebswirtschaftlichen Steuerlehre gleichermaßen beschäftigen, sind hier naturgemäß im Nachteil.[677]

Zudem bereitet ein Doktoranden- bzw. Ph.D.-Studium in den USA stärker auf eine empirische Forschungstätigkeit vor als es das klassische deutsche Promotionsstudium macht. Ein solches Ph.D.-Studium stellt ein weitergehendes Studium dar, welches schwerpunktmäßig Vorlesungen und Veranstaltungen zu den Forschungsmethoden beinhaltet. Ein deutsches Promotionsstudium beschränkt sich hingegen regelmäßig auf

---

[675] So auch *Jacobs* (2004), S. 254.

[676] *Shackelford/Shevlin* (2001), S. 324.

[677] Ähnlich *Kohl/Fludernik/Zapf* (2000), S. 303.

6 Kritische Würdigung der Forschung und Implikationen

Doktorandenseminare, in denen dissertationsspezifische Probleme der Doktoranden besprochen werden.[678] Schwächen in der empirischen Forschung sind somit auch auf die Doktorandenausbildung in der Betriebswirtschaftlichen Steuerlehre zurückzuführen.[679] Eine Möglichkeit diesem Problem zu entgehen, besteht in der Kooperation mit auf die empirische Forschung spezialisierten Forschern aus anderen Bereichen.[680]

Im Hinblick auf die Themenschwerpunkte bestehen zwischen beiden Disziplinen große Überschneidungen. Beide beschäftigen sich beispielsweise mit dem Einfluss der Besteuerung auf Investitions-, Finanzierungs- und Rechtsformwahlentscheidungen sowie den Einfluss auf das Rechnungswesen.[681] Unterschiede zeigen sich insbesondere in Bezug auf die Behandlung des Steuerberatungsprozesses. Dieser ist Bestandteil des tax compliance research und wird dort explizit behandelt. In der Betriebswirtschaftlichen Steuerlehre ist die Forschung zum Steuerberatungsprozess als Themenschwerpunkt dagegen nicht akzeptiert.[682]

Insgesamt kann festgehalten werden, dass das tax research in accounting nur einen Bereich der Betriebswirtschaftlichen Steuerlehre abdeckt, die Steuerwirkungslehre. Hier Anschluss an die internationale Forschung zu finden, ist eine wichtige Aufgabe der Betriebswirtschaftlichen Steuerlehre. Insbesondere in Bezug auf die Forschungsmethoden ist das tax research in accounting als ausgereifte Forschung anzusehen. Kritisch ist die theoretische Basis im tax planning research zu sehen. Ausgangspunkt der Forschung ist das standardökonomische Verhaltensmodell, welches nicht in der Lage ist, das in dieser Arbeit verfolgte realistische Wissenschaftsziel zu erreichen. Die an eine empirische Forschung gestellten Anforderungen sind nicht erfüllt. Das tax compliance research beschäftigt sich hingegen explizit mit den Anforderungen an die Beschaffenheit von Theorien und erfüllt weitestgehend die Anforderungen, die an eine empirische Forschung zu stellen sind.

---

[678] Vgl. hierzu *Schneeloch* (2011), S. 255.

[679] Mittlerweile werden strukturierte Ph.D.-Programme von betriebswirtschaftlichen Fakultäten in Deutschland angeboten oder sind in Planung. Vgl. z. B. *Universität Mannheim* (2012). Daneben werden Veranstaltungen zu den Forschungsmethoden vom Verband der Hochschullehrer für Betriebswirtschaft für Doktoranden angeboten. Vgl. *VHB* (2012).

[680] Vgl. zu diesem Kooperationsmodell auch *Fogarty* (2006), S. 532 f.; *Enis* (1991), S. VI. Beispiele sind die Kooperationen zwischen Hundsdoerfer (Betriebswirtschaftliche Steuerlehre) und Sichtmann (Marketing) (vgl. *Hundsdoerfer/Sichtmann* (2009)), oder die Kooperation zwischen Fochmann (Wirtschaftspolitik), Kiesewetter (Betriebswirtschaftliche Steuerlehre) und Sadrieh (E-Business) (vgl. *Fochmann/Kiesewetter/Sadrieh* (2012)). Die Kooperation zwischen Forschern mit unterschiedlichen Fähigkeiten spiegelt sich auch in der Dominanz von gemeinsamen Veröffentlichungen (mindestens zwei Autoren) im accounting research wider. Vgl. z. B. *Heck/Jensen* (2007), S. 113 f.; *Hutchison/White* (2003), S. 108 f.

[681] Ein ausführlicher Überblick über die Themenschwerpunkte der Betriebswirtschaftlichen Steuerlehre geben *Hundsdoerfer/Kiesewetter/Sureth* (2008), S. 80–105.

[682] Vgl. z. B. *Schneeloch* (2011), S. 250 f.; *Hundsdoerfer/Kiesewetter/Sureth* (2008), S. 104 f.

6 Kritische Würdigung der Forschung und Implikationen

Eine alleinige Fokussierung auf die empirische Forschung nach dem Vorbild des tax research in accounting erscheint jedoch vor dem Hintergrund der allgemein akzeptierten Ziele der Betriebswirtschaftlichen Steuerlehre weder wünschenswert noch sinnvoll. Die Betriebswirtschaftliche Steuerlehre ist als angewandte Wissenschaft keine alleine auf die empirische Forschung spezialisierte Disziplin. Neben der Annäherung an die internationalen Forschungsstandards der empirischen Forschung sollte die Betriebswirtschaftliche Steuerlehre daher ihre Stärken bzw. Wettbewerbsvorteile im Bereich der Gestaltungsempfehlungen herausarbeiten und nutzen, um international einen über die empirische Forschung hinausgehenden Beitrag zur Steuerforschung zu leisten.

7 Schlussbetrachtung

In dieser Arbeit wurde die internationale betriebswirtschaftliche Steuerforschung in der Form des tax research in accounting einer systematischen Analyse unterzogen. Diese umfasst sowohl die systematische Charakterisierung der Forschung als auch eine darauf aufbauende wissenschaftstheoretisch fundierte Kritik.

Ausgangspunkt sind die in Kapitel 2 abgeleiteten Anforderungen an die Forschung in der Betriebswirtschaftslehre. Ausgehend von dem Wissenschaftsziel der möglichst wahren Erklärung der Wirklichkeit wurden auf Basis des kritischen Rationalismus methodologische Regeln abgeleitet. Diese Regeln sind als Empfehlungen zu verstehen, die zur Erreichung des in dieser Arbeit verfolgten Wissenschaftsziels geeignet erscheinen. Konkretisiert wurden die Regeln des kritischen Rationalismus anhand der Anforderungen an die Beschaffenheit und Anwendung von Theorien. Anforderungen an die Beschaffenheit von Theorien schlagen sich in der Forderung nach einem möglichst hohen Informationsgehalt von Theorien nieder. Dies verlangt die Verwendung realistischer Verhaltenshypothesen, da sich die Aussagen ansonsten auf logische Implikationen beschränken, die keinen Informationsgehalt besitzen. Die Anforderungen an die Anwendung von Theorien beziehen sich hingegen vornehmlich auf ernsthafte und kritische Prüfungen von Theorien anhand der Wirklichkeit, die sich durch die Forderung nach interner und externer Validität konkretisieren lassen.

Die Systematisierung der betriebswirtschaftlichen Steuerforschung in den USA erfolgte anhand der theoretischen Basis, der Themenschwerpunkte und der Forschungsmethoden in den Kapiteln 3-5. Anhand dieser Dimensionen lässt sich das tax research in accounting, d. h. tax planning research und tax compliance research, aber auch dessen „Mutterdisziplin" accounting research, systematisch und umfassend charakterisieren. Im Hinblick auf die theoretische Basis und die Forschungsmethoden lässt sich das tax planning research als economics based archival accounting research bezeichnen. Tax compliance research ist dagegen als psychology based (behavioral) experimental accounting research zu bezeichnen. Auch inhaltlich, d. h. in Bezug auf die Themenschwerpunkte, unterscheiden sich beide Bereiche. Das tax planning research beschäftigt sich hauptsächlich mit Unternehmen und aggregiertem Marktverhalten, wohingegen das tax compliance research vornehmlich das individuelle Verhalten von natürlichen Personen betrachtet. Beide Bereiche des tax research in accounting unterscheiden sich somit in allen Dimensionen der Forschung.

Die abgeleiteten Anforderungen an die Forschung und die Systematisierung des tax research in accounting bilden den Ausgangspunkt für die kritische Würdigung der Forschung in Kapitel 6. Es gilt mithin festzustellen, inwieweit im tax planning research und tax compliance research die Anforderungen an die Forschung erfüllt werden und somit um die Frage, ob die Forschung in der Lage ist, das hier verfolgte Wissenschaftsziel zu erreichen.

7 Schlussbetrachtung

Die Anforderungen an die Anwendung von Theorien werden im tax research in accounting grundsätzlich erfüllt. Es handelt sich sowohl beim archival tax planning research als auch beim experimental tax compliance research um technisch ausgereifte Forschungsmethoden. Die Forschungsmethoden bzw. die Kriterien der internen und externen Validität spielen im tax accounting research eine wichtige Rolle.

In Bezug auf die Anforderungen an die Beschaffenheit von Theorien ist zwischen tax planning research und tax compliance research zu differenzieren. Das tax planning research basiert als economics based research auf dem standardökonomischen Verhaltensmodell und behandelt dieses als bloße Annahme und nicht als Hypothese über das mögliche Verhalten von Individuen. Es beschränkt sich damit auf logische Zusammenhänge ohne Informationsgehalt. Das in dieser Arbeit zugrundegelegte Wissenschaftsziel der möglichst wahren Erklärung der Wirklichkeit lässt sich mit dieser Vorgehensweise nicht erreichen. Im Gegensatz dazu geht das tax compliance research über eine reine Entscheidungslogik hinaus, indem es explizit die Annahmen des standardökonomischen Verhaltensmodells in Frage stellt und durch psychologische Erkenntnisse in seinen Theorien berücksichtigt. Diese Vorgehensweise steht im Einklang mit den hier zugrunde gelegten Regeln des kritischen Rationalismus und ist somit geeignet, das in dieser Arbeit verfolgte Wissenschaftsziel zu erreichen.

Insgesamt zeigt die systematische Analyse der betriebswirtschaftlichen Steuerforschung in den USA, dass das tax research in accounting und die Betriebswirtschaftliche Steuerlehre grundsätzlich vergleichbare Disziplinen darstellen. Beide beschäftigen sich mit dem Einfluss von Steuern auf Entscheidungen. Allerdings beschränkt sich das tax research in accounting auf das reine Erkenntnisinteresse der Forschung. Damit fokussiert bzw. spezialisiert es sich auf die empirische Forschung im Rahmen der Steuerwirkungslehre. Im Gegensatz dazu ist die Betriebswirtschaftliche Steuerlehre breiter aufgestellt. Zu ihren Aufgaben zählt neben der empirischen Forschung die Ableitung von Gestaltungsempfehlungen. Alleine im Bereich der empirischen Forschung, als eine Aufgabe der Betriebswirtschaftlichen Steuerlehre, kann das tax research in accounting einen Beitrag zur Fortentwicklung der Betriebswirtschaftlichen Steuerlehre leisten. Insbesondere im Bereich der Forschungsmethoden ist eine stärkere Ausrichtung am tax research in accounting wünschenswert. Anregungen in Bezug auf die theoretische Basis sind vor dem Hintergrund des in dieser Arbeit verfolgten Wissenschaftsziels alleine im tax compliance research zu finden. Im Bereich des Gestaltungsinteresses sollte die Betriebswirtschaftliche Steuerlehre hingegen ihre eigenen Stärken hervorheben, um international einen über die empirische Forschung hinausgehenden Beitrag leisten zu können.

Quellenverzeichnis

Abdel-khalik, A. Rashad (1994): Factors limiting the role of behavioral research in standard setting, in: Behavioral Research in Accounting 1994, S. 213–222

Abdel-khalik, A. Rashad/Ajinkya, Bipin B. (1979): Empirical research in accounting, Sarasota 1979

Abel, Bodo (1979): Denken in theoretischen Modellen als Leitidee der Wirtschaftswissenschaften, in: Raffée, H./Abel, B. (Hrsg.): Wissenschaftstheoretische Grundfragen der Wirtschaftswissenschaften, München 1979, S. 138–160

Abel, Bodo (1983): Grundlagen der Erklärung des menschlichen Handelns, Tübingen 1983

Agassi, Joseph (1975): Science in flux, Dordrecht/Boston 1975

Akerlof, George A. (2002): Behavioral macroeconomics and macroeconomic behavior, in: American Economic Review 2002, S. 411–433

Akerlof, George A./Yellen, Janet L. (1987): Rational models and irrational behavior, in: American Economic Review 1987, S. 137–142

Albach, Horst (1985): Lehre und Forschung als Kuppelproduktion, in: Zeitschrift für Betriebswirtschaft 1985, S. 862–864

Albert, Hans (1964): Probleme der Theoriebildung, in: Albert, H. (Hrsg.): Theorie und Realität, Tübingen 1964, S. 1–70

Albert, Hans (1967): Marktsoziologie und Entscheidungslogik, Neuwied am Rhein/Berlin 1967

Albert, Hans (1971): Plädoyer für kritischen Rationalismus, München 1971

Albert, Hans (1975): Konstruktion und Kritik, 2. Aufl., Hamburg 1975

Albert, Hans (1976a): Wissenschaftstheorie, in: Grochla, E./Wittmann, W. (Hrsg.): Handwörterbuch der Betriebswirtschaft, Band 3, 4. Aufl., Stuttgart 1976, Sp. 4674–4692

Albert, Hans (1976b): Aufklärung und Steuerung, Hamburg 1976

Albert, Hans (1978a): Traktat über rationale Praxis, Tübingen 1978

Albert, Hans (1978b): Nationalökonomie als sozialwissenschaftliches Erkenntnisprogramm, in: Albert, H. et al. (Hrsg.): Ökonometrische Modelle und sozialwissenschaftliche Erkenntnisprogramme, Mannheim/Wien/Zürich 1978, S. 49–71

Quellenverzeichnis

Albert, Hans (1980): Die Wissenschaft und die Suche nach Wahrheit, in: Radnitzky, G./Andersson, G. (Hrsg.): Fortschritt und Rationalität der Wissenschaft, Tübingen 1980, S. 221–245

Albert, Hans (1982): Die Wissenschaft und die Fehlbarkeit der Vernunft, Tübingen 1982

Albert, Hans (1984): Modell-Denken und historische Wirklichkeit, in: Albert, H. (Hrsg.): Ökonomisches Denken und soziale Ordnung, Tübingen 1984, S. 39–61

Albert, Hans (1987): Kritik der reinen Erkenntnislehre, Tübingen 1987

Albert, Hans (1991): Traktat über kritische Vernunft, 5. Aufl., Tübingen 1991

Albert, Hans (1998): Marktsoziologie und Entscheidungslogik, 2. Aufl., Tübingen 1998

Albert, Hans (2000): Kritischer Rationalismus, Tübingen 2000

Albert, Hans (2002): Varianten des kritischen Rationalismus, in: Böhm, J.M./Holweg, H./Hoock, C. (Hrsg.): Karl Poppers kritischer Rationalismus heute, Tübingen 2002, S. 3–22

Albert, Hans (2005): Die Methodologie und die Normierung der Erkenntnispraxis, in: Gesang, B. (Hrsg.): Deskriptive oder normative Wissenschaftstheorie?, Heusenstamm 2005, S. 167–176

Albert, Max (1996): „Unrealistische Annahmen" und empirische Prüfung, in: Zeitschrift für Wirtschafts- und Sozialwissenschaften 1996, S. 451–486

Allen, Franklin/Michaely, Roni (2003): Payout policy, in: Constantinides, G.M./Harris, M./Stulz, R.M. (Hrsg.): Handbook of the economics of finance, Volume 1A, Amsterdam 2003, S. 337–429

Allingham, Michael G./Sandmo, Agnar (1972): Income tax evasion: A theoretical analysis, in: Journal of Public Economics 1972, S. 323–338

Alm, James (1991): A perspective on the experimental analysis of taxpayer reporting, in: Accounting Review 1991, S. 577–593

Alm, James (1999): Tax compliance and administration, in: Hildreth, W.B./Richardson, J.A. (Hrsg.): Handbook on taxation, New York 1999, S. 741–768

Alm, James (2010): Testing behavioral public economics theories in the laboratory, in: National Tax Journal 2010, S. 635–658

Quellenverzeichnis

Alm, James (2012): Measuring, explaining, and controlling tax evasion: Lessons from theory, experiments, and field studies, in: International Tax and Public Finance 2012, S. 54–77

Alm, James/Jacobson, Sarah (2007): Using laboratory experiments in public economics, in: National Tax Journal 2007, S. 129–152

Alm, James/Torgler, Benno (2006): Cultural differences and tax morale in the United States and Europe, in: Journal of Economic Psychology 2006, S. 224–246

Alm, James/Torgler, Benno (2011): Do ethics matter? Tax compliance and morality, in: Journal of Business Ethics 2011, S. 635–651

Alm, James/Bloomquist, Kim M./McKee, Michael (2011): Comparing student and non-student reporting behavior in tax compliance experiments, in: Plumley, A. (Hrsg.): Recent research on tax administration and compliance, Held at the Urban Institute Washington, D.C., June 22, 2011, S. 93–98

Alm, James/McClelland, Gary H./Schulze, William D. (1992): Why do people pay taxes?, in: Journal of Public Economics 1992, S. 21–38

Anderson, Shannon W./Widener, Sally K. (2007): Doing quantitative field research in management accounting, in: Chapman, C.S./Hopwood, A.G./Shields, M.D. (Hrsg.): Handbook of management accounting research, Oxford/Amsterdam 2007, S. 319–341

Anderson, Susan E./Cuccia, Andrew D. (2002): A closer examination of the economic incentives created by tax return preparer penalties, in: Journal of the American Taxation Association 2002, S. 56–77

Andersson, Gunnar (1981): Sind Falsifikationismus und Fallibilismus vereinbar?, in: Radnitzky, G./Andersson, G. (Hrsg.): Voraussetzungen und Grenzen der Wissenschaft, Tübingen 1981, S. 255–276

Andersson, Gunnar (1989): Wahr und falsch; Wahrheit, in: Seiffert, H./Radnitzky, G. (Hrsg.): Handlexikon zur Wissenschaftstheorie, München 1989, S. 369–375

Andreoni, James/Erard, Brian/Feinstein, Jonathan (1998): Tax compliance, in: Journal of Economic Literature 1998, S. 818–860

Angner, Erik (2012): A course in behavioral economics, Basingstoke/New York 2012

Angner, Erik/Loewenstein, George (2012): Behavioral economics, in: Mäki, U. (Hrsg.): Philosophy of economics, Oxford/Amsterdam 2012, S. 641–689

Quellenverzeichnis

Ariely, Dan (2009): The end of rational economics, in: Harvard Business Review 2009, S. 78–84

Armstrong, Christopher/Blouin, Jennifer L./Larcker, David F. (2012): The incentives for tax planning, in: Journal of Accounting and Economics 2012, S. 391–411

Arni, Jean-Louis (1989): Die Kontroverse um die Realitätsnähe der Annahmen in der Ökonomie, Grüsch 1989

Arnold, Vicky/Sutton, Steve G. (1997): Behavioral accounting research, Sarasota 1997

Ashton, Robert H. (2010): Quality, timing, and luck: Looking back at Ashton (1974), in: Auditing: A Journal of Practice & Theory 2010, S. 3–13

Ashton, Robert H./Ashton, Alison H. (1995a) (Hrsg.): Judgment and decision-making research in accounting and auditing, Cambridge et al. 1995

Ashton, Robert H./Ashton, Alison H. (1995b): Perspectives on judgment and decision-making research in accounting and auditing, in: Ashton, R.H./Ashton, A.H. (Hrsg.): Judgment and decision-making research in accounting and auditing, Cambridge et al. 1995, S. 3–25

Atteslander, Peter (2010): Methoden der empirischen Sozialforschung, 13. Aufl., Berlin 2010

Auerbach, Alan J. (2002): Taxation and corporate financial policy, in: Auerbach, A.J./Feldstein, M. (Hrsg.): Handbook of public economics, Volume 3, Amsterdam 2002, S. 1251–1292

Auerbach, Alan J./Hassett, Kevin A. (2002): On the marginal source of investment funds, in: Journal of Public Economics 2002, S. 205–232

Auerbach, Alan J./Slemrod, Joel (1997): The economic effects of the Tax Reform Act of 1986, in: Journal of Economic Literature 1997, S. 589–632

Ault, Hugh J. (1975): Lehre und Forschung im Steuerrecht in den USA, in: Steuer und Wirtschaft 1975, S. 147–151

Ayers, Benjamin C. (1998): Deferred tax accounting under SFAS No. 109: An empirical investigation of its incremental value-relevance relative to APB No. 11, in: Accounting Review 1998, S. 195–212

Ayers, Benjamin C./Cloyd, C. Bryan/Robinson, John R. (1996): Organizational form and taxes: An empirical analysis of small businesses, in: Journal of the American Taxation Association 1996, S. 49–67

Quellenverzeichnis

Ayers, Benjamin C./Cloyd, C. Bryan/Robinson, John R. (2002): The effect of shareholder-level dividend taxes on stock prices: Evidence from the Revenue Reconciliation Act of 1993, in: Accounting Review 2002, S. 933–947

Ayers, Benjamin C./Jiang, John/Laplante, Stacie K. (2009): Taxable income as a performance measure: The effects of tax planning and earnings quality, in: Contemporary Accounting Research 2009, S. 15–54

Backhaus, Klaus et al. (2011): Multivariate Analysemethoden, 13. Aufl., Heidelberg/Berlin 2011

Badertscher, Brad/Katz, Sharon P./Rego, Sonja O. (2011): The impact of private equity firms on portfolio firms' corporate tax avoidance, Working Paper February 2011

Baker, C. Richard/Bettner, Mark S. (1997): Interpretive and critical research in accounting: A commentary on its absence from mainstream accounting research, in: Critical Perspectives on Accounting 1997, S. 293–310

Baker, Malcolm/Ruback, Richard S./Wurgler, Jeffrey (2007): Behavioral corporate finance, in: Eckbo, E.B. (Hrsg.): Handbook of corporate finance, Volume 1, Amsterdam/Oxford 2007, S. 145–186

Baldenius, Tim/Melumad, Nahum D./Reichelstein, Stefan (2004): Integrating managerial and tax objectives in transfer pricing, in: Accounting Review 2004, S. 591–615

Ball, Ray/Foster, George (1982): Corporate financial reporting: A methodological review of empirical research, in: Journal of Accounting Research 1982, S. 161–234

Ballas, Apostolos/Theoharakis, Vasilis (2003): Exploring diversity in accounting through faculty journal perceptions, in: Contemporary Accounting Research 2003, S. 619–644

Balsam, Steven/Ryan, David H. (1996): Response to tax law changes involving the deductibility of executive compensation: A model explaining corporate behavior, in: Journal of the American Taxation Association 1996, S. 1–12

Balsam, Steven/Yin, Qin Jennifer (2005): Explaining firm willingness to forfeit tax deductions under internal revenue code section 162(m): The million-dollar cap, in: Journal of Accounting and Public Policy 2005, S. 300–324

Bamber, E. Michael (1993): Opportunities in behavioral accounting research, in: Behavioral Research in Accounting 1993, S. 1–29

Quellenverzeichnis

Barberis, Nicholas/Thaler, Richard (2003): A survey of behavioral finance, in: Constantinides, G.M./Harris, M./Stulz, R. (Hrsg.): Handbook of the economics of finance, Volume 1B, Amsterdam 2003, S. 1053–1123

Bareis, Peter (2007): Das Postulat der Werturteilsfreiheit in der Diskussion um die Steuerreform 2008, in: Betriebswirtschaftliche Forschung und Praxis 2007, S. 421–442

Bareis, Peter (2008): Erwiderung zur Replik Ute Schmiels, in: Betriebswirtschaftliche Forschung und Praxis 2008, S. 182–183

Barnikel, Kerstin (2007): Post-Merger Integration: Erfolgsfaktoren aus der Sicht von Mitarbeitern und Experten, Bremen 2007

Bea, Franz Xaver/Göbel, Elisabeth (2010): Organisation, 4. Aufl., Stuttgart 2010

Beatty, Anne/Harris, David G. (2001): Intra-group, interstate strategic income management for tax, financial reporting, and regulatory purposes, in: Accounting Review 2001, S. 515–536

Beatty, Anne/Berger, Philip G./Magliolo, Joseph (1995): Motives for forming research & development financing organizations, in: Journal of Accounting and Economics 1995, S. 411–442

Beckmann, Klaus (2003): Steuerhinterziehung, Tübingen 2003

Behn, Bruce K. et al. (2008): Accounting doctoral education: A report of the joint AAA/APLG/FSA doctoral education committee, in: Issues in Accounting Education 2008, S. 357–367

Behrens, Gerold (1998): Befreiung von Denkblockaden durch Betrachtung von Marketingproblemen aus konstruktivistischer Sicht, in: Gerum, E. (Hrsg.): Innovation in der Betriebswirtschaftslehre, Wiesbaden 1998, S. 119–142

Belkaoui, Ahmed (1989): Behavioral accounting, New York et al. 1989

Beneish, Messod D. (2001): Earnings Management: A perspective, in: Managerial Finance 2001, S. 3–17

Beneish, Messod D./Press, Eric (1993): Costs of technical violation of accounting-based debt covenants, in: Accounting Review 1993, S. 233–257

Benton, Ted (2004): Critical realism, in: Lewis-Beck, M.S./Bryman, A./Liao, T.F. (Hrsg.): The Sage encyclopedia of social science research methods, Volume 1, Thousand Oaks/London/New Delhi 2004, S. 221–223

Quellenverzeichnis

Bickford, Hugh C. (1952): Successful tax practice, 2. Aufl., Englewood Cliffs 1952

Bippus, Birgit E. (1998): US-amerikanische Grundsätze der Rechnungslegung von Unternehmen und die Maßgeblichkeit im deutschen Bilanzrecht – keine unvereinbaren Bilanzphilosophien!, in: Deutsche Steuerzeitung 1998, S. 637–650

Birnberg, Jacob G. (2011): A proposed framework for behavioral accounting research, in: Behavioral Accounting Research 2011, S. 1–43

Birnberg, Jacob G./Shields, Jeffrey F. (1989): Three decades of behavioral accounting research, in: Behavioral Accounting Research 1989, S. 23–74

Bittker, Boris I./Eustice, James S. (2000): Federal income taxation of corporations and shareholders, 7. Aufl., Student Edition, Valhalla 2000

Blanthorne, Cindy/Kaplan, Steven (2008): An egocentric model of the relations among the opportunity to underreport, social norms, ethical beliefs, and underreporting behavior, in: Accounting, Organizations and Society 2008, S. 684–703

Blaug, Mark (1992): The methodology of economics, 2. Aufl., Cambridge et al. 1992

Bloomfield, Robert (2010): Traditional versus behavioral finance, in: Baker, H.K./Nofsinger, J.R. (Hrsg.): Behavioral finance, Hoboken 2010, S. 23–38

Bloomfield, Robert/Anderson, Alyssa (2010): Experimental finance, in: Baker, H.K./Nofsinger, J.R. (Hrsg.): Behavioral finance, Hoboken 2010, S. 113–130

Bloomfield, Robert/Rennekamp, Kristina (2008): Experimental research in financial reporting: From the laboratory to the virtual world, in: Foundations and Trends in Accounting 2008, S. 1–85

Blouin, Jennifer L./Raedy, Jana S./Shackelford, Douglas A. (2003): Capital gains taxes and equity trading: Empirical evidence, in: Journal of Accounting Research 2003, S. 611–651

Bobek, Donna D./Hatfield, Richard C. (2003): An investigation of the theory of planned behavior and the role of moral obligation in tax compliance, in: Behavioral Research in Accounting 2003, S. 13–38

Bobek, Donna D./Hageman, Amy H./Hatfield, Richard C. (2010): The role of client advocacy in the development of tax professionals' advice, in: Journal of the American Taxation Association 2010, S. 25–51

Bobek, Donna D./Hageman, Amy H./Kelliher, Charles F. (2011): The social norms of tax compliance: Scale development, social desirability, and presentation effects, in: Advances in Accounting Behavioral Research 2011, S. 37–66

Quellenverzeichnis

Bobek, Donna D./Roberts, Robin W./Sweeney, John T. (2007): The social norms of tax compliance: Evidence from Australia, Singapore, and the United States, in: Journal of Business Ethics 2007, S. 49–64

Boland, Lawrence A./Gordon, Irene M. (1992): Criticizing positive accounting theory, in: Contemporary Accounting Research 1992, S. 142–170

Bonner, Sarah E. (1999): Judgment and decision-making research in accounting, in: Accounting Horizons 1999, S. 385–398

Bonner, Sarah E. (2008): Judgment and decision making in accounting, Upper Saddle River 2008

Bonner, Sarah/Davis, Jon S./Jackson, Betty (1991): Frontiers in experimental tax research: Experimental economics and tax professional judgment, in: Enis, C.R. (Hrsg.): A guide to tax research methodologies, Sarasota 1991, S. 42–80

Bonner, Sarah E. et al. (2006): The most influential journals in academic accounting, in: Accounting, Organizations and Society 2006, S. 663–685

Bortz, Jürgen/Döring, Nicola (2006): Forschungsmethoden und Evaluationsforschung für Human- und Sozialwissenschaftler, 4. Aufl., Heidelberg 2006

Boyd, F. Virgil (1960): A new look in accounting education, in Accounting Review 1960, S. 726–728

Boylan, Scott J. (2010): Prior audits and taxpayer compliance: Experimental evidence on the effect of earned versus endowed income, in: Journal of the American Taxation Association 2010, S. 73–88

Boylan, Scott J./Sprinkle, Geoffrey B. (2001): Experimental evidence on the relation between tax rates and compliance: The effect of earned vs. endowed income, in: Journal of the American Taxation Association 2001, S. 75–90

Bragg, Steven M. (2011): Wiley GAAP 2012, Hoboken 2011

Braun, Dirk/Prüwer, Maren/Nitzsch, Rüdiger (2011): Ultimatum-Spiele und Fairness in Verhandlungssituationen, in: Wirtschaftswissenschaftliches Studium 2011, S. 507–512

Brenner, Lyle A./Koehler, Derek J./Rottenstreich, Yuval (2002): Remarks on support theory: Recent advances and future directions, in: Gilovich, T./Griffin, D./Kahneman, D. (Hrsg.): Heuristics and biases, Cambridge et al. 2002, S. 489–509

Quellenverzeichnis

Bretzke, Wolf-Rüdiger (1978): Konstruktion und Beurteilung von Entscheidungsmodellen, in: Steinmann, H. (Hrsg.): Betriebswirtschaftslehre als normative Handlungswissenschaft, Wiesbaden 1978, S. 217–244

Bretzke, Wolf-Rüdiger (1980): Der Problembezug von Entscheidungsmodellen, Tübingen 1980

Bricker, Robert J./Previts, Gary J. (1990): The sociology of accountancy: A study of the academic and practice community schisms, in: Accounting Horizons 1990, S. 1–14

Brighton, Gerald D./Michaelsen, Robert H. (1985): Profile of tax dissertations in accounting: 1967–1984, in: Journal of the American Taxation Association 1985, S. 76–91

Brown, Lawrence D (2003): Ranking journals using social science research network downloads, in: Review of Quantitative Finance and Accounting 2003, S. 291–307

Brown, Lawrence D./Huefner, Ronald J. (1994): The familiarity with and perceived quality of accounting journals, in: Contemporary Accounting Research 1994, S. 223–250

Brunke, Jens Christian (2002): Konzepte zur universitären Ausbildung in der Betriebswirtschaftslehre, Aachen 2002

Bunge, Mario (1967): Scientific research I, Berlin et al. 1967

Bunge, Mario (1973): Method, model and matter, Dordrecht/Boston 1973

Bunge, Mario (1996): Finding philosophy in social science, New Haven/London 1996

Burtless, Gary (1995): The case of randomized field trials in economic and policy research, in: Journal of Economic Perspectives 1995, S. 63–84

Caldwell, Bruce (1994): Beyond positivism, 3. Aufl., London/New York 1994

Camerer, Colin F. (1995): Individual decision making, in: Kagel, J.H./Roth, A.E. (Hrsg.): The handbook of experimental economics, Princeton 1995, S. 587–703

Camerer, Colin F. (1997): Rules for experimenting in psychology and economics, and why they differ, in: Albers, W. et al. (Hrsg.): Understanding strategic interaction, Essays in honor of Reinhard Selten, Heidelberg 1997, S. 311–327

Camerer, Colin F. (2003): Behavioral game theory, Princeton/New York 2003

Quellenverzeichnis

Camerer, Colin F. (2006): Behavioral economics, in: Blundell, R./Newey, W.K./Persson, T. (Hrsg.): Advances in economics and econometrics, theory and applications, Ninth World Congress, Volume II, New York 2006, S. 181–214

Camerer, Colin F./Fehr, Ernst (2004): Measuring social norms and preferences using experimental games, in: Heinrich, J. et al. (Hrsg.): Foundations of human sociality, New York 2004, S. 55–95

Camerer, Colin F./Fehr, Ernst (2006): When does "economic man" dominate social behavior?, in: Science 2006, S. 47–52

Camerer, Colin F./Loewenstein, George (2004): Behavioral economics, in: Camerer, C.F./Loewenstein, G./Rabin, M. (Hrsg.): Advances in behavioral economics, Princeton/Oxford/New York 2004, S. 3–51

Camerer, Colin F./Loewenstein, George/Prelec, Drazen (2005): Neuroeconomics, in: Journal of Economic Literature 2005, S. 9–64

Campbell, Donald T./Stanley, Julian C. (1963): Experimental and quasi-experimental designs for research, Chicago 1963, S. 1–76

Campbell, John Y./Lo, Andrew W./MacKinlay, A. Craig (1997): The econometrics of financial markets, 2. Aufl., Princeton 1997

Carnaghan, Carla/Flower-Gyepesi, Jane/Gibbins, Michael (1994): A profile of contemporary accounting research: Fall 1984–Spring 1994, in: Contemporary Accounting Research 1994, S. 251–270

Carnes, Gregory A./Englebrecht, Ted D. (1995): An investigation of the effect of detection risk perceptions, penalty sanctions, and income visibility on tax compliance, in: Journal of the American Taxation Association 1995, S. 26–41

Carrier, Martin (2004): Prüfung, kritische, in: Mittelstraß, J. (Hrsg.): Enzyklopädie Philosophie und Wissenschaftstheorie, Band 3, Sonderausgabe, Stuttgart/Weimar 2004, S. 388

Cazier, Richard et al. (2011): Did FIN 48 limit the use of tax reserves as a tool for earnings management?, Working Paper August 2011

Chalmers, Alan F. (2007): Wege der Wissenschaft, 6. Aufl., Berlin/Heidelberg/New York 2007

Chapman, Gretchen B./Johnson, Eric J. (1999): Anchoring, activation, and the construction of values, in: Organizational Behavior and Human Decision Processes 1999, S. 115–153

Chen, Kong-Pin/Chu, C.Y. Cyrus (2005): Internal control versus external manipulation: a model of corporate income tax evasion, in: RAND Journal of Economics 2005, S. 151–164

Chen, Shuping et al. (2010): Are family firms more tax aggressive than non-family firms?, in: Journal of Financial Economics 2010, S. 41–61

Chmielewicz, Klaus (1978): Wissenschaftsziele und Forschungskonzeptionen der Wirtschaftswissenschaft, in: Schweitzer, M. (Hrsg.): Auffassungen und Wissenschaftsziele der Betriebswirtschaftslehre, Darmstadt 1978, S. 417–449

Chmielewicz, Klaus (1994): Forschungskonzeptionen der Wirtschaftswissenschaft, 3. Aufl., Stuttgart 1994

Christensen, Anne L./Hite, Peggy A. (1997): A study of the effect of taxpayer risk perceptions on ambiguous compliance decisions, in: Journal of the American Taxation Association 1997, S. 1–18

Christensen, Anne L./Latham, Claire K. (2007): An examination of tax scholars' publications, in: Advances in Taxation 2007, S. 3–35

Christenson, Charles (1983): The methodology of positive accounting, in: Accounting Review 1983, S. 1–22

Chua, Wai F. (1996): Teaching and learning only the language of numbers, in: Critical Perspectives on Accounting 1996, S. 129–156

Cloyd, C. Bryan/Spilker, Brian C. (1999): The influence of client preferences on tax professionals' search for judicial precedents, subsequent judgments and recommendations, in: Accounting Review 1999, S. 299–322

Cloyd, C. Bryan/Pratt, Jamie/Stock, Toby (1996): The use of financial accounting choice to support aggressive tax positions: Public and private firms, in: Journal of Accounting Research 1996, S. 23–43

Collins, Julie H./Kemsley, Deen (2000): Capital gains and dividend taxes in firm valuation: Evidence of triple taxation, in: Accounting Review 2000, S. 405–427

Collins, Julie H./Shackelford, Douglas A. (1992): Foreign tax credit limitations and preferred stock issuances, in: Journal of Accounting Research 1992, S. 103–124

Collins, Julie H./Kemsley, Deen/Lang, Mark (1998): Cross-jurisdictional income shifting and earnings valuation, in: Journal of Accounting Research 1998, S. 209–229

Congdon, William J./Kling, Jeffrey R./Mullainathan, Sendhil (2011): Policy and choice, Washington, D.C. 2011

Cook, Thomas D./Campbell, Donald T. (1976): The design and conduct of quasi-experiments and true experiments in field settings, in: Dunnette, M.D. (Hrsg.): Handbook of industrial and organizational psychology, Chicago 1976, S. 223–326

Copeland, Thomas E./Weston, J. Fred/Shastri, Kuldeep (2005): Financial theory and corporate policy, 4. Aufl., Boston et al. 2005

Cowell, Frank A. (1985): The economic analysis of tax evasion, in: Bulletin of Economic Research 1985, S. 163–193

Cowell, Frank A. (1990): Cheating the government: The economics of evasion, Cambridge/London 1990

Coyne, Joshua G. et al. (2010): Accounting program research rankings by topical area and methodology, in: Issues in Accounting Education 2010, S. 631–654

Creswell, John W. (2009): Research design, 3. Aufl., Los Angeles et al. 2009

Crocker, Keith J./Slemrod, Joel (2005): Corporate tax evasion with agency costs, in: Journal of Public Economics 2005, S. 1593–1610

Croson, Rachel/Konow, James (2009): Social preferences and moral biases, in: Journal of Economic Behavior and Organization 2009, S. 201–212

Crumbley, D. Larry (1987): The evolution of the ATA: From orphans, to outlaws, to respectability, in: Journal of the American Taxation Association 1987, S. 86–100

Crumbley, D. Larry et al. (1974): Committee on federal income taxes, in: Accounting Review 1974, S. 176–201

Cruz, Cheryl A./Shafer, William E./Strawser, Jerry R. (2000): A multidimensional analysis of tax practitioners' ethical judgments, in: Journal of Business Ethics 2000, S. 223–244

Cuccia, Andrew D. (1994a): The economics of tax compliance: What do we know and where do we go?, in: Journal of Accounting Literature 1994, S. 81–116

Cuccia, Andrew D. (1994b): The effects of increased sanctions on paid tax preparers: Integrating economic and psychological factors, in: Journal of the American Taxation Association 1994, S. 41–66

Cullis, John/Jones, Philip/Lewis, Alan (2010): Tax compliance: Social norms, culture, and endogeneity, in: Alm, J./Martinez-Vasquez, J./Torgler, B. (Hrsg.): Developing alternative frameworks for explaining tax compliance, Abingdon/New York 2010, S. 35–55

Dai, Zhonglan et al. (2008): Capital gains taxes and asset prices: Capitalization or lock-in, in: Journal of Finance 2008, S. 709–742

Davis, Jon S. (1995): A perspective on experimental tax research, in: Journal of the American Taxation Association 1995, S. 114–122

Davis, Jon S./Mason, J. David (2003): Similarity and precedent in tax authority judgment, in: Journal of the American Taxation Association 2003, S. 53–71

Davis, Jon S./Swenson, Charles W. (1993): Experimental evidence on tax incentives and the demand for capital investments, in: Accounting Review 1993, S. 482–514

Davis, Jon S./Hecht, Garry/Perkins, Jon D. (2003): Social behaviors, enforcement, and tax compliance dynamics, in: Accounting Review 2003, S. 39–69

Dawes, Robyn M. (1998): Behavioral decision making and judgment, in: Gilbert, D.T./Fiske, S.T./Lindzey, G. (Hrsg.): Handbook of social psychology, Volume I, 4. Aufl., New York/Oxford 1998, S. 497–548

Dechow, Patricia M./Skinner, Douglas J. (2000): Earnings management: Reconciling the views of accounting academics, practitioners, and regulators, in: Accounting Horizons 2000, S. 235–250

Deegan, Craig/Unerman, Jeffrey (2011): Financial accounting theory, 2. Aufl., London et al. 2011

Demski, Joel S. (2007): Is accounting an academic discipline? In: Accounting Horizons 2007, S. 153–157

Demski, Joel S./Zimmerman, Jerold L. (2000): On „research vs. teaching": A long-term perspective, in: Accounting Horizons 2000, S. 343–352

Demski, Joel S. et al. (2002): Some thoughts on the intellectual foundations of accounting, in: Accounting Horizons 2002, S. 157–168

DellaVigna, Stefano (2009): Psychology and economics, in: Journal of Economic Literature 2009, S. 315–372

Desai, Mihir A./Dharmapala, Dhammika (2006): Corporate tax avoidance and high-powered incentives, in: Journal of Financial Economics 2006, S. 145–179

Quellenverzeichnis

Desai, Mihir A./Dharmapala, Dhammika (2009a): Earnings management, corporate tax shelters, and book tax-alignment, in: National Tax Journal 2009, S. 169–186

Desai, Mihir A./Dharmapala, Dhammika (2009b): Corporate tax avoidance and firm value, in: Review of Economics and Statistics 2009, S. 537–546

Desai, Mihir A./Dyck, Alexander/Zingales, Luigi (2007): Theft and taxes, in: Journal of Financial Economics 2007, S. 591–623

Dhaliwal, Dan/Li, Oliver Zhen (2006): Investor tax heterogeneity and ex-dividend day trading volume, in: Journal of Finance 2006, S. 463–490

Dhaliwal, Dan/Frankel, Micah/Trezevant, Robert (1994): The taxable and book income motivations for a LIFO layer liquidation, in: Journal of Accounting Research 1994, S. 278–289

Dhaliwal, Dan/Gleason, Cristi A./Mills, Lillian F. (2004): Last-chance earnings management: Using the tax expense to meet analysts' forecasts, in: Contemporary Accounting Research 2004, S. 431–459

Dhaliwal, Dan/Krull, Linda/Li, Oliver Zhen (2007): Did the 2003 Tax Act reduce the cost of equity capital?, in: Journal of Accounting and Economics 2007, S. 121–150

Dhaliwal, Dan/Li, Oliver Zhen/Trezevant, Robert (2003): Is a dividend tax penalty incorporated into the return on a firm's common stock?, in: Journal of Accounting and Economics 2003, S. 155–178

Dhaliwal, Dan et al. (2003): Are shareholder dividend taxes on corporate retained earnings impounded in equity prices? Additional evidence and analysis, in: Journal of Accounting and Economics 2003, S. 179–200

Dhaliwal, Dan et al. (2005): Dividend taxes and implied cost of equity capital, in: Journal of Accounting Research 2005, S. 675–708

Diekmann, Andreas (2008): Soziologie und Ökonomie: Der Beitrag experimenteller Wirtschaftsforschung zur Sozialtheorie, in: Kölner Zeitschrift für Soziologie und Sozialpsychologie 2008, S. 528–550

Diekmann, Andreas (2011): Empirische Sozialforschung, 5. Aufl., Reinbek 2011

Ditz, Xaver (2001): Die Bedeutung der US-GAAP für die steuerliche Gewinnermittlung in den USA, in: Internationales Steuerrecht 2001, S. 22–30

Quellenverzeichnis

Dopuch, Nicholas/Pincus, Morton (1988): Evidence of the choice of inventory accounting methods: LIFO versus FIFO, in: Journal of Accounting Research 1988, S. 28–59

Dubroff, Harold/Cahill, M. Connie/Norris, Michael D. (1983): Tax accounting: The relationship of clear reflection of income to Generally Accepted Accounting Principles, in: Albany Law Review 1983, S. 354–407

Duhem, Pierre (1978): Ziel und Struktur der physikalischen Theorien, Hamburg 1978

Dusenbury, Richard (1994): The effect of payment position on Individual taxpayers' preferences for risky tax-filing options, in: Journal of the American Taxation Association 1994, S. 1–16

Dye, Ronald A. (2001): An evaluation of „essays on disclosure" and the disclosure literature in accounting, in: Journal of Accounting and Economics 2001, S. 181–235

Dyreng, Scott D. (2009) The cost of private debt covenant violation, Working Paper Duke University, Durham 2009

Dyreng, Scott D./Hanlon, Michelle/Maydew, Edward L. (2008): Long-run corporate tax avoidance, in: Accounting Review 2008, S. 61–82

Dyreng, Scott D./Hanlon, Michelle/Maydew, Edward L. (2010): The effects of executives on corporate tax avoidance, in: Accounting Review 2010, S. 1163–1189

EAA (2008): European Accounting Association, Call for Papers, 32nd Annual Congress, Tampere 12–15 May 2009, URL: http://eaa2009.eaa-online.org/r/default.asp?iId=EDIKLG, Abruf am: 04.06.2012

Earl, Peter E. (2005): Economics and psychology in the twenty-first century, in: Cambridge Journal of Economics 2005, S. 909–926

Edgerton, Jesse (2011): Investment, accounting, and the salience of the corporate income tax, Working Paper Federal Reserve Board, Washington, D.C. 2011

Eichhorn, Wolfgang (1979): Modelle und Theorien in den Wirtschaftswissenschaften, in: Raffée, H./Abel, B. (Hrsg.): Wissenschaftstheoretische Grundfragen der Wirtschaftswissenschaften, München 1979, S. 60–104

Eisenführ, Franz/Weber, Martin/Langer, Thomas (2010): Rationales Entscheiden, 5. Aufl., Heidelberg et al. 2010

Eisenhardt, Kathleen M. (1989): Agency theory: An assessment and review, in: Academy of Management Review 1989, S. 57–74

Elffers, Henk/Hessing, Dick J. (1997): Influencing the prospects of tax evasion, in: Journal of Economic Psychology 1997, S. 289–304

Elliott, W. Brooke et al. (2007): Are M.B.A. students a good proxy for nonprofessional investors?, in: Accounting Review 2007, S. 139–168

Ellison, Glenn (2002): Evolving standards for academic publishing: A q-r theory, in: Journal of Public Economy 2002, S. 994–1034

Elster, Jon (1989): Social norms and economic theory, in: Journal of Economic Perspectives 1989, S. 99–117

Engel, Ellen/Erickson, Merle/Maydew, Edward (1999): Debt-equity hybrid securities, in: Journal of Accounting Research 1999, S. 249–274

Englebrecht, Ted D./Iyer, Govind S./Patterson, Denise M. (1994): An empirical investigation of the publication productivity of promoted accounting faculty, in: Accounting Horizons 1994, S. 45–68

Enis, Charles R. (1991): Preface, in: Enis, C.R. (Hrsg.): A guide to tax research methodologies, Sarasota 1991, S. VI–IX

Erickson, Merle (1998): The effect of taxes on the structure of corporate acquisitions, in: Journal of Accounting Research 1998, S. 279–298

Erickson, Merle/Maydew, Edward L. (1998): Implicit taxes in high dividend yield stocks, in: Accounting Review 1998, S. 435–458

Erickson, Merle/Wang, Shiing-wu (2000): The effect of transaction structure on price: Evidence from subsidiary sales, in: Journal of Accounting and Economics 2000, S. 59–97

Erickson, Merle/Wang, Shiing-wu (2007): Tax benefits as a source of merger premiums in acquisitions of private corporations, in: Accounting Review 2007, S. 359–387

Erickson, Merle/Hanlon, Michelle/Maydew, Edward L. (2004): How much will firms pay for earnings that do not exist? Evidence of taxes paid on allegedly fraudulent earnings, in: Accounting Review 2004, S. 387–408

Esser, Hartmut/Klenovits, Klaus/Zehnpfennig, Helmut (1977): Wissenschaftstheorie, Grundlagen und Analytische Wissenschaftstheorie, Stuttgart 1977

Fama, Eugen F. (1980): Agency problems and the theory of the firm, in: Journal of Political Economy 1980, S. 288–307

Quellenverzeichnis

Fehr, Ernst (2003): Über Vernunft, Wille und Eigennutz hinaus, in: Fehr, E./ Schwarz, G. (Hrsg.): Psychologische Grundlagen der Ökonomie, Zürich 2003, S. 11–18

Fehr, Ernst/Fischbacher, Urs (2002): Why social preferences matter, in: Economic Journal 2002, S. C1–C33

Fehr, Ernst/Gächter, Simon (1998): Reciprocity and economics: The economic implications of homo reciprocans, in: European Economic Review 1998, S. 845–859

Fehr, Ernst/Schmidt, Klaus M. (1999): A theory of fairness, competition, and cooperation, in: Quarterly Journal of Economics 1999, S. 817–868

Fehr, Ernst/Schmidt, Klaus M. (2006): The economics of fairness, reciprocity and altruism, in: Kolm, S.C./Ythier, J.M. (Hrsg.): Handbook of the economics of giving, altruism and reciprocity, Volume 1, Amsterdam/Oxford 2006, S. 615–691

Fellingham, John C. (2007): Is accounting an academic discipline?, in: Accounting Horizons 2007, S. 159–163

Fiedler, Klaus (1983): Beruhen Bestätigungsfehler nur auf einem Bestätigungsfehler?, in: Psychologische Beiträge 1983, S. 280–286

Fields, Thomas D./Lys, Thomas Z./Vincent, Linda (2001): Empirical research on accounting choice, in: Journal of Accounting and Economics 2001, S. 255–307

Fischer, Lutz/Schneeloch, Dieter/Sigloch, Jochen (1980): Betriebswirtschaftliche Steuerlehre und Steuerberatung, in: Deutsches Steuerrecht 1980, S. 699–705

Fischer, Carol M./Wartick, Martha/Mark, Melvin M. (1992): Detection probability and taxpayer compliance: A review of the literature, in: Journal of Accounting Literature 1992, S. 1–46

Flick, Uwe (2010): Triangulation, in: Mey, G./Mruck, K. (Hrsg.): Handbuch Qualitative Forschung in der Psychologie, Wiesbaden 2010, S. 278–289

Fochmann, Martin/Kiesewetter, Dirk/Sadrieh, Abdolkarim (2012): Investment behavior and the biased perception of limited loss deduction in income taxation, in: Journal of Economic Behavior & Organization 2012, S. 230–242

Fogarty, Timothy J. (2006): Publishing in academic accounting: Practical advice and healthy iconoclasm, in: Hoque, Z. (Hrsg.): Methodological issues in accounting research: Theories and methods, London 2006, S. 515–534

Fogarty, Timothy J./Markarian, Garen (2007): An empirical assessment of the rise and fall of accounting as an academic discipline, in: Issues in Accounting Education 2007, S. 137–161

Frank, Mary M./Rego, Sonja O. (2006): Do managers use the valuation allowance account to manage earnings around certain earnings targets?, in: Journal of the American Taxation Association 2006, S. 43–65

Frank, Mary M./Lynch, Luann J./Rego, Sonja O. (2009): Tax reporting aggressiveness and its relation to aggressive financial reporting, in: Accounting Review 2009, S. 467–496

Frank, Murray Z./Goyal, Vidhan K. (2008): Trade-off and pecking order theories of debt, in: Eckbo, E.B. (Hrsg.): Handbook of corporate finance, Volume 2, Amsterdam/Oxford 2008, S. 135–202

Frank, Ulrich (2007): Wissenschaftstheorie, in: Köhler, R./Küpper, H./Pfingsten, A. (Hrsg.): Handwörterbuch der Betriebswirtschaft, 6. Aufl., Stuttgart 2007, Sp. 2010–2017

Freedman, Judith (2005): Taxation research as legal research, in: Lamb, M. et al. (Hrsg.): Taxation: An interdisciplinary approach to research, Oxford 2005, S. 13–34

Frey, Bruno S. (1990): Ökonomie ist Sozialwissenschaft, München 1990

Frey, Bruno S./Benz, Matthias (2004): From imperialism to inspiration, in: Davis, J.B./Marciano, A./Runde, J. (Hrsg.): The Elgar companion to economics and philosophy, Cheltenham/Northampton 2004, S. 61–83

Frey, Bruno S./Stutzer, Alois (2007): Economics and psychology: Developments and issues, in: Frey, B.S./Stutzer, A. (Hrsg.): Economics and psychology, Cambridge/London 2007, S. 3–15

Frey, Bruno S./Torgler, Benno (2007): Tax morale and conditional cooperation, in: Journal of Comparative Economics 2007, S. 136–159

Friedman, Milton (1953): Essays in positive economics, Chicago 1953

Frischmann, Peter J./Shevlin, Terry/Wilson, Ryan (2008): Economic consequences of increasing the conformity in accounting for uncertain tax benefits, in: Journal of Accounting and Economics 2008, S. 261–278

Frydman, Roman/Goldberg, Michael D. (2007): Imperfect knowledge economics, Princeton/Oxford 2007

Quellenverzeichnis

Fudenberg, Drew (2006): Advancing beyond advances in behavioral economics, in: Journal of Economic Literature 2006, S. 694–711

Fülbier, Rolf U. (2004): Wissenschaftstheorie und Betriebswirtschaftslehre, in: Wirtschaftswissenschaftliches Studium 2004, S. 266–271

Fülbier, Rolf U./Weller, Manuel (2008): Normative Rechnungslegungsforschung im Abseits? Einige wissenschaftstheoretische Anmerkungen, in: Journal for General Philosophy of Science, S. 351–382

Fülbier, Rolf U./Weller, Manuel (2011): A glance at German financial accounting research between 1950 and 2005: A publication and citation analysis, in: Schmalenbach Business Review 2011, S. 2–33

Gadenne, Volker (1984): Theorie und Erfahrung in der psychologischen Forschung, Tübingen 1984

Gadenne, Volker (1998): Spielarten des Duhem-Quine-Problems, in: Logos 1998, S. 117–148

Gadenne, Volker (2002): Hat der kritische Rationalismus noch etwas zu lehren?, in: Böhm, J.M./Holweg, H./Hoock, C. (Hrsg.): Karl Poppers kritischer Rationalismus heute, Tübingen 2002, S. 58–78

Gadenne, Volker (2005): Wozu normative Wissenschaftstheorie? Zur Notwendigkeit und Rechtfertigung von Rationalitätsprinzipien in der Wissenschaft, in: Gesang, B. (Hrsg.): Deskriptive oder normative Wissenschaftstheorie?, Heusenstamm 2005, S. 31–47

Gadenne, Volker (2006): Empirische Forschung und normative Wissenschaftstheorie. Was bleibt von der Methodologie des kritischen Rationalismus?, in: Diekmann, A. (Hrsg.): Methoden der Sozialforschung, Wiesbaden 2006, S. 33–50

Gaensslen, Herman/Schübo, Werner (1976): Einfache und komplexe statistische Analyse, 2. Aufl., München 1976

Gaffikin, Michael (2006): The critique of accounting theory, Accounting & Finance Working Paper 06/25, University of Wollongong, School of Accounting & Finance, Wollongong 2006

Gaffikin, Michael (2007): Accounting research and theory: The age of neo-empiricism, in: Australasian Accounting Business and Finance Journal 2007, S. 1–17

Gardner, Robert L./Stewart, Dave N./Worsham, Ronald G. (2000): Tax research techniques, 5. Aufl., New York 2000

Quellenverzeichnis

Gensler, Sonja/Skiera, Bernd/Böhm, Martin (2005): Einsatzmöglichkeiten der Matching Methode zur Berücksichtigung von Selbstselektion, in: Journal für Betriebswirtschaft 2005, S. 37–62

Gentry, William M. (2007): The future of tax research: A mostly economics perspective, in: Journal of the American Taxation Association 2007, S. 95–105

Gentry, William M./Kemsley, Deen/Mayer, Christopher J. (2003): Dividend taxes and share prices: Evidence from real estate investment trusts, in: Journal of Finance 2003, S. 261–282

Gertzman, Stephen F. (2007): Tax accounting, 2007 Student Edition, Valhalla 2007

Gethmann, Carl F. (2004): Realismus, kritischer, in: Mittelstraß, J. (Hrsg.): Enzyklopädie Philosophie und Wissenschaftstheorie, Band 3, Sonderausgabe, Stuttgart/Weimar 2004, S. 504–505

Gigerenzer, Gerd (1996): On narrow norms and vague heuristics, in: Psychological Review 1996, S. 592–596

Gillenkirch, Robert M./Arnold, Markus (2008): State of the Art des Behavioral Accounting, in: Wirtschaftswissenschaftliches Studium 2008, S. 128–134

Gilovich, Thomas/Griffin, Dale (2002): Introduction, in: Gilovich, T./Griffin, D./Kahneman, D. (Hrsg.): Heuristics and biases, Cambridge et al. 2002, S. 1–18

Gilovich, Thomas/Griffin, Dale (2010): Judgment and decision making, in: Fiske, S.T./Gilbert, D.T./Lindzey, G. (Hrsg.): Handbook of social psychology, Volume 1, 5. Aufl., Hoboken 2010, S. 542–588

Gilovich, Thomas/Griffin, Dale/Kahneman, Daniel (Hrsg.) (2002): Heuristics and biases, Cambridge et al. 2002

Godfrey, Jayne et al. (2010): Accounting theory, 7. Aufl., Milton 2010

Göbel, Elisabeth (2002): Neue Institutionenökonomik, Stuttgart 2002

Goldstein, William M./Hogarth, Robin M. (1997): Judgment and decision research: Some historical context, in: Goldstein, W.M./Hogarth, R.M. (Hrsg.): Research on judgment and decision making, Cambridge/New York/Oakleigh 1997, S. 3–65

Gompes, Paul/Ishii, Joy/Metrick, Andrew (2003): Corporate governance and equity prices, in: Quarterly Journal of Economics 2003, S. 107–155

Gordon, Teresa P./Porter, Jason C. (2009): Reading and understanding academic research in accounting: A guide for students, in: Global Perspectives on Accounting Education 2009, S. 25–45

Gourio, Francois/Miao, Jianjun (2010): From heterogeneity and the long-run effects of dividend tax reform, in: American Economic Journal: Macroeconomics 2010, S. 131–168

Graham, John R. (1996a): Debt and the marginal tax rate, in: Journal of Financial Economics 1996, S 41–73

Graham, John R. (1996b): Proxies for the corporate marginal tax rate, in: Journal of Financial Economics 1996, S. 187–221

Graham, John R. (2003): Taxes and corporate finance: A review, in: Review of Financial Studies 2003, S. 1075–1129

Graham, John R. (2008): Taxes and corporate finance, in: Eckbo, E.B. (Hrsg.): Handbook of corporate finance, Volume 2, Amsterdam/Oxford 2008, S. 59–133

Graham, John R./Leary, Mark T. (2011): A review of empirical capital structure research and directions for the future, in: Annual Review of Financial Economics 2001, S. 309–345

Graham, John R./Lemmon, Michael L. (1998): Measuring corporate tax rates and tax incentives: A new approach, in: Journal of Applied Corporate Finance 1998, S. 54–65

Graham, John R./Mills, Lillian F. (2008): Using tax return data to simulate corporate tax rates, in: Journal of Accounting and Economics 2008, S. 366–388

Graham, John R./Hanlon, Michelle/Shevlin, Terry (2011): Real effects of accounting rules: Evidence from multinational firms' investment location and profit repatriation decisions, in: Journal of Accounting Research 2011, S. 137–185

Graham, John R./Harvey, Campbell R./Rajgopal, Shiva (2005): The economic implications of corporate financial reporting, in: Journal of Accounting and Economics 2005, S. 3–73

Graham, John R./Lang, Mark H./Shackelford, Douglas A. (2004): Employee stock options, corporate taxes, and debt policy, in: Journal of Finance 2004, S. 1585–1618

Graham, John R./Raedy, Jana S./Shackelford, Douglas A. (2012): Research in accounting for income taxes, in: Journal of Accounting and Economics 2011, S. 412–434

Quellenverzeichnis

Green, Richard C./Hollifield, Burton (2003): The personal-tax advantages of equity, in: Journal of Financial Economics 2003, S. 175–216

Greene, William H. (2012): Econometric analysis, 7. Aufl., Boston et al. 2012

Guala, Francesco/Mittone, Luigi (2005): Experiments in economics: External validity and the robustness of phenomena, in: Journal of Economic Methodology 2005, S. 495–515

Guenther, David A. (1992): Taxes and organizational form: A comparison of corporations and master limited partnerships, in: Accounting Review 1992, S. 17–45

Güth, Werner (2008): (Non)Behavioral economics, in: Zeitschrift für Psychologie 2008, S. 244–253

Güth, Werner/Kliemt, Harmut (2003): Experimentelle Ökonomik, in: Held, M./Kubon-Gilke, G./Sturn, R. (Hrsg.): Normative und institutionelle Grundfragen der Ökonomik, Marburg 2003, S. 315–342

Güth, Werner/Schmittberger, Rolf/Schwarze, Bernd (1982): An experimental analysis of ultimatum bargaining, in: Journal of Economic Behavior and Organization 1982, S. 367–388

Gupta, Sanjay/Mills, Lillian F. (2002): Corporate multistate tax planning: Benefits of multiple jurisdictions, in: Journal of Accounting and Economics 2002, S. 117–139

Haase, Michaela (2006): Wissenschaftstheoretische Begriffe wissenschaftlichen Fortschritts und ihre Relevanz für die Betriebswirtschaftslehre, in: Zelewski, S./ Akca, N. (Hrsg.): Fortschritt in den Wirtschaftswissenschaften, Wiesbaden 2006, S. 49–84

Haase, Michaela (2008): Wissenschaftstheorie, Schulen der, in: Corsten, H./ Gössinger, R. (Hrsg.): Lexikon der Betriebswirtschaftslehre, 5. Aufl., München 2008, S. 920–924

Haberstock, Lothar/Breithecker, Volker (2010): Einführung in die Betriebswirtschaftliche Steuerlehre, 15. Aufl., Berlin 2010

Hageman, Amy M. (2008): A review of the strengths and weaknesses of archival, behavioral, and qualitative research Methods: Recognizing the potential benefits of triangulation, in: Advances in Accounting Behavioral Research 2008, S. 1–30

Hahn, William (2007): Accounting research: An analysis of theories explored in doctoral dissertations and their applicability to systems theory, in: Accounting Forum 2007, S. 305–322

Quellenverzeichnis

Haller, Axel (1988): Das Verhältnis von steuerrechtlicher und „handelsrechtlicher" Rechnungslegung in den USA, in: Die Betriebswirtschaft 1988, S. 723–733

Haller, Axel (1994a): Die Grundlagen der externen Rechnungslegung in den USA, 4. Aufl., Stuttgart 1994

Haller, Axel (1994b): Positive accounting theory, in: Die Betriebswirtschaft 1994, S. 597–612

Halperin, Robert (1991): Analytical methodology in tax research, in: Enis, C.R. (Hrsg.): A guide to tax research methodologies, Sarasota 1991, S. 1–13

Halperin, Robert/Kwon, Young K./Rhoades-Catanach, Shelley C. (2001): The impact of deductibility limits on compensation contracts: A theoretical examination, in: Journal of the American Taxation Association 2001, S. 52–65

Hands, D. Wade (2001): Reflection without rules, Cambridge et al. 2001

Hands, D. Wade (2010): Economics, psychology and their history of consumer choice theory, in: Cambridge Journal of Economics 2010, S. 633–648

Hanlon, Michelle (2003): What can we infer about a firm's taxable income from its financial statements?, in: National Tax Journal 2003, S. 831–863

Hanlon, Michelle (2005): The persistence and pricing of earnings, accruals, and cash flows when firms have large book-tax differences, in: Accounting Review 2005, S. 137–166

Hanlon, Michelle/Heitzman, Shane (2010): A review of tax research, in: Journal of Accounting and Economics 2010, S. 127–178

Hanlon, Michelle/Shevlin, Terry (2002): Accounting for tax benefits of employee stock options and implications for research, in: Accounting Horizons 2002, S. 1–16

Hanlon, Michelle/Slemrod, Joel (2009): What does tax aggressiveness signal? Evidence from stock price reactions to news about tax shelter involvement, in: Journal of Public Economics 2009, S. 126–141

Hanlon, Michelle/Laplante, Stacie K./Shevlin, Terry (2005): Evidence for the possible information loss of conforming book income and taxable income, in: Journal of Law and Economics 2005, S. 407–442

Hanlon, Michelle/Mills, Lillian/Slemrod, Joel (2007): An empirical examination of corporate tax noncompliance, in: Auerbach, J./Hines, J.R./Slemrod, J. (Hrsg.): Taxing corporate income in the 21st century, Cambridge et al. 2007, S. 171–210

Hanlon, Michelle/Myers, James N./Shevlin, Terry (2003): Dividend taxes and firm valuation: A re-examination, in: Journal of Accounting and Economics 2003, S. 119–153

Hanno, Dennis M./Violette, George G. (1996): An analysis of moral and social influences on taxpayer behavior, in: Behavioral Research in Accounting 1996, S. 57–75

Hansen, Victoria J./White, Richard A. (2012): An investigation of the impact of preparer penalty provisions on tax preparer aggressiveness, in: Journal of the American Taxation Association 2012, S. 137–165

Harris, Trevor S./Kemsley, Deen (1999): Dividend taxation in firm valuation, New evidence, in: Journal of Accounting Research 1999, S. 275–291

Hasseldine, John (2005): Behavioural studies of tax practice, in: Lamb, M. et al. (Hrsg.): Taxation: An interdisciplinary approach to research, Oxford 2005, S. 139–151

Hasseldine, John/Li, Zhuhong (1999): More tax evasion research required in new millennium, in: Crime, Law and Social Change 1999, S. 91–104

Hassett, Kevin A./Hubbard, Glenn R. (2002): Tax policy and business investment, in: Auerbach, A.J./Feldstein, M. (Hrsg.): Handbook of public economics, Volume 3, Amsterdam 2002, S. 1293–1343

Hassett, Kevin A./Newmark, Kathryn (2008): Taxation and business behavior: A review of the recent literature, in: Diamond, J.W./Zodrow, G.R. (Hrsg.): Fundamental tax reform: Issues, choices, and implications, Cambridge/London 2008, S. 191–213

Hastie, Reid/Dawes, Robyn M. (2010): Rational choice in an uncertain world: The psychology of judgment and decision making, 2. Aufl., Los Angeles et al. 2010

Hausman, Daniel M. (1988): An appraisal of Popperian methodology, in: de Marchi, N. (Hrsg.): The Popperian legacy in economics, Cambridge et al. 1988, S. 65–85

Healy, Paul M./Wahlen, James M. (1999): A review of the earnings management literature and its implications for standard setting, in: Accounting Horizons 1999, S. 365–383

Heck, Jean L./Jensen, Robert E. (2007): An analysis of the evolution of research contributions by the Accounting Review, 1926–2005, in: Accounting Historians Journal 2007, S. 109–141

Quellenverzeichnis

Heinen, Edmund (1969): Zum Wissenschaftsprogramm der entscheidungsorientierten Betriebswirtschaftslehre, in: Zeitschrift für Betriebswirtschaftslehre 1969, S. 207–220

Heinen, Edmund (1985): Einführung in die Betriebswirtschaftslehre, 9. Aufl., Wiesbaden 1985

Herzig, Norbert (2002): Steuern – Betriebswirtschaftliche Steuerlehre: Von der Verrechnungslehre zur ökonomischen Analyse der Besteuerung, in: Gaugler, E./Köhler, R. (Hrsg.): Entwicklungen der Betriebswirtschaftslehre, Stuttgart 2002, S. 459–473

Hempel, Carl G./Oppenheim, Paul (1948): Studies in the logic of explanation, in: Philosophy of Science 1948, S. 135–175

Hirshleifer, Jack (1985): The expanding domain of economics, in: American Economic Review 1985, S. 53–68

Hite, Peggy/McGill, Garry A. (1992): An examination of taxpayer preference for aggressive tax advice, in: National Tax Journal 1992, S. 389–403

Hite, Peggy/Sawyer, Adrian (1998): An investigation of tax preparer effects on the decision-making process of government investigators, in: Advances in Taxation 1998, S. 145–166

Hite, Peggy et al. (2003): Tax practitioners and tax compliance, in: Lymer, A./Salter, D. (Hrsg.): Contemporary issues in taxation research, Aldershot/Burlington 2003, S. 17–43

Ho, Teck H./Lim, Noah/Camerer, Colin F. (2006): Modeling the psychology of consumer and firm behavior with behavioral economics, in: Journal of Marketing Research 2006, S. 307–331

Hodder, Leslie/McAnally, Mary L./Weaver, Connie D. (2003): The influence of tax and nontax factors on banks' choice of organizational form, in: Accounting Review 2003, S. 297–325

Hoffman, William H. et al. (2012): Corporations, partnerships, estates & trusts, Mason 2012

Hogarth, Robin (1987): Judgement and choice, 2. Aufl., Chichester et al. 1987

Hogarth, Robin (1993): Accounting for decisions and decisions for accounting, in: Accounting, Organizations and Society 1993, S. 407–424

Quellenverzeichnis

Holland, Kevin (2005): Taxation and capital markets, in: Lamb, M. et al. (Hrsg.): Taxation: An interdisciplinary approach to research, Oxford 2005, S. 237–248

Holland, Kevin/Mawani, Amin/Lymer, Andrew (2005): Empirical sources for tax research, in: Lamb, M. et al. (Hrsg.): Taxation: An interdisciplinary approach to research, Oxford 2005, S. 305–308

Homburg, Christian (1999): Die Rolle der deutschen Betriebswirtschaftslehre im internationalen Vergleich, in: Lingenfelder, M. (Hrsg.): 100 Jahre Betriebswirtschaftslehre in Deutschland, München 1999, S. 195–212

Homburg, Christian (2007): Betriebswirtschaftslehre als empirische Wissenschaft, in: Gerum, E./Schreyögg, G. (Hrsg.): Zukunft der Betriebswirtschaftslehre, Düsseldorf 2007, S. 27–60

Hopwood, Anthony G. (2002): If only there were simple solutions, but there aren't: Some reflections on Zimmerman's critique of empirical management accounting research, in: European Accounting Review 2002, S. 777–785

Hopwood, Anthony G. (2007): Whither accounting research, in: Accounting Review 2007, S. 1365–1374

Hubbard, Raymond/Vetter, Daniel E. (1996): An empirical comparison of published replication research in accounting, economics, finance, management, and marketing, in: Journal of Business Research 1996, S. 153–164

Hüsing, Silke (1999): Subjektive Steuerwirkungen und ihre Implikationen für die Betriebswirtschaftliche Steuerlehre, Berlin 1999

Hull, Rita P./Wright, Gail B. (1990): Faculty perceptions of journal quality: An update, in: Accounting Horizons 1990, S. 77–98

Humphrey, Christopher (2008): Auditing research: A review across the disciplinary divide, in: Accounting, Auditing & Accountability Journal 2008, S. 170–203

Hundsdoerfer, Jochen/Sichtmann, Christina (2009): The importance of taxes in entrepreneurial decisions: An analysis of practicing physicians' behavior, in: Review of Managerial Science 2009, S. 19–40

Hundsdoerfer, Jochen/Kiesewetter, Dirk/Sureth, Caren (2008): Forschungsergebnisse in der Betriebswirtschaftlichen Steuerlehre, in: Zeitschrift für Betriebswirtschaft 2008, S. 61–139

Hutchison, Paul D./White, Craig G. (2003): The Journal of the American Taxation Association 1979–2000: Content, participation, and citation analyses, in: Journal of the American Taxation Association 2003, S. 100–121

Quellenverzeichnis

Hutchison, Paul D./White, Craig G. (2004): Academic tax articles: Productivity and participation analyses 1980–2000, in: Advances in Taxation 2004, S. 181–197

Inanga, Eno L./Schneider W. Bruce (2005): The failure of accounting research to improve accounting practice: A problem of theory and lack of communication, in: Critical Perspectives on Accounting 2005, S. 227–248

Iyer, Govind S./Reckers, Philip M.J./Sanders, Debra L. (2010): A field experiment to explore the effects of detection and penalties communications and framing among Washington State retail firms, in: Advances in Accounting 2010, S. 236–245

Jackson, Betty R./Milliron, Valerie C. (1986): Tax compliance research: Findings, problems, and prospects, in: Journal of Accounting Literature 1986, S. 125–165

Jackson, Scott B./Hatfield, Richard C. (2005): A note on the relation between frames, perceptions, and taxpayer behavior, in: Contemporary Accounting Research 2005, S. 145–164

Jackson, Scott et al. (2005): Taxpayers' prepayment positions and tax return preparation fees, in: Contemporary Accounting Research 2005, S. 409–447

James, Simon (2005): Taxation research as economic research, in: Lamb, M. et al. (Hrsg.): Taxation: An interdisciplinary approach to research, Oxford 2005, S. 35–53

James, Simon (2006): Taxation and the contribution of behavioral economics, in: Altman, M. (Hrsg.): Handbook of contemporary behavioral economics, Armonk/London 2006, S. 589–601

James, Simon/Alley, Clinton (2002): Tax compliance, self-assessment and tax administration, in: Journal of Finance and Management in Public Services 2002, S. 27–42

Janich, Peter/Kambartel, Friedrich/Mittelstraß, Jürgen (1974): Wissenschaftstheorie als Wissenschaftskritik, Frankfurt am Main 1974

Jacob, John (1996): Taxes and transfer pricing: Income shifting and the volume of intrafirm transfers, in: Journal of Accounting Research 1996, S. 301–312

Jacobs, Otto (2004): Stand und Entwicklungstendenzen der Betriebswirtschaftlichen Steuerlehre, in: Steuer und Wirtschaft 2004, S. 251–259

Jarvie, Ian C. (2001): The republic of science, Amsterdam/Atlanta 2001

Jensen, Michael C. (1976): Reflections on the state of accounting research and the regulation of accounting, Stanford lectures in accounting 1976, Graduate School of Business, Stanford University, Palo Alto, California, URL: http://papers.ssrn.com/sol3/Delivery.cfm/SSRN_ID922581_code9.pdf?abstractid =321522&mirid=1, Abruf am: 24.06.2011

Jenson, Michael C./Meckling, William H. (1976): Theory of the firm: Managerial behavior, agency costs and ownership structure, in: Journal of Financial Economics 1976, S. 305–360

Jesch, Thomas A./Striegel, Andreas (2007): Grundlagen des US-amerikanischen Steuerrechts, Berlin 2007

Johnson, Burke (2001): Toward a new classification of nonexperimental quantitative research, in: Educational Researcher 2001, S. 3–13

Johnson, Linda M. (1993): An empirical investigation of the effects of advocacy on preparers' evaluations of judicial evidence, in: Journal of the American Taxation Association 1993, S. 1–22

Johnson, Marilyn/Nabar, Sandeep/Porter, Susan (1999): Determinants of corporate response to section 162(m), Working Paper University of Michigan, Ann Arbor 1999

Johnson, W. Bruce/Dhaliwal, Dan S. (1988): LIFO Abandonment, in: Journal of Accounting Research 1988, S. 236–272

Jungermann, Helmut/Pfister, Hans-Rüdiger/Fischer, Katrin (2010): Die Psychologie der Entscheidung, 3. Aufl., Heidelberg 2010

Kabir, M. Humayun (2010): Positive accounting theory and science, in: Journal of Centrum Cathedra 2010, S. 136–149

Kachelmeier, Steven J. (2009): Annual report and editorial commentary for The Accounting Review, in: Accounting Review 2009, S. 2047–2075

Kachelmeier, Steven J. (2010): Annual report and editorial commentary for The Accounting Review, in: Accounting Review 2010, S. 2173–2203

Kachelmeier, Steven J. (2011): Annual report and editorial commentary for The Accounting Review, in: Accounting Review 2011, S. 2197–2233

Kachelmeier, Steven J./King, Ronald R. (2002): Using laboratory experiments to evaluate accounting policy issues, in: Accounting Horizons 2002, S. 219–232

Quellenverzeichnis

Kadous, Kathryn/Magro, Anne M./Spilker, Brian C. (2008): Do effects of client preference on accounting professionals' information search and subsequent judgment persist with high practice risk?, in: Accounting Review 2008, S. 133–156

Kahle, Holger (1997): Steuerliche Konsequenzen der Trennung handels- und steuerrechtlicher Rechnungslegung in den USA, in: Steuer und Wirtschaft 1997, S. 323–332

Kahle, Holger (1999): Zur Bedeutung der US-GAAP für die steuerliche Gewinnermittlung in den USA, in: Steuern und Bilanzen 1999, S. 1145–1151

Kahneman, Daniel (1991): Judgment and decision making: A personal view, in: Psychological Science 1991, S. 142–145

Kahneman, Daniel (2003a): A psychological perspective on economics, in: American Economic Review 2003, S. 162–168

Kahneman, Daniel (2003b): Maps of bounded rationality, in: American Economic Review 2003, S. 1449–1475

Kahneman, Daniel/Tversky, Amos (1973): On the psychology of prediction, in: Psychological Review 1973, S. 237–251

Kahneman, Daniel/Tversky, Amos (1979): Prospect theory, in: Econometrica 1979, S. 263–291

Kahneman, Daniel/Tversky, Amos (1984): Choices, values, and frames, in: American Psychologist 1984, S. 341–350

Kahneman, Daniel/Knetsch, Jack L./Thaler, Richard H. (1991): The endowment effect, loss aversion, and status quo bias, in: Journal of Economic Perspectives 1991, S. 193–206

Kahneman, Daniel/Slovic, Paul/Tversky, Amos (Hrsg.) (1982): Judgment under uncertainty, Cambridge/New York/Melbourne 1982

Kaplan, Steven E./Newberry, Kaye J./Reckers, Philip M.J. (1997): The effect of moral reasoning and educational communications on tax evasion intentions, in: Journal of the American Taxation Association 1997, S. 38–54

Kaplow, Louis (2008): The theory of taxation and public economics, Princeton/Oxford 2008

Kerlinger, Fred N./Lee, Howard B. (2000): Foundations of behavioral research, 4. Aufl., Singapore et al. 2000

Quellenverzeichnis

Kern, Manfred (1979): Kritischer Rationalismus und Wirtschaftswissenschaften, in: Raffée, H./Abel, B. (Hrsg.): Wissenschaftstheoretische Grundfragen der Wirtschaftswissenschaften, München 1979, S. 11–27

Keynes, John Neville (1917): The scope and method of political economy, 4. Aufl., London 1917

Kim, Chung K./Evans, John H./Moser, Donald V. (2005): Economic and equity effects on tax reporting decisions, in: Accounting, Organizations and Society 2005, S. 609–625

Kim, Jeong-Bon/Li, Yinghua/Zhang, Liandong (2011): Corporate tax avoidance and stock price crash risk: Firm-level analysis, in: Journal of Financial Economics 2011, S. 639–662

Kinney, William R. (1986): Empirical accounting research design for Ph.D. students, in: Accounting Review 1986, S. 338–350

Kinney, William R. (2001): Accounting scholarship: What is uniquely ours?, in: Accounting Review 2001, S. 275–284

Kinney, William R. (2003): New accounting scholars – Does it matter what we teach them?, in: Issues in Accounting Education 2003, S. 37–47

Kirchgässner, Gebhard (1982): Zwischen Dogma und Dogmatismusvorwurf, in: Jahrbuch für Sozialwissenschaft 1982, S. 64–91

Kirchgässner, Gebhard (2008): Homo Oeconomicus, 3. Aufl., Tübingen 2008

Kirchler, Erich (2007): The economic psychology of tax behaviour, Cambridge et al. 2007

Kirchler, Erich/Maciejovsky, Boris (2007): Steuermoral und Steuerhinterziehung, in: Frey, D./Rosenstiel, L. (Hrsg.): Wirtschaftspsychologie, Göttingen et al. 2007, S. 203–234

Kirchler, Erich et al. (2010): Why pay taxes? A review of tax compliance decisions, in: Alm, J./Martinez-Vasquez, J./Torgler, B. (Hrsg.): Developing alternative frameworks for explaining tax compliance, Abingdon/New York 2010, S. 15–31

Klassen, Kenneth J. (1997): The impact of inside ownership concentration on the trade-off between financial and tax reporting, in: Accounting Review 1997, S. 455–474

Quellenverzeichnis

Klassen, Kenneth J./Shackelford, Douglas A. (1998): State and provincial corporate tax planning: Income shifting and sales apportionment factor management, in: Journal of Accounting and Economics 1998, S. 385–406

Klassen, Kenneth/Lang, Mark/Wolfson, Mark (1993): Geographic income shifting by multinational corporations in response to tax rate changes, in: Journal of Accounting Research 1993, S. 141–173

Klayman, Joshua (1995): Varieties of confirmation bias, in: Busemeyer, J./Hastie R./Medin, D.L. (Hrsg.): Decision making from a cognitive perspective, San Diego et al. 1995, S. 385–418

Klein, Peter (1999): The capital gain lock-in effect and equilibrium returns, in: Journal of Public Economics 1999, S. 355–378

Klepper, Steven/Mazur, Mark/Nagin, Daniel (1991): Expert intermediaries and legal compliance: The case of tax preparers, in: Journal of Law & Economics 1991, S. 205–229

Klose, Wolfgang (1994): Ökonomische Analyse von Entscheidungsanomalien, Frankfurt am Main 1994

Knott, Alvin D./Rosenfeld, Jacob D. (2003): Book and tax: A selective exploration of two parallel universes, in: Tax Notes 2003, S. 865–897 und S. 1043–1080

Köhler, Richard/Küpper, Hans-Ulrich/Pfingsten, Andreas (2007): Betriebswirtschaftslehre, in: Köhler, R./Küpper, H./Pfingsten, A. (Hrsg.): Handwörterbuch der Betriebswirtschaft, 6. Aufl., Stuttgart 2007, Sp. 134–160

König, Rolf (2004): Theoriegestützte betriebswirtschaftliche Steuerwirkungs- und Steuerplanungslehre, in: Steuer und Wirtschaft 2004, S. 260–266

Kohl, Stephan/Fludernik, Monika/Zapf, Hubert (2000): Vorbild Nordamerika? Anmerkungen zu einem problematischen Vergleich, in: Forschung & Lehre 2000, S. 302–305

Kopp, Johannes (1995): Zur Stabilität von framing-Effekten bei Entscheidungssituationen, in: Zeitschrift für Sozialpsychologie 1995, S. 107–118

Koonce, Lisa/Mercer, Molly (2005): Using psychology in archival financial accounting research, in: Journal of Accounting Literature 2005, S. 175–214

Kotchetova, Natalia/Salterio, Steven (2004): Judgment and decision-making accounting research, in: Koehler, D.J./Harvey, N. (Hrsg.): Blackwell handbook of judgment and decision making, Malden/Oxford/Carlton 2004, S. 547–566

Quellenverzeichnis

Kothari, S.P. (2001): Capital markets research in accounting, in: Journal of Accounting and Economics 2001, S. 105–231

Kothari, S.P./Ramanna, Karthik/Skinner, Douglas J. (2010): Implications for GAAP from an analysis of positive research in accounting, in: Journal of Accounting and Economics 2010, S. 246–286

Kozub, Robert M./Sanders, Debra L./Raabe, Williams A. (1990): Measuring tax faculty research publication records, in: Journal of the American Taxation Association 1990, S. 94–101

Kraft, Victor (1960): Erkenntnislehre, Wien 1960

Kretschmann, Jürgen (1990): Die Diffusion des kritischen Rationalismus in der Betriebswirtschaftslehre, Stuttgart 1990

Kromrey, Helmut (2009): Empirische Sozialforschung, 12. Aufl., Stuttgart 2009

Krugman, Paul R. (1995): Development, geography, and economic theory, Cambridge/London 1995

Krull, Linda K. (2004): Permanently reinvested foreign earnings, taxes, and earnings management, in: Accounting Review 2004, S. 745–767

Kruschwitz, Lutz/Husmann, Sven (2012): Finanzierung und Investition, 7. Aufl., München 2012

Kubicek, Herbert (1975): Empirische Organisationsforschung, Stuttgart 1975

Kühnel, Steffen-M./Krebs, Dagmar (2010): Statistik für die Sozialwissenschaften, 5. Aufl., Reinbek bei Hamburg 2010

Kußmaul, Heinz (1995): Die Betriebswirtschaftliche Steuerlehre als steuerliche Betriebswirtschaftslehre?, in: Steuer und Wirtschaft 1995, S. 3–14

Lakatos, Imre (1974): Falsifikation und die Methodologie wissenschaftlicher Forschungsprogramme, in: Lakatos, I./Musgrave, A. (Hrsg.): Kritik und Erkenntnisfortschritt, Braunschweig 1974, S. 89–189

Lamb, Margaret (2005a): Interdisciplinary taxation research: An introduction, in: Lamb, M. et al. (Hrsg.): Taxation: An interdisciplinary approach to research, Oxford 2005, S. 3–10

Lamb, Margaret (2005b): Taxation research as accounting research, in: Lamb, M. et al. (Hrsg.): Taxation: An interdisciplinary approach to research, Oxford 2005, S. 55–84

Lamb, Margaret/Lymer, Andrew (1999): Taxation research in an accounting context, in: European Accounting Review 1999, S. 749–776

Landsman, Wayne R./Shackelford, Douglas A. (1995): The lock-in effect of capital gains taxes: Evidence from the RJR Nabisco leveraged buyout, in: National Tax Journal 1995, S. 245–259

Lang, Joachim (2010): § 1 Einführung, in: Tipke, K./Lang, J. (Hrsg.): Steuerrecht, 20. Aufl., Köln 2010, S. 1–20

Lang, Mark H./Shackelford, Douglas A. (2000): Capitalization of capital gains taxes: Evidence from stock price reactions to the 1997 rate reduction, in: Journal of Public Economics 2000, S. 69–85

Lee, Tom (1995): Shaping the US academic accounting research profession: The American Accounting Association and the social construction of a professional elite, in: Critical Perspectives on Accounting 1995, S. 241–261

Lee, Tom (2004): Accounting and auditing research in the United States, in: Humphrey, C./Lee, B. (Hrsg.): The real life guide to accounting research, Amsterdam et al. 2004, S. 57–71

Lev, Baruch/Nissim, Doron (2004): Taxable income, future earnings, and equity values, in: Accounting Review 2004, S. 1039–1074

Levitt, Steven D./List, John A. (2007): What do laboratory experiments measuring social preferences reveal about the real world?, in: Journal of Economic Perspectives 2007, S. 153–174

Libby, Robert/Bloomfield, Robert/Nelson, Mark W. (2002): Experimental research in financial accounting, in: Accounting, Organizations and Society 2002, S. 775–810

Liyanarachchi, Gregory A. (2007): Feasibility of using student subjects in accounting experiments: A review, in: Pacific Accounting Review 2007, S. 47–67

Lischer, Henry J./Märkl, Peter N. (1997): Conformity between financial accounting and tax accounting in the United States and Germany, in: Wirtschaftsprüferkammer Mitteilungen, Sonderheft Juni 1997, S. 91–119

Lisowsky, Petro (2010): Seeking shelter: Empirically modeling tax shelters using financial statement information, in: Accounting Review 2010, S. 1693–1720

Levin, Irwin P./Schneider, Sandra L./Gaeth, Gary J. (1998): All frames are not created equal: A Typology and critical analysis of framing effects, in: Organizational Behavior and Human Decision Processes 1998, S. 149–188

Quellenverzeichnis

Levin, Irwin P./Schnittjer, Sara K./Thee, Shannon L. (1988): Information framing effects in social and personal decisions, in: Journal of Experimental Social Psychology 1988, S. 520–529

Long, Susan B./Parker, James E. (1991): Statistical methods in tax research, in: Enis, C.R. (Hrsg.): A guide to tax research methodologies, Sarasota 1991, S. 14–27

Lorenz, Kuno (2004): Wahrheitstheorien, in: Mittelstraß, J. (Hrsg.): Enzyklopädie Philosophie und Wissenschaftstheorie, Band 4, Sonderausgabe, Stuttgart/Weimar 2004, S. 595–600

Lorenzen, Paul (1974): Konstruktive Wissenschaftstheorie, Frankfurt am Main 1974

Lowensohn, Suzanne/Samelson, Donald P. (2006): An examination of faculty perceptions of academic journal quality within five specialized areas of accounting research, in: Issues in Accounting Education 2006, S. 219–239

Lubell, Myron S./Broden, Barry C. (1975): The masters degree in taxation, in: Accounting Review 1975, S. 170–176

Lukka, Kari/Granlund, Markus (2002): The fragmented communication structure within the accounting academia: the case of activity-based costing research genres, in: Accounting, Organizations and Society 2002, S. 165–190

Machlup, Fritz (1978): Methodology of economics and other social sciences, New York/San Francisco/London 1978

Macnaughton, Alan/Mawani, Amin (2005): Microeconomic approaches to tax research, in: Lamb, M. et al. (Hrsg.): Taxation: An interdisciplinary approach to research, Oxford 2005, S. 167–185

Maines, Laureen A. (1995): Judgment and decision making research in financial accounting: A review and analysis, in: Ashton, R.H./Ashton, A.H. (1995) (Hrsg.): Judgment and decision-making research in accounting and auditing, Cambridge et al. 1995, S. 76–101

Maines, Laureen A./Salamon, Gerald L./Sprinkle, Geoffrey B. (2006): An information economic perspective on experimental research in accounting, in: Behavioral Research in Accounting 2006, S. 85–102

Manstetten, Reiner (2000): Das Menschenbild der Ökonomie, Freiburg/München 2000

Marczyk, Geoffrey/DeMatteo, David/Festinger, David (2005): Essentials of research design and methodology, Hoboken 2005

Quellenverzeichnis

Maroney, James J./Rupert, Timothy J./Anderson, Brenda H. (1998): Taxpayer reaction to perceived inequity: An investigation of indirect effects and the equity-control model, in: Journal of the American Taxation Association 1998, S. 60–77

Marx, Franz J. (2009): Entwicklungen in der Betriebswirtschaftlichen Steuerlehre, in: Steuer und Studium 2009, S. 521–525

Mason, David J./Levy, Linda G. (2001): The use of the latent constructs method in behavioral accounting research: The measurement of client advocacy, in: Advances in Taxation 2001, S. 123–139

Mattessich, Richard V. (1992): On the history of normative accounting theory: Paradigm lost, paradigm regained?, in: Accounting, Business and Financial History 1992, S. 181–198

Mattessich, Richard V. (1995): Conditional-normative accounting methodology: Incorporating value judgments and means-end relations of an applied science, in: Accounting, Organizations and Society 1995, S. 259–284

Mattessich, Richard V. (2002): Accounting schism or synthesis? A challenge for the conditional-normative approach, in: Canadian Accounting Perspectives 2002, S. 185–216

Maydew, Edward L. (2001): Empirical tax research in accounting: A discussion, in: Journal of Accounting and Economics 2001, S. 389–403

McCaffery, Edward J./Slemrod, Joel (Hrsg.) (2006): Behavioral public finance, New York 2006

McGrath, Joseph E. (1982): Dilemmatics, in: McGrath, J.E./Martin, J./Kulka, R.A. (Hrsg.): Judgment calls in research, Beverly Hills/London/New Delhi 1982, S. 69–102

McGuire, Sean/Wang, Dechun/Wilson, Ryan (2011): Dual class ownership and tax avoidance, Working Paper April 2011

McKenzie, Richard B. (2010): Predictably rational?, Berlin/Heidelberg 2010

Meier, Stephan (2007): A survey of economic theories and field evidence on pro-social behavior, in: Frey, B.S./Stutzer, A. (Hrsg.): Economics and psychology, Cambridge/London 2007, S. 51–87

Meinefeld, Werner (1995): Realität und Konstruktion, Opladen 1995

Merchant, Kenneth A./Van der Stede, Wim A. (2006): Field-based research in accounting: Accomplishments and prospects, in: Behavioral Research in Accounting 2006, S. 117–134

Meyer, Bruce D. (1995): Natural and quasi-experiments in economics, in: Journal of Business & Economic Statistics 1995, S. 151–161

Meyer, Wilhem (2002): Grundlagen des ökonomischen Denkens, Tübingen 2002

Mikhail, Michael B. (1999): Coordination of earnings, regulatory capital and taxes in private and public companies, Working Paper MIT, Cambridge 1999

Miljkovic, Dragan (2005): Rational choice and irrational individuals or simply an irrational theory: A critical review of the hypothesis of perfect rationality, in: Journal of Socio-Economics 2005, S. 621–634

Miller, Merton H. (1977): Debt and taxes, in: Journal of Finance 1977, S. 261–275

Mills, Lillian F. (2006): Five things economists and lawyers can learn from accountants: An illustration using the domestic production activities deduction, in: National Tax Journal 2006, S. 585–597

Mills, Lillian F./Newberry, Kaye J. (2001): The influence of tax and nontax costs on book-tax reporting differences: Public and private firms, in: Journal of the American Taxation Association 2001, S. 1–19

Mills, Lillian F./Newberry, Kaye J. (2004): Do foreign multinationals' tax incentives influence their U.S. income reporting and debt policy?, in: National Tax Journal 2004, S. 89–107

Mills, Lillian F./Plesko, George A. (2003): Bridging the reporting gap: A proposal for more informative reconciling of book and tax income, in: National Tax Journal 2003, S. 865–893

Mills, Lillian/Newberry, Kaye/Trautman, William B. (2002): Trends in book-tax income and balance sheet differences, Working Paper June 2002

Mintz, Jack/Smart, Michael (2004): Income shifting, investment, and tax competition: Theory and evidence from provincial taxation in Canada, in: Journal of Public Economics 2004, S. 1149–1168

Mock, Theodore J. (1994): Book review: Research method and methodology in finance and accounting, in: Accounting Review 1994, S. 421–422

Quellenverzeichnis

Modigliani, Franco/Miller, Merton H. (1958): The cost of capital, corporation finance and the theory of investment, in: American Economic Review 1958, S. 261–297

Modigliani, Franco/Miller, Merton H. (1963): Corporate income taxes and the cost of capital: A correction, in: American Economic Review 1963, S. 433–443

Moehrle, Stephen R. et al. (2009): The impact of academic accounting research on professional practice: An analysis by the AAA Research Impact Task Force, in: Accounting Horizons 2009, S. 411–456

Moes, Johannes (2004): USA – Das Maß der PhDinge?, in: Kupfer, A./Moes, J. (Hrsg.): Promovieren in Europa: Ein internationaler Vergleich von Promotionsbedingungen, 2. Aufl., Frankfurt am Main 2004, S. 23–26

Moizer, Peter (2009): Publishing in accounting journals: A fair game?, in: Accounting, Organizations and Society 2009, S. 285–304

Monash University (2012): Accounting and finance databases, URL: http://www.buseco.monash.edu.au/aaf/research/databases/index.html#crsp, Abruf am 22.03.2012

Morgan, Mary S. (1998): Models, in: Davis, J.B./Hands, D.W./Mäki, U. (Hrsg.): Handbook of economic methodology, Cheltenham/Northampton 1998, S. 316–321

Moser, Donald V. (1998): Using an experimental economics approach in behavioral accounting research, in: Behavioral Research in Accounting 1998, S. 94–110

Moser, Donald V./Evans, John H./Kim, Chung K. (1995): The effects of horizontal and exchange inequity on tax reporting decisions, in: Accounting Review 1995, S. 619–634

Mukherji, Arijit (1996): The handbook of experimental economics: A review essay, in: Behavioral Research in Accounting 1996, S. 217–231

Mullainathan, Sendhil/Thaler, Richard H. (2001): Behavioral economics, in: Smelser, N.J./Baltes, P.B. (Hrsg.): International encyclopedia of the social & behavioral sciences, Volume 2, Oxford 2001, S. 1094–1100

Musgrave, Alan (1989): Wissen, in: Seiffert, H./Radnitzky, G. (Hrsg.): Handlexikon zur Wissenschaftstheorie, München 1989, S. 387–391

Musgrave, Alan (1993): Alltagswissen, Wissenschaft und Skeptizismus, Tübingen 1993

Quellenverzeichnis

Myers, Stewart C. (2001): Capital structure, in: Journal of Economic Perspectives 2001, S. 81–102

Neus, Werner/Walter, Andreas (2008): Lines of research in fifty years of corporate financial theory, in: Zeitschrift für Betriebswirtschaft, Special Issue 6/2008, S. 1–38

New York University (2012): Department of accounting – Ph.D. requirements, URL: http://www.stern.nyu.edu/experience-stern/about/departments-centers-initiatives/academic-departments/accounting/academic-programs/phd-overview/phd-requirements/index.htm, Abruf am 11.06.2012

Newberry, Kaye J./Dhaliwal, Dan S. (2001): Cross-jurisdictional income shifting by U.S. multinationals: Evidence from international bond offerings, in: Journal of Accounting Research 2001, S. 643–662

Newberry, Kaye J./Reckers, Philip M.J./Wyndelts, Robert W. (1993): An examination of tax practitioner decisions: The role of preparer sanctions and framing effects associated with client condition, in: Journal of Economic Psychology 1993, S. 439–452

Nickerson, Raymond S. (1998): Confirmation bias: A ubiquitous phenomenon in many guises, in: Review of General Psychology 1998, S. 175–220

Ockenfels, Axel (1999): Fairneß, Reziprozität und Eigennutz, Tübingen 1999

Oler, Derek K./Oler, Mitchell J./Skousen, Christopher J. (2010): Characterizing accounting research, in: Accounting Horizons 2010, S. 635–670

O'Neil, Cherie J./Samelson, Donald P. (2001): Behavioral research in taxation: Recent advances and future prospects, in: Advances in Accounting Behavioral Research 2001, S. 103–139

O'Neil, Cherie J./Cathey, Jack M./Flesher, Tonya K. (1988): An analysis of Ph.D. dissertations in taxation: 1977–1985, in: Issues in Accounting Education 1988, S. 120–130

Opp, Karl-Dieter (1999): Contending conceptions of the theory of rational action, in: Journal of Theoretical Politics 1999, S. 171–202

Opp, Karl-Dieter (2005): Methodologie der Sozialwissenschaften, 6. Aufl., Wiesbaden 2005

Osterloh, Margit (2007): Psychologische Ökonomik: Integration statt Konfrontation, in: Gerum, E./Schreyögg, G. (Hrsg.): Zukunft der Betriebswirtschaftslehre, Düsseldorf 2007, S. 82–111

Quellenverzeichnis

Osterloh, Margit (2008): Psychologische Ökonomik und Betriebswirtschaftslehre: Zwischen Modell-Platonismus und Problemorientierung, Keynote anlässlich der 70. Jahrestagung des Verbands der Hochschullehrer für Betriebswirtschaft an der Freien Universität Berlin 15.–17. Mai 2008, URL: https://www.uzh.ch/iou/orga/ssl-dir/wiki/uploads/Main/Keynote_VHB08_Papier.pdf, Abruf am 04.06.2012

Outslay, Edmund (1995): The state of behavioral tax research: An editor's perspective, in: Davis, J.S. (Hrsg.): Behavioral tax research: Prospects and judgment calls, Sarasota 1995, S. 51–76

Outslay, Edmund et al. (1989): The accounting doctoral program with a concentration in taxation: A report of the 1986–87 American Taxation Association Committee on doctoral program curricula in taxation, in: Journal of the American Taxation Association 1989, S. 94–100

Pähler, Klaus (1986): Qualitätsmerkmale wissenschaftlicher Theorien, Tübingen 1986

Panozzo, Fabrizio (1997): The making of the good academic accountant, in: Accounting, Organizations and Society 1997, S. 447–480

Payne, John W./Bettman, James R./Luce, Mary F. (1998): Behavioral decision research, in: Birnbaum, M.H. (Hrsg.): Measurement, judgment and decision making, San Diego 1998, S. 303–359

Pellens, Bernhard et al. (2011): Internationale Rechnungslegung, 8. Aufl., Stuttgart 2011

Perridon, Louis/Steiner, Manfred/Rathgeber, Andreas W. (2009): Finanzwirtschaft der Unternehmung, 15. Aufl., München 2009

Perry, Tod/Zenner, Marc (2001): Pay for performance? Government regulation and the structure of compensation contracts, in: Journal of Financial Economics 2001, S. 453–488

Pesendorfer, Wolfgang (2006): Behavioral economics comes of age, in: Journal of Economic Literature 2006, S. 712–721

Pforsich, Hugh/Gill, Susan/Sanders, Debra (2010): Probability perceptions and taxpayer decision-making behavior, in: Advances in Taxation 2010, S. 1–27

Phillips, John D. (2003): Corporate tax-planning effectiveness: The role of compensation-based incentives, in: Accounting Review 2003, S. 847–874

Plesko, George A. (2003): An evaluation of alternative measures of corporate tax rates, in: Journal of Accounting and Economics 2003, S. 201–226

Plesko, George A. (2006): Multidisciplinary issues in corporate tax policy, in: National Tax Journal 2006, S. 599–610

Plinke, Wulff (2008): Theoria cum praxi – Bemerkungen zur Entwicklung der Managementausbildung seit 100 Jahren, in: Zeitschrift für betriebswirtschaftliche Forschung 2008, S. 846–863

Pommerehne, Werner W./Weck-Hannemann, Hannelore (1992): Steuerhinterziehung: Einige romantische, realistische und nicht zuletzt empirische Befunde, in: Zeitschrift für Wirtschafts- und Sozialwissenschaften 1992, S. 433–466

Pope, Thomas R./Anderson, Kenneth E. (2012): Prentice Hall's federal taxation 2013: Comprehensive, Upper Saddle River 2012

Popper, Karl (1972a): Conjectures and refutations, 4. Aufl., London/Henley 1972

Popper, Karl (1972b): Naturgesetze und theoretische Systeme, in: Albert, H. (Hrsg.): Theorie und Realität, 2. Aufl., Tübingen 1972, S. 43–58

Popper, Karl (1994): Objektive Erkenntnis, 2. Aufl., Hamburg 1994

Popper, Karl (2002): Realismus und das Ziel der Wissenschaft, Tübingen 2002

Popper, Karl (2005): Logik der Forschung, 11. Aufl., Tübingen 2005

Porporato, Marcela/Sandin, Ariel/Shaw, Lewis (2003): Trends in accounting doctoral dissertations: 1991–2000, in: Advances in Accounting 2003, S. 245–263

Poterba, James M. (2002): Taxation, risk-taking, and household portfolio behavior, in: Auerbach, A.J./Feldstein, M. (Hrsg.): Handbook of public economics, Volume 3, Amsterdam 2002, S. 1109–1171

Poterba, James M./Summers, Lawrence H. (1984): The economic effects of dividend taxation, NBER Working Paper Series, Cambridge 1984

PricewaterhouseCoopers (2009): IFRS, US GAAP, and US tax accounting methods: Comparing IFRS & US GAAP and assessing the potential implications on US tax accounting methods, February 2009, URL: http://www.pwc.com/en_US/us/ifrs-tax-issues/assets/ifrs_tax_accounting_methods_0209.pdf, Abruf am 15.02.2012

Quine, Willard Van Orman (1979): Von einem logischen Standpunkt, Frankfurt am Main/Berlin/Wien 1979

Roberts, Michael L. (1995): The influence of contextual factors on IRS agents' assessments of taxpayer negligence, in: Journal of the American Taxation Association 1995, S. 62–77

Roberts, Michael L. (1998): Tax accountants' judgment/decision-making research: A review and synthesis, in: Journal of the American Taxation Association 1998, S. 78–121

Rabin, Matthew (1993): Incorporating fairness into game theory and economics, in: American Economic Review 1993, S. 1281–1302

Rabin, Matthew (1998): Psychology and economics, in: Journal of Economic Literature 1998, S. 11–46

Rabin, Matthew (2002): A perspective on psychology and economics, in: European Economic Review 2002, S. 657–685

Radnitzky, Gerard (1979a): Erkenntnisfortschritt und Theorienbewertung, Drei konkurrierende Ansätze in der Wissenschaftstheorie, in: Die Naturwissenschaften 1979, S. 121–129

Radnitzky, Gerard (1979b): Das Problem der Theorienbewertung, in: Zeitschrift für allgemeine Wissenschaftstheorie 1979, S. 67–97

Radnitzky, Gerard (1980): Theorienbegründung oder begründete Theorienpräferenz, in: Radnitzky, G./Andersson, G. (Hrsg.): Fortschritt und Rationalität der Wissenschaft, Tübingen 1980, S. 317–370

Radnitzky, Gerard (1981): Wertfreiheitsthese: Wissenschaft, Ethik und Politik, in: Radnitzky, G./Andersson, G. (Hrsg.): Voraussetzungen und Grenzen der Wissenschaft, Tübingen 1981, S. 47–126

Radnitzky, Gerard (1989): Wissenschaftstheorie, Methodologie, in: Seiffert, H./Radnitzky, G. (Hrsg.): Handlexikon zur Wissenschaftstheorie, München 1989, S. 463–472

Radnitzky, Gerard/Andersson, Gunnar (1980): Gibt es objektive Kriterien für den Fortschritt der Wissenschaft?, in: Radnitzky, G./Andersson, G. (Hrsg.): Fortschritt und Rationalität der Wissenschaft, Tübingen 1980, S. 3–24

Raffée, Hans (1974): Grundprobleme der Betriebswirtschaftslehre, Göttingen 1974

Raffée, Hans (1993): Gegenstand, Methoden und Konzepte der Betriebswirtschaftslehre, in: Bitz, M. et al. (Hrsg.): Vahlens Kompendium der Betriebswirtschaftslehre, Band 1, 3. Aufl., München 1993, S. 1–46

Raffée, Hans/Abel Bodo (1979): Aufgaben und aktuelle Tendenzen der Wissenschaftstheorie in den Wirtschaftswissenschaften, in: Raffée, H./Abel, B. (Hrsg.): Wissenschaftstheoretische Grundfragen der Wirtschaftswissenschaften, München 1979, S. 1–10

Ramb, Bernd-Thomas/Tietzel, Manfred (1993): Vorwort, in: Ramb, B.-T./Tietzel, M. (Hrsg.): Ökonomische Verhaltenstheorie, München 1993, S. V–VII

Randolph, David W./Salamon, Gerald L./Seida, Jim A. (2005): Quantifying the costs of intertemporal taxable income shifting: Theory and evidence from the property-casualty insurance industry, in: Accounting Review 2005, S. 315–348

Rau, Raghavendra (2010): Market inefficiency, in: Baker, H.K./Nofsinger, J.R. (Hrsg.): Behavioral finance, Hoboken 2010, S. 333–349

Reckers, Philip M.J./Sanders, Debra L./Wyndelts, Robert W. (1991): An empirical investigation of factors influencing tax practitioner compliance, in: Journal of the American Taxation Association 1991, S. 30–46

Rego, Sonja O. (2003): Tax-avoidance activities of U.S. multinational corporations, in: Contemporary Accounting Research 2003, S. 805–833

Rego, Sonja O./Wilson, Ryan (2012): Equity risk incentives and corporate tax aggressiveness, in: Journal of Accounting Research 2012, S. 775–809

Reinganum, Jennifer F./Wilde, Louis L. (1991): Equilibrium enforcement and compliance in the presence of tax practitioners, in: Journal of Law, Economics, & Organization 1991, S. 163–181

Reiter, Sara A./Williams, Paul F. (2002): The structure and progressivity of accounting research: The crisis in the academy revisited, in: Accounting, Organization and Society 2002, S. 575–607

Remler, Dahlia K./Van Ryzin, Gregg G. (2011): Research methods in practice, Los Angeles et al. 2011

Reusch, Kai M. (2002): Das Bilanzsteuerrecht der Vereinigten Staaten von Amerika, Wiesbaden 2002

Riahi-Belkaoui, Ahmed (2004): Accounting theory, 5. Aufl., London 2004

Röd, Wolfgang (1989): Erkenntnistheorie, in: Seiffert, H./Radnitzky, G. (Hrsg.): Handlexikon zur Wissenschaftstheorie, München 1989, S. 52–58

Rolle, Robert (2005): Homo oeconomicus: Wirtschaftsanthropologie in philosophischer Perspektive, Würzburg 2005

Quellenverzeichnis

Rose, Gerd (1970): Steuerberatung und Wissenschaft, in: Thoma, G./Zacharias, O.H./Niemann, U. (Hrsg.): Steuerberater-Jahrbuch 1969/70, Köln 1970, S. 31–70

Rose, Gerd (1976): Was heißt und zu welchem Ende studiert man Steuerwissenschaften?, in: Deutsche Steuerzeitung / Ausgabe A 1976, S. 174–181

Rose, Gerd (1992): Betriebswirtschaftliche Steuerlehre, 3. Aufl., Wiesbaden 1992

Ross, Stephen A. (1973): The economic theory of agency: The principal's problem, in: American Economic Review 1973, S. 134–139

Ross, Stephen A. (2008): Finance, in: Durlauf, S.N./Blume, L.E. (Hrsg.): The New Palgrave dictionary of economics, Volume 3, 2. Aufl., Basingstoke et al. 2008, S. 314–333

Roth, Jeffrey/Scholz, John T./Witte, Ann D. (1989): Taxpayer compliance: An agenda for Research, Volume 1, Philadelphia 1989

Rottenstreich, Yuval/Tversky, Amos (1997). Unpacking, repacking, and anchoring: advances in support theory, in: Psychological Review 1997, S. 406–415

Rubinstein, Ariel (2006): Discussion of „behavioral economics", in: Blundell, R./Newey, W.K./Persson, T. (Hrsg.): Advances in economics and econometrics, theory and applications, Ninth World Congress, Volume II, New York 2006, S. 247–254

Ruckriegel, Karlheinz (2009): Quo vadis, Neoklassik?, in: Das Wirtschaftsstudium 2009, S. 671–676

Rupert, Timothy J./Fischer, Carol M. (1995): An empirical investigation of taxpayer awareness of marginal tax rates, in: Journal of the American Taxation Association 1995, S. 36–59

Ryan, Bob/Scapens, Robert W./Theobald, Michael (2002): Research method and methodology in finance and accounting, 2. Aufl., London 2002

Sakurai, Yuka/Braithwaite, Valerie (2003): Taxpayers' perceptions of practitioners: Finding one who is effective and does the right thing?, in: Journal of Business Ethics 2003, S. 375–387

Salterio, Steve (2011): Contemporary Accounting Research: 2010 Editor's report, URL: http://www.caaa.ca/_files/file.php?fileid=filesjXqQTbBOy&filename=file_CAR_Editor_s_Report_2010___final.pdf, Abruf am 04.06.2012

Sandmo, Agnar (2005): The theory of tax evasion: A retrospective view, in: National Tax Journal 2005, S. 643–663

Scandura, Terri A./Williams, Ethlyn A. (2000): Research methodology in management: Current practices, trends, and implications for future research, in: Academy of Management Journal 2000, S. 1248–1264

Schanz, Günther (1973): Pluralismus in der Betriebswirtschaftslehre: Bemerkungen zu gegenwärtigen Forschungsprogrammen, in: Zeitschrift für Betriebswirtschaftliche Forschung 1973, S. 131–154

Schanz, Günther (1988): Methodologie für Betriebswirte, 2. Aufl., Stuttgart 1988

Schanz, Günther (2009): Wissenschaftsprogramme der Betriebswirtschaftslehre, in: Bea, F.X./Schweitzer, M. (Hrsg.): Allgemeine Betriebswirtschaftslehre, Band 1: Grundfragen, 10. Aufl., Stuttgart 2009, S. 81–159

Schanz, Deborah/Schanz, Sebastian (2011): Business taxation and financial decisions, Berlin/Heidelberg 2011

Schepanski, A./Kelsey, D. (1990): Testing for framing effects in taxpayer compliance decisions, in: Journal of the American Taxation Association 1990, S. 60–77

Schisler, Dan L. (1994): An experimental examination of factors affecting tax preparers' aggressiveness – A prospect theory approach, in: Journal of the American Taxation Association 1994, S. 124–142

Schisler, Dan L. (1995): Equity, aggressiveness, consensus: A comparison of taxpayers and tax preparers, in: Accounting Horizons 1995, S. 76–87

Schisler, Dan L. (1996): An experimental examination of the effects of withholding positions and tax preparer recommendations on taxpayer aggressiveness, in: Advances in Taxation 1996, S. 149–173

Schmid, Michael (2002): Theorienvergleich und Erkenntnisfortschritt, in: Böhm, J.M./Holweg, H./Hoock, C. (Hrsg.): Karl Poppers kritischer Rationalismus heute, Tübingen 2002, S. 172–202

Schmid, Stefan (2003): Blueprints from the U.S.? Zur Amerikanisierung der Betriebswirtschafts- und Managementlehre, ESCP-EAP Working Paper Nr. 2, Berlin 2003

Schmidt, Bärbel (2008): Wissenschaftstheoretische Analyse der Betriebswirtschaftlichen Steuerlehre, Hamburg 2008

Quellenverzeichnis

Schmidt, Reinhard H. (2007): Die Betriebswirtschaftslehre unter der Dominanz der Finanzmärkte, in: Gerum, E./Schreyögg, G. (Hrsg.): Zukunft der Betriebswirtschaftslehre, Düsseldorf 2007, S. 61–81

Schmidt, Reinhard H./Schor, Gabriel (1987): Modell und Erklärung in den Wirtschaftswissenschaften, in: Schmidt, R.H./Schor, G. (Hrsg.): Modelle in der Betriebswirtschaftslehre, Wiesbaden 1987, S. 9–36

Schmiel, Ute (2005a): Rechtskritik als Aufgabe der Betriebswirtschaftlichen Steuerlehre, Berlin 2005

Schmiel, Ute (2005b): Werturteilsfreiheit als Postulat für die Betriebswirtschaftliche Steuerlehre?, in: Zeitschrift für betriebswirtschaftliche Forschung 2005, S. 525–545

Schmiel, Ute (2008): Werturteilsfreiheit – ein ungeeignetes Gebot für die Betriebswirtschaftliche Steuerlehre?, in: Betriebswirtschaftliche Forschung und Praxis 2008, S. 177–181

Schmiel, Ute (2009a): Benötigt die Betriebswirtschaftliche Steuerlehre empirische Forschung?, in: Scherer, A.G./Kaufmann, I.M./Patzer, M. (Hrsg.): Methoden in der Betriebswirtschaftslehre, Wiesbaden 2009, S. 149–165

Schmiel, Ute (2009b): Forschungsziele der Betriebswirtschaftlichen Steuerlehre in der Kritik, in: Zeitschrift für Betriebswirtschaft 2009, S. 1193–1214

Schmook, Renate et al. (2002): Prospekttheorie, in: Frey, D./Irle, M. (Hrsg.): Theorien der Sozialpsychologie, Band III; 2. Aufl., Bern 2002, S. 279–311

Schneeloch, Dieter (2005): Gedanken zum Stand und zum Selbstverständnis der Betriebswirtschaftlichen Steuerlehre, in: Siegel, T. et al. (Hrsg.): Steuertheorie, Steuerpolitik und Steuerpraxis, Stuttgart 2005, S. 251–274

Schneeloch, Dieter (2011): Zum Stand der Betriebswirtschaftlichen Steuerlehre, in: Betriebswirtschaftliche Forschung und Praxis 2011, S. 243–260

Schneider, Dieter (1991): Die Anfänge der „Steuerbilanz" und die Entstehung des Maßgeblichkeitsprinzips, in: Herzig, N. (Hrsg.): Betriebswirtschaftliche Steuerlehre und Steuerberatung, Wiesbaden 1991, S. 175–190

Schneider, Dieter (1994a): Allgemeine Betriebswirtschaftslehre, 3. Aufl., München/Wien 1994

Schneider, Dieter (1994b): Grundzüge der Unternehmensbesteuerung, 6. Aufl., Wiesbaden 1994

Schneider, Dieter (1995): Betriebswirtschaftslehre, Band 1: Grundlagen, 2. Aufl., München/Wien 1995

Schneider, Dieter (2001): Betriebswirtschaftslehre, Band 4: Geschichte und Methoden der Wirtschaftswissenschaft, München/Wien 2001

Schnell, Rainer/Hill, Paul B./Esser, Elke (2011): Methoden der empirischen Sozialforschung, 9. Aufl., München 2011

Schoemaker, Paul (1982): The expected utility model, in: Journal of Economic Literature 1982, S. 529–563

Scholes, Myron S./Wolfson, Mark A. (1992): Taxes and business strategy, Englewood Cliffs 1992

Scholes, Myron S. et al. (2009): Taxes and business strategy, 4. Aufl., Upper Saddle River 2009

Schor, Gabriel (1991): Zur rationalen Lenkung ökonomischer Forschung, Frankfurt/New York 1991

Schram, Arthur (2005): Artificiality: The tension between internal and external validity in economic experiments, in: Journal of Economic Methodology 2005, S. 225–237

Schramm, Alfred (2002): Rationalitätsbegriffe und Begründungsurteile, in: Böhm, J.M./Holweg, H./Hoock, C. (Hrsg.): Karl Poppers kritischer Rationalismus heute, Tübingen 2002, S. 107–125

Schreiber, Ulrich (2012): Besteuerung der Unternehmen, 3. Aufl., Wiesbaden 2012

Schreuder, Hein (1984): Positively normative (accounting) theories, in: Hopwood, A.G./Schreuder, H. (Hrsg.): European contributions to accounting research, Amsterdam 1984, S. 213–231

Schreyögg, Georg (2007): Betriebswirtschaftslehre nur noch als Etikett?, in: Gerum, E./Schreyögg, G. (Hrsg.): Zukunft der Betriebswirtschaftslehre, Düsseldorf 2007, S. 140–160

Schröder, Guido (2004): Zwischen Instrumentalismus und kritischem Rationalismus? Milton Friedmans Methodologie als Basis einer Ökonomik der Wissenschaftstheorie, in: Pies, I./Leschke, M. (Hrsg.): Milton Friedmans ökonomischer Liberalismus, Tübingen 2004, S. 169–201

Quellenverzeichnis

Schwaiger, Manfred (2007): Empirische Forschung in der BWL, in: Köhler, R./Küpper, H./Pfingsten, A. (Hrsg.): Handwörterbuch der Betriebswirtschaft, 6. Aufl., Stuttgart 2007, Sp. 337–345

Schwartz, Hugh (2010): Heuristics or rules of thumb, in: Baker, H.K./Nofsinger, J.R. (Hrsg.): Behavioral finance, Hoboken 2010, S. 57–72

Schweitzer, Marcell (1978): Wissenschaftsziele und Auffassungen in der Betriebswirtschaftslehre, in: Schweitzer, M. (Hrsg.): Auffassungen und Wissenschaftsziele der Betriebswirtschaftslehre, Darmstadt 1978, S. 1–14

Schweitzer, Marcell (2009): Gegenstand und Methoden der Betriebswirtschaftslehre, in: Bea, F.X./Schweitzer, M. (Hrsg.): Allgemeine Betriebswirtschaftslehre, Band 1: Grundfragen, 10. Aufl., Stuttgart 2009, S. 23–80

Seago, W. Eugene et al. (1987): Report of the American Taxation Association 1985–86 committee on tax research methodology, in: Journal of the American Taxation Association 1987, S. 90–93

Seibold, Sabine (2002): Steuerliche Betriebswirtschaftslehre in nationaler und transnationaler Sicht, Bielefeld 2002

Seidl, David/Kirsch, Werner/van Aaken, Dominik (2009): Zur Methodologie der technologischen Forschung in der Betriebswirtschaftslehre, in: Scherer, A.G./Kaufmann, I.M./Patzer, M. (Hrsg.): Methoden in der Betriebswirtschaftslehre, Wiesbaden 2009, S. 47–69

Seidman, Jeri K. (2010): Interpreting the book-tax income gap as earnings management or tax sheltering, McCombs Research Paper Series No. ACC-02-10, Austin 2010

Sent, Esther-Mirjam (2004): Behavioral economics, in: History of Political Economy 2004, S. 735–760

Shafir, Eldar/LeBoeuf, Robyn A. (2002): Rationality, in: Annual Review of Psychology 2002, S. 491–517

Shackelford, Douglas A. (1993): Discussion of the impact of U.S. tax law revision on multinational corporations' capital location and income-shifting decisions and geographic income shifting by multinational corporations in response to tax rate changes, in: Journal of Accounting Research 1993, S. 174–182

Shackelford, Douglas A./Shevlin, Terry (2001): Empirical tax research in accounting, in: Journal of Accounting and Economics 2001, S. 321–387

Shackelford, Douglas A./Verrecchia, Robert E. (2002): Intertemporal tax discontinuities, in: Journal of Accounting Research 2002, S. 205–222

Shackelford, Douglas A./Slemrod, Joel/Sallee, James M. (2009): Financial reporting, tax, and real decisions: A unifying framework, Working Paper May 2009

Shackelford, Douglas A./Slemrod, Joel/Sallee, James M. (2011): Financial reporting, tax, and real decisions: Toward a unifying framework, in: International Tax and Public Finance 2011, S. 461–194

Shadish, William R./Cook, Thomas D./Campbell, Donald T. (2002): Experimental and quasi-experimental designs for generalized causal inference, Boston/New York 2002

Shelley, Marjorie K./Omer, Thomas/Atwood, T. J. (1998): Capital restructuring and accounting compliance costs: The case of publicly traded partnerships, in: Journal of Accounting Research 1998, S. 365–378

Shevlin, Terry (1987): Taxes and off-balance-sheet financing: Research and development limited partnerships, in: Accounting Review 1987, S. 480–509

Shevlin, Terry (1990): Estimating corporate marginal tax rates with asymmetric tax treatment of gains and losses, in: Journal of the American Taxation Association 1990, S. 51–67

Shevlin, Terry (1999): Research in taxation, in: Accounting Horizons 1999, S. 427–441

Shevlin, Terry (2007): The future of tax research: From an accounting professor's perspective, in: Journal of the American Taxation Association 2007, S. 87–93

Shields, Michael D./Solomon, Ira/Jackson, K. Dianne (1995): Experimental research on tax professionals' judgment and decision making, in: Davis, J.S. (Hrsg.): Behavioral tax research: Prospects and judgment calls, Sarasota 1995, S. 77–126

Shleifer, Andrei (2000): Inefficient markets, Oxford/New York 2000

Sims, Theodore S./Sunley, Emil M. (1992): Book review: Taxes and business strategy: A planning approach, in: National Tax Journal 1992, S. 451–455

Slemrod, Joel (1992): Do taxes matter? Lessons from the 1980's, in: American Economic Review 1992, S. 250–256

Slemrod, Joel (1995): Income creation or income shifting? Behavioral responses to the Tax Reform Act of 1986, in: American Economic Review 1995, S. 175–180

Quellenverzeichnis

Slemrod, Joel (2001): A general model of the behavioral response to taxation, in: International Tax und Public Finance 2001, S. 119–128

Slemrod, Joel (2003): Tax from any angle: Reflections on multi-disciplinary tax research, in: National Tax Journal 2003, S. 145–151

Slemrod, Joel (2004): The economics of corporate tax selfishness, in: National Tax Journal 2004, S. 877–899

Slemrod, Joel (2007): Cheating ourselves: The economics of tax evasion, in: Journal of Economic Perspectives 2007, S. 25–48

Slemrod, Joel/Yitzhaki, Shlomo (2002): Tax avoidance, evasion, and administration, in: Auerbach, A.J./Feldstein, M. (Hrsg.): Handbook of public economics, Volume 3, Amsterdam 2002, S. 1423–1470

Simmons, John K. et al. (1973): Report of the committee on internal measurement and reporting, in: Accounting Review 1973, S. 208–241

Simon, Herbert A. (1987): Behavioural economics, in: Eatwell, J./Milgate, M./Newman, P. (Hrsg.): The New Palgrave: A dictionary of economics, Volume 1, London/New York/Tokyo 1987, S. 221–225

Simon, Herbert A. (2000): Bounded rationality in social science: Today and tomorrow, in: Mind & Society 2000, S. 25–39

Simon, Herbert A. (2008): Rationality, bounded, in: Durlauf, S.N./Blume, L.E. (Hrsg.): The New Palgrave dictionary of economics, Volume 6, 2. Aufl., Basingstoke et al. 2008, S. 893–894

Smith, Malcolm (2011): Research methods in accounting, 2. Aufl., London et al. 2011

Smith, Vernon L. (1976): Experimental economics: Induced value theory, in: American Economic Review 1976, S. 274–279

Smith, Vernon L. (1982): Microeconomic systems as an experimental science, in: American Economic Review 1982, S. 923–955

Smith, Vernon L. (1991): Rational Choice: The contrast between economics and psychology, in: Journal of Political Economy 1991, S. 877–897

Smith, Vernon L. (2010): Theory and experiment: What are the questions?, in: Journal of Economic Behavior & Organizations 2010, S. 3–15

Snyder, Mark/Swann, William B. (1978): Hypothesis testing process in social interaction, in: Journal of Personality and Social Psychology 1978, S. 1202–1212

Quellenverzeichnis

Söllner, Fritz (2001): Die Geschichte des ökonomischen Denkens, 2. Aufl., Berlin/Heidelberg/New York 2001

Sommerfeld, Ray M. (1966): Taxation: Education's orphan, in: Journal of Accountancy 1966, S. 38–44

Spicer, Michael W./Hero, Rodney E. (1985): Tax evasion and heuristics, in: Journal of Public Economics 1985, S. 263–267

Spinner, Helmut (1974): Pluralismus als Erkenntnismodell, Frankfurt am Main 1974

Stanley, Tom D. (1986): Recursive economic knowledge, in: Journal of Behavioral Economics 1986, S. 85–99

Starmer, Chris (2000): Developments in non-expected utility theory, in: Journal of Economic Literature 2000, S. 332–382

Stegmüller, Wolfgang (1989): Hauptströmungen der Gegenwartsphilosophie, Band 1, 7. Aufl., Stuttgart 1989

Stephenson, Teresa (2007): Do client share preparers' self-assessment of the extent to which they advocate their clients?, in: Accounting Horizons 2007, S. 411–422

Sterling, Robert R. (1990): Positive Accounting: An Assessment, in: Abacus 1990, S. 97–135

Stern, Jerrold J. (2001): Microeconomic approach to teaching taxation, in: Meade, J.A. (Hrsg.): Methods, topics, and issues in tax education: A year 2001 perspective, Sarasota 2001, S. 135–165

Stiglitz, Joseph E./Wolfson, Mark A. (1988): Taxation, information, and economic organization, in: Journal of the American Taxation Association 1988, S. 7–18

Stone, Dan N. (2002): Researching the revolution: Prospects and possibilities for the Journal of Information Systems, in: Journal of Information Systems 2002, S. 1–6

Strack, Fritz/Deutsch, Roland (2002): Urteilsheuristiken, in: Frey, D./Irle, M. (Hrsg.): Theorien der Sozialpsychologie, Band III; 2. Aufl., Bern 2002, S. 352–384

Swanson, Edward P. (2004): Publishing in the majors: A comparison of accounting, finance, management and marketing, in: Contemporary Accounting Research 2004, S. 223–255

Swanson, Zane/Srinidhi, Bin/Seetharaman, Ananth (2003): The capital structure paradigm: Evolution of debt/equity choices, London 2003

Quellenverzeichnis

Tan, Lin M. (1999): Taxpayers' preference for type of advice from tax practitioner: A preliminary examination, in: Journal of Economic Psychology 1999, S. 431–447

Thaler, Richard/Sunstein, Cass R. (2009): Nudge: Wie man kluge Entscheidungen anstößt, 4. Aufl., Berlin 2009

Thiel, Christian (2004): Realwissenschaft, in: Mittelstraß, J. (Hrsg.): Enzyklopädie Philosophie und Wissenschaftstheorie, Band 3, Sonderausgabe, Stuttgart/Weimar 2004, S. 509

Thornton, Mark (2004): Does academic publishing pass the real market test?, in: Public Choice 2004, S. 41–61

Tietzel, Manfred (1981): Die Rationalitätsannahme in den Wirtschaftswissenschaften, oder: Der homo oeconomicus und seine Verwandten, in: Jahrbuch für Sozialwissenschaft 1981, S. 115–138

Tietzel, Manfred (1985): Wirtschaftstheorie und Unwissen, Tübingen 1985

Töpfer, Armin (2007): Betriebswirtschaftslehre, 2. Aufl., Berlin/Heidelberg/New York 2007

Tomer, John F. (2007): What is behavioral economics?, in: Journal of Socio-Economics 2007, S. 463–479

Torgler, Benno (2002): Speaking to theorists and searching for facts: Tax morale and tax compliance in experiments, in: Journal of Economic Surveys 2002, S. 657–683

Torrance, Thomas S. (1991): The philosophy and methodology of economics, in: Mair, D./Miller, A.G. (Hrsg.): A modern guide to economic thought, Aldershot/Brookfield 1991, S. 21–39

Treisch, Corinna (2006): Zum Entstehen einer Betriebswirtschaftlichen Steuerlehre, in: Steuer und Wirtschaft 2006, S. 255–265

Trotman, Ken T./Tan, Hwee C./Ang, Nicole (2011): Fifty-year overview of judgment and decision-making research in accounting, in: Accounting and Finance 2011, S. 278–360

Tucker, Jennifer W. (2010): Selection bias and econometric remedies in accounting and finance research, in: Journal of Accounting Literature 2010, S. 31–57

Tversky, Amos/Kahneman, Daniel (1974): Judgment under uncertainty, in: Science 1974, S. 1124–1131

Quellenverzeichnis

Tversky, Amos/Kahneman, Daniel (1981): The framing of decisions and the psychology of choice, in: Science 1981, S. 453–458

Tversky, Amos/Kahneman, Daniel (1982): Judgments of and by representativeness, in: Kahneman, D./Slovic, P./Tversky, A. (Hrsg.): Judgment under uncertainty, Cambridge/New York/Melbourne 1982, S. 84–98

Tversky, Amos/Kahneman, Daniel (1983): Extensional versus intuitive reasoning, in: Psychological Review 1983, S. 293–315

Tversky, Amos/Kahneman, Daniel (1986): Rational choice and the framing of decisions, in: Journal of Business 1986, S. 251–278

Tversky, Amos/Koehler, Derek J. (1994): Support theory, in: Psychological Review 1994, S. 547–567

Ulrich, Peter/Hill, Wilhelm (1979): Wissenschaftstheoretische Aspekte ausgewählter betriebswirtschaftlicher Konzeptionen, in: Raffée, H./Abel, B. (Hrsg.): Wissenschaftstheoretische Grundfragen der Wirtschaftswissenschaften, München 1979, S. 161–190

Universität Mannheim (2012): Doctoral programs, Accounting & taxation, URL: http://gess.uni-mannheim.de/CDSB/Program/Doctoral programs/Accounting & Taxation/, Abruf am 16.06.2012

University of Texas at Austin (2012): Accounting doctoral program overview, URL: http://www.mccombs.utexas.edu/Departments/Accounting/Degree-Programs/Doctoral/Program-Overview.aspx, Abruf am 11.06.2012

Van der Stede, Wim A./Young, Mark S./Chen, Clara Xiaoling (2005): Assessing the quality of evidence in empirical management accounting research: The case of survey studies, in: Accounting, Organizations and Society 2005, S. 655–684

VHB (2012): Verband der Hochschullehrer für Betriebswirtschaft, Doktorandenprogramm, URL: http://vhbonline.org/veranstaltungen/doktorandenprogramm/, Abruf am 16.06.2012

Vines, Cynthia C./Wartick, Martha L. (2003): Tax-reporting implications of asymmetric treatment: Direct subsidies vs. tax deductions, in: Journal of the American Taxation Association 2003, S. 87–99

von Neumann, John/Morgenstern, Oskar (1944): Theory of games and economic behavior, Princeton 1944

Wacker, Wilhelm H. (1977): Tax Management in den USA, in: Steuer und Wirtschaft 1977, S. 384–387

Quellenverzeichnis

Wacker, Wilhelm H. (1986): Expansion steuerwissenschaftlicher Studiengänge in den USA mit betriebswirtschaftlichem Spezialdiplom (Master of Taxation), in: Steuer und Wirtschaft 1986, S. 269–273

Wacker, Wilhelm H./Pahnke, Tina (2000): Betriebswirtschaftliche Steuerlehre in Frankreich, in: Steuer und Wirtschaft 2000, S. 279–284

Wagner, Franz W. (2004): Gegenstand und Methoden betriebswirtschaftlicher Steuerforschung, in: Steuer und Wirtschaft 2004, S. 237–250

Wagner, Franz W. (2005): Besteuerung, in: Bitz, M. et al. (Hrsg.): Vahlens Kompendium der Betriebswirtschaftslehre, Band 2, 5. Aufl., München 2005, S. 407–477

Wagner, Franz/Schwenk, Anja (2003): Empirische Steuerwirkungen als Grundlage einer Reform der Gewinnbesteuerung – Ergebnisse aus den DAX 100-Unternehmen, in: Schwaiger, M./Harhoff, D. (Hrsg.): Empirie und Betriebswirtschaft, Stuttgart 2003, S. 373–398

Wallace, Wanda A. (1991): Accounting research methods, Homewood/Boston 1991

Waller, William S. (1995): Decision-making research in managerial accounting: Return to behavioral-economics foundations, in: Ashton, R./Ashton, A.H. (Hrsg.): Judgment and decision-making research in accounting and auditing, Cambridge et al. 1995, S. 29–54

Waller, William S. (2002): Behavioral accounting experiments in market and game settings, in: Zwick, R./Rapaport, A. (Hrsg.): Experimental business research, Boston/Dordrecht/London 2002, S. 101–133

Wanjialin, Guy (2004): An international dictionary of accounting and taxation, New York/Lincoln/Shanghai 2004

Watkins, John. W. N. (1980): Die Poppersche Analyse der wissenschaftlichen Erkenntnis, in: Radnitzky, G./Andersson, G. (Hrsg.): Fortschritt und Rationalität der Wissenschaft, Tübingen 1980, S. 27–49

Watrin, Christoph (2011): Stand der Betriebswirtschaftlichen Steuerforschung 2011, in: Steuer und Wirtschaft 2011, S. 299–303

Watts, Ross L. (1992): Accounting choice theory and market-based research in accounting, in: British Accounting Review 1992, S. 235–267

Watts, Ross L./Zimmerman, Jerold L. (1978): Towards a positive theory of the determination of accounting standards, in: Accounting Review 1978, S. 112–134

Watts, Ross L./Zimmerman, Jerold L. (1979): The demand for and supply of accounting theories, in: Accounting Review 1979, S. 273–305

Quellenverzeichnis

Watts, Ross L./Zimmerman, Jerold L. (1986): Positive accounting theory, New Jersey 1986

Watts, Ross L./Zimmerman, Jerold L. (1990): Positive accounting theory: A ten year perspective, in: Accounting Review 1990, S. 131–156

Weber, Max (1964): Gutachten zur Werturteilsdiskussion im Ausschuss des Vereins für Sozialpolitik, in: Baumgarten, E. (Hrsg.): Max Weber: Werk und Person, Tübingen 1964, S. 102–139

Weber, Roberto/Dawes, Robyn (2005): Behavioral economics, in: Smelser, N.J./Swedberg, R. (Hrsg.): The handbook of economic sociology, 2. Aufl., Princeton/Oxford/New York 2005, S. 90–108

Weck-Hannemann, Hannelore/Pommerehne, Werner W. (1989): Einkommensteuerhinterziehung in der Schweiz: Eine empirische Analyse, in: Schweizerische Zeitschrift für Volkswirtschaft und Statistik 1989, S. 515–556

Weingartner, Paul (1980): Wahrheit, in: Speck, J. (Hrsg.): Handbuch wissenschaftstheoretischer Begriffe, Band 3, Göttingen 1980, S. 680–689

Weingartner, Paul (2006): Werte in den Wissenschaften, in: Zecha, G. (Hrsg.): Werte in den Wissenschaften, Tübingen 2006, S. 57–83

Weisbach, David (2002): An economic analysis of anti-tax-avoidance doctrines, in: American Law and Economics Review 2002, S. 88–115

Weisbach, David A./Plesko, George A. (2007): A legal perspective on unanswered questions in tax research, in: Journal of the American Taxation Association 2007, S. 107–113

White, Richard A./Harrison, Paul D./Harrell, Adrian (1993): The impact of income tax withholding on taxpayer compliance: Further empirical evidence, in: Journal of the American Taxation Association 1993, S. 63–78

Whitley, Richard (1986): The transformation of business finance into financial economics: The role of academic expansion and changes in U.S. capital markets, in: Accounting, Organizations and Society 1986, S. 171–192

Wilkinson, Nick/Klaes, Matthias (2012): An introduction to behavioral economics, 2. Aufl., Basingstoke/New York 2012

Williams, Paul F. (2003): Modern accounting scholarship: The imperative of positive economic science, in: Accounting Forum 2003, S. 251–269

Quellenverzeichnis

Williams, Paul F. (2009): Reshaping accounting research: Living in the world in which we live, in: Accounting Forum 2009, S. 274–279

Williams, Paul F./Jenkins, J. Gregory/Ingraham, Laura (2006): The winnowing away of behavioral accounting research in the US, in: Accounting, Organizations and Society 2006, S. 783–818

Wilson, Peter G. (1991): Future research directions in taxation, in: Journal of the American Taxation Association 1991, S. 64–73

Wilson, Peter G. (1993): The role of taxes in location and sourcing decisions, in: Giovannini, A./Hubbard, R.G./Slemrod, J. (Hrsg.): Studies in international taxation, Chicago/London 1993, S. 195–231

Wilson, Ryan J. (2009): An examination of corporate tax shelter participants, in: Accounting Review 2009, S. 969–999

Witte, Eberhard (1974): Empirische Forschung in der Betriebswirtschaftslehre, in: Grochla, E./Wittmann, W. (Hrsg.): Handwörterbuch der Betriebswirtschaft, Band 1, 4. Aufl., Stuttgart 1974, Sp. 1264–1281

Witte, Thomas (1975): Theorien und Modelle in der Betriebswirtschaftslehre, Arbeitspapier Nr. 4 des Instituts für industrielle Unternehmensforschung der Universität Münster 1975

Wöhe, Günter (1959): Methodologische Grundprobleme der Betriebswirtschaftslehre, Meisenheim am Glan 1959

Wöhe, Günter (1983): Die Aufgaben der Betriebswirtschaftlichen Steuerlehre und das Postulat der Wertfreiheit, in: Fischer, L. (Hrsg.): Unternehmung und Steuer, Wiesbaden 1983, S. 5–20

Wöhe, Günter (1988): Betriebswirtschaftliche Steuerlehre, Band I, 1. Halbband: Die Steuern des Unternehmens, 6. Aufl., München 1988

Wöhe, Günter/Döring, Ulrich (2010): Einführung in die Allgemeine Betriebswirtschaftslehre, 24. Aufl., München 2010

Wolf, Joachim (2011): Organisation, Management, Unternehmensführung, 4. Aufl., Wiesbaden 2011

Wolfson, Mark A. (1985): Empirical evidence of incentive problems and their mitigation in oil and gas tax shelter programs, in: Pratt, J.W./Zeckhauser, R.J. (Hrsg.): Principal and agents: The structure of business, Boston 1985, S. 101–125

Quellenverzeichnis

Wolfson, Mark A. (1993): The effects of ownership and control on tax and financial reporting policy, in: Economic Notes by Monte dei Paschi di Siena 1993, S. 318–332

Yaniv, Gideon (1999): Tax compliance and advance payments: A prospect theory analysis, in: National Tax Journal 1999, S. 753–764

Yitzhaki, Shlomo (1974): Income tax evasion: A theoretical analysis, in: Journal of Public Economics 1974, S. 201–202

Zeff, Stephen A. (1996): A study of academic research journals in accounting, in: Accounting Horizons 1996, S. 158–177

Zimmerman, Jerold L. (2001): Conjectures regarding empirical managerial accounting research, in: Journal of Accounting and Economics 2001, S. 411–427

Zodrow, George R. (1991): On the "traditional" and "new" views of dividend taxation, in: National Tax Journal 1991, S. 497–509

Zwergel, Bernhard (2010): Mögliche Verzerrungen und Fehler in der empirischen Kapitalmarktforschung, in: Wirtschaftswissenschaftliches Studium 2010, S. 390–395